Georg Lohmeier

Den Bayern aufs Maul gschaut

Georg Lohmeier

Den Bayern aufs Maul gschaut

Aus den Wörter- und Tagebüchern Johann Andreas Schmellers 1785–1852

Ehrenwirth

CIP-Kurztitelaufnahme der Deutschen Bibliothek

Lohmeier, Georg:
Den Bayern aufs Maul gschaut : aus d. Wörter-
u. Tagebüchern Johann Andreas Schmellers 1785 bis
1852 / Georg Lohmeier. – München : Ehrenwirth, 1985.
ISBN 3-431-02691-5

ISBN 3-431-02691-5

8000 München 80, Vilshofener Straße 8
Gesamtherstellung: Friedrich Pustet, Regensburg
Printed in Germany 1985

Inhalt

Gesunde Sprache, gesunder Leib

»Die Worte sind mir Grund und Boden. Nur für des Vaterlandes Worte kann ich wirken.« Worte und Redensarten wie die: »Wia, Voda, da hast a Haar an dein' Rüaßl. Paß auf, daß d' dir an Fotz net verbrennst!« konnte vor hundert Jahren noch ein bayerischer Bub fürsorglich zu seinem geliebten Großvater sagen, ohne damit vorlaut zu sein. – »Wannst net so zuadappi waarst, hättst ja schon längst aar an Schotz. Aber du bist an Aufwixa, und die da is a durchgwixte Dingin. Heits a glengs Paarl ...«

Das Bayerische Wörterbuch von Johann Andreas Schmeller steckt voll von etymologischen Indiskretionen, und auch feucht witzige Übertreibungen fehlen nicht. Es ist ein ursprüngliches Denken und Reden in unserer altbayerischen Mundart noch möglich, ein Barfußgehen in der Sprache, wie ich es in den fünfziger Jahren, als es am allerweitesten zu fehlen schien, einmal formuliert habe. Aber der bayerische Grimm möchte einem kommen, wenn man die Leut heut oft reden hört. Denn unser Sprach derf net hart klinga, sie is ehnder muild und rauscht stad dahin, aa wenns nachand aufamal wieder an Muilschuß obe strudeln kann. – Jedenfalls soll der gebundene Sprachduktus des Bayerischen mit vielen Alliterationen und Assimilationen eine fließende Melodie ergeben, eben einen Duktus, einen natürlichen Redefluß, der sehr komplizierten phonetischen Gesetzen folgt.

Johann Andreas Schmeller hat, um die verschiedenen Nuancen der Aussprache des Bayerischen zu treffen, eine eigene phonetische Schrift erfunden, wodurch die Lektüre im Wörterbuch etwas erschwert wird. Obgleich er, als er 1816 dem Kronprinzen Ludwig über seinen Plan zum erstenmal Mitteilung machte, gefordert hat, daß das geschriebene Bayerisch ein geschriebenes Deutsch sein soll, »und wie jeder englischen oder französischen Grammatik eine eigene Aussprach-

Lehre vorangeht, so soll auch unserm Werke über die Mundarten Bayerns eine bündige Aufstellung von Regeln vorangehen, wie, in den verschiedenen Fällen, jedes deutschgeschriebene Wort auf ächt bairische Weise auszusprechen sei.«

»Sei gscheit, Leanl, bleib da!« – »Na, allsamt heits Luadern. Der Teifi trau an Weibern, i nimmer ...« – »Und furt rennt er wiar a Narreter ...«

Ich verzichte hier auf die etymologische oder phonetische Schrift und benütze eine dem Hochdeutschen angepaßte bayerische Schreibweise. Denn viele, wenn nicht die meisten Worte der hochdeutschen Schriftsprache stammen ja ohnehin aus der bayerischen Mundart, nur werden sie in Bayern eben bayerisch ausgesprochen, meint auch Schmeller, und er lehnt es ab, in einem bayerischen Vers etwa sogar das Geschlechtswort »der« als »da« zu schreiben. Als Bayer habe man eben zu wissen, meint er, daß man dieses »der« »da« auszusprechen habe. Durch eine so verstümmelte Schreibart »würde die Baiernsprache eher ein keltisches als ›teutonisches Aussehen‹ (!) erhalten«. – Aber der Mensch, gerade jener, der von Kelten herstammt, ist voller Widerspruch. Im Bayerischen Wörterbuch hat Schmeller trotzdem alles Bayerische in seiner phonetischen Schrift wiedergegeben.

Ich benütze in diesem Buch, wie auch in meinen Geschichten, eine unserer Schriftsprache angeglichene Orthographie. Der Leser hat die Worte und Laute in der Aussprache eben selber zu nasalieren, moussieren und zu assimilieren oder gar zu eliminieren.

Ich bin obendrein der Meinung, daß wir Bayern uns des Schrift- oder Hochdeutschen ohne weiteres bedienen dürfen, denn unsere angestammte Sprache ist zu einem Urquell des Deutschen geworden. Allerdings sind nach der Reformation, als mit der Buchdruckerei auch immer mehr gebürtige Plattdeutsche die Schriftstellerei zu betreiben angefangen haben, einige niederdeutsche Idiotismen als Modeworte in das Schriftdeutsche eingedrungen – und dann nach der Deutschen Reichsgründung und den großen Weltkriegen auch in die Aussprache. Aber »Verwischen, Vermengen und Verwirren vieler Analogien ist ein Hauptgebrechen, woran die deutsche Rechtschreibung – trotz wohlgemeinter Bemühung unserer alten und neuen Grammatiker – leidet. Und von welchem sie bei riesenmäßig anwachsender Literatur immer schwerer zu befreien sein wird.« So Schmeller im zweiten Kapitel seiner Bayerischen Grammatik von 1821. Wie müßte er im Zeitalter der restlosen Verwirrung und Vermengung ober- und niederdeutscher Wort-Analogien erst aufseufzen! Im Zeitalter von ARD und ZDF, von gesamtdeutschen Tageszeitungen und eurovisionären Zeitschriften, von Kabel- und Satellitenprogrammen!

Die so »gemachte« Tagessprache unserer verworrenen, vorwärtsdrängenden technischen Datenwelt kann keine etymologische Nestwärme mehr ausströmen, muß ungesund sein für den, der nur in ihr sprechen und denken muß.

Erinnern und denken und sich aussprechen können gehören zusammen. Und das ist das über die Maßen Wohltuende an den Schmellerschen Wortbeispielen und gesammelten Redensarten, daß sie den uralten, angeborenen Redefluß noch ahnen lassen, dieses Sich-Erinnern und Denken und Sich-Aussprechen in einem. A guats Wort findt an guatn Ort – und a gsunde Sprach macht di' einwendi' drin wieder gsund, dein Drandenka und dein Denka, dein Seel' und dein Herz, dein Gmüat und dein Blüat …

Kinder und Facken habn allweil laare Sacken. – Und gschlampert macht wampert. – Aber besser a Laus au'm Kraut wia gar koan Fleisch. – Wer trinkt ohne Durscht und ißt ohne Hunger, stirbt no als a junger. – Freili, an iadan Lappm gfallt sein Kappm. – Und gar z'guat is liaderli'. – Der Guatgnua' machts schlecht gnua'. – Natürli, wo's der Brauch is, leit man d'Küah as Bett und singt an Pumpernickl in der Kircha.

An Rauschign steht a Fuader Heu um. – Und man muaß

nix verredn als wia 's Nasnbeißn. – Aber entern Bach san aa Leut. – Liabn und betn laßt se net nötn. – Und man muaß diam an Teifi aar a Kirzerl aufstecka!

Wer a Schmalz hat, tuats untern Brain, wer koans hat, der laßts sein.

Kathrein tuat an Tanz ein. – Pauli Bekehrum – halb hinum, halb herum. – Ehrli macht reich, aber langsam gehts her. – 's Brout is haali'.

Wenn a Stoan vom Himmi fallt, na trifft er auf a Wittib. – Übergebn nimmer lebn!

Ja, dös is was Letzs, zwoa Türn und koan Flötz!

Geh, halts enk net auf, in der andern Welt kemma allsamp wieder zsamm, wenn a Glück dabei is.

I denk ma halt: Auf zu Gott, nachand gehts an Teifi an Dreck an. – Volksseufzer, alte Sprüch, Beispiele aus der Schmellerschen Grammatik.

Auch die ältesten Einwohner Bayerns beherrschen heute ihre Sprache nicht mehr in diesem vollkommenen Grade. Die lebendige Sprache ist halt dem Vermengen und Verwirren ausgesetzt. Der gesündeste Mensch ist ihm ausgeliefert.

Ist noch ein sprachlicher Grundstock vorhanden, kann es – mit etwas Humor – gerade noch gutgehen.

Da sagt z. B. ein alter Waitler: »Ja, schnupfa tuar i no gern, dös is mein Hobby.« – Da feits um a ganze Scheibn. Und dengascht is' no koan Gschmatz, dös koan Hoamat hat.

Dagegen kann man sich nicht wehren: »Wir laden ein zu einem echt bayerischen Volkstanzabend mit den Hot Dogs.«

Sind wirs zufrieden, daß wir die Sprache Schmellers doch noch beinahe verstehen.

Eine Hoffnung bleibt: Unser boarische Sprach, wie selten eine andere europäische Sprache – oder sagen wir bescheidener: wie selten eine andere Mundart –, hat die verheerenden Sprachstürme und Mundartseuchen der letzten hundert Jahre überstanden. Und die Angriffe auf unser Bayerisches sind gewaltmächtig gewesen. Ich darf einige der Katastrophen aufzählen: die Eingliederung ins Deutsche Reich mit der Hauptstadt Berlin und die Orientierung der Politik nach Berlin. Auch die bayerischen Minister pflegten die Worte und Aussprache der Großpreußen. Dann die Öffnung der bayerischen – der sechsten – Armee im Ersten Weltkrieg für alle deutschen Waffenbrüder, was zur Folge hatte, daß anno 1918 im Leibregiment in München überwiegend norddeutsche Soldaten und jüngere Offiziere aus Posen garnisoniert waren, wie z. B. auch der Revolutionär Ernst Toller.

Die Erfindung des Radios noch in der Weimarer Republik, das Dritte Reich mit seinen Parteitagen und Aufmärschen und großdeutschen Unternehmungen. Der furchtbare, alle Menschen durcheinanderwirbelnde Zweite Weltkrieg mit dem Flüchtlingsstrom und der amerikanischen Besatzung. Okay ist fast ein bayrischer Ausruf geworden.

Internationalismen dringen nicht nur ins Schriftdeutsche, sie setzen sich auch in der Volkssprache fest. Songs und Hits scheinen – wenigstens in Funk und Fernsehen – der bescheideneren Volksmusik die Einschaltquoten arg streitig zu machen. Das englisch-bayerische Kauderwelsch der Discjockeys wird vielleicht noch mehr Sprachverwirrung stiften.

Trotzdem und immerhin! Das Bayerische hat alle diese unguten Einflüsse wenigstens überlebt. Und scheint sie weiterhin zu überleben. Schon werden Hits in bayerischer Mundart gesungen!

»Du bist ma net zwider, aber i mag di net, weil i schon an anderne hab, a ganz andere hab ... Aber glaabs – oder glaabs net, du bist ma net zwider heut und übermorgn ...« So ähnliche Songs hört man gelegentlich in Discotheken zwischen Wien und Ulm. »Du stehst an der Bar und schaugst net her zu mir ... Du stehst an der Bar und drahst di net um ...«

Eine Hoffnung? – Angesichts der babylonischen Sprachenverwirrung am Ende des 20. Jahrhunderts? »I kann dein Datsun net leidn, zeahme Kath! – I net mit meiner Hondamaschin'. – Drum hock auf und batz di zuawa! Und a ganz hoaße Sach laaft heut nacht. – Aber i kann dein Datsun net leidn, zeahme Kath!«

Ich hab diese Texte hier nur angedeutet. Ähnliches singen sie schon wieder. – Eine Hoffnung im Jahre 2000?

»Grawe Weihnachten, weiße Oustern.« – »Aber auf Kathrein hat an iader die sein.«

Es muß eine Gesundheit im Bayerischen stecken. Eine Gesundheit, die eines Tages von den Ärzten gar therapeutisch benützt werden wird? In der Psychotherapie? – Ich kann mir nichts auf die Seele stärker Einwirkendes denken als den lebfrischen Quell einer urtümlichen Sprache, die noch in unmittelbarem Bezug zu den Menschen vergangener Jahrtausende steht.

Gesundmachend jedenfalls, weil zudem voll der ursprünglichsten Feuchtigkeit des Humorigen, dürften die Derbheiten der lachenden Bauernmägde und Knechte, Handwerker und Soldaten, Schenkkellner und Kellnerinnen sein, die unser hochgelehrter Sprachforscher Johann Andreas Schmeller so gern aufgezeichnet hat, diese »Hypokorismen«, diese lustigen Übertreibungen auch in sittlichen Angelegenheiten; besonders heilkräftig für manche Neurosen.

»Die Dirndln verberg eahnane Herzer net mehr.
Wenns glei net vuil habn, so zoagns es gern her ...«

Ja no, in der Sprachwissenschaft gibts keine unkeuschen Zweideutigkeiten. Das sind alles Hypokorismen der Volkssprache. Diese Redensarten sind Gegenstand philologischer Forschung und Etymologie. Auch das altbayerische »feanken« und »Du alter Feank« darf nicht übergangen werden. Es bedeutet fast soviel wie »wetzen« und »Wetzbär«. Sogar der Wetzstein wird doppelsinnig gebraucht, was das alte Tanzlied bestätigen kann:

»Hab i net an schöner Wetzstoan,
D'Leut sagn, i soll'hn weg toan.

's Mensch sagt, i soll'hn ghaltn,
Mein' Wetzstoan, mein altn.«

Bayerische Philologie ist das und kein Sauglockenläuten.

Auch bei einer so kirchengeschichtlichen Etymologie, wie sie das Traktätchen über Zell und Zelle beinhaltet, verfällt er in ein lustiges-lüftiges Beispiel. Zunächst vermerkt er zwar, daß die Ortsnamen auf Zell von einer Klosterzelle herrühren, wie Frauenzell, Fürstenzell oder Bayrischzell, in der Nachbarschaft nur »Zell« genannt. Dann aber zitiert er gleich wieder ein altes Tanzlied oder Schnaderhüpfel, diesmal jenes zu seiner Zeit weitverbreitete vom »Wendlstoaner«, das so übermütig klingt:

»Dirndl, wia machans denn d'Zeller Buabn?
Machans es aa als wia da?«

Nicht minder rasch kriegt er auch bei der Erklärung des Wortes »der Oansiedl«, auf schriftdeutsch »der Eremit«, die Reibn zu einem Hypokorismus der Volkssprache.

»An Oansi'l, an Oansi'l, dös geht man net ein.
Wuil liaber, schöns Schatzerl, a Zoasidl sein!«

Es erwartet einen viel Kurzweil bei der Lektüre des Bayerischen Wörterbuchs. Der ganze Schmeller steht auf und erzählt dir sein Leben. Denn der Routn'Rel von Rimberg, der Kürbenzainerssohn, der Bettelstudent, der Soldat in Spanien, der leidenschaftliche Pädagoge an einer Pestalozzi-Schule in Basel, der kgl. bay. Oberleutnant und Kadettenlehrer, der Münchner Zimmerherr, Stiefvater und Vater, der Bibliothekar und Münchner Biedermeierbürger, der Professor, Akademiker und Schriftsteller stellt einem sich allein schon in seinem Wörterbuch vor. Wenn er etwa bei dem langen Artikel »Gwand« auch noch eine Nürnberger Urkunde zitiert, in der es heißt, daß der Stiefvater den Stiefsohn selbstverständlich auch zu »gwanden, zu kleiden« habe. Weil er selber zwei

Stiefsöhne zu gwanden hatte, den Max und den Franz Auer.

Aber der fleißige Wortearchivar hat auch noch über fünfzig Bände Tagebücher geschrieben. Es sind kleine Oktavhefte, gebunden und mit beschrifteten Aufklebern versehen, in die er von 1801 bis vierzehn Tage vor seinem Tod im Jahre 1852 fortlaufend Einträge macht. Manchmal täglich, manchmal läßt er auch etliche Wochen verstreichen. Aus der Basler Lehrerzeit fehlen gleich etliche Jahre.

Aber diese Tagebücher Schmellers haben den Vorzug, keine Memoiren zu sein. Wie ihm gerade zumute war, schildert er die Ereignisse, scheut auch keine Widersprüche. Diese Schmellerschen Tagebücher, alle von seiner Hand in lesbarer Schrift sauber und gewissenhaft geschrieben – nur gelegentlich verwendet er geheime Zeichen –, hat Paul Ruf, einer seiner Nachfolger an der Münchner Staatsbibliothek, zum Schmellerjahr 1952 herausgegeben. (Sie erschienen aber erst 1954.) Die Tat kann gar nicht genug gelobt werden, denn diese Tagebücher stellen in jeder Weise, volkskundlich, literarisch, historisch und biographisch, eine große Seltenheit dar. Man sieht in die Seele eines bewegten Mannes, der drei bayerischen Königen gedient hat, der Aufklärer und Romantiker war, der als Frühgermanist deutschnational empfunden hat und doch auch wieder ein königstreuer bayerischer Patriot gewesen ist. (Was eigentlich gar nicht möglich sein dürfte.)

Es ist rührend, in diesen Tagebüchern nachzulesen, wie sehr er an seinem Vater gehangen hat, mit welcher Sehnsucht er immer wieder heimeilt in »die alte Hüttn mit der warmen Stuben« in Rimberg. Am interessantesten sind aber halt doch die erlebten und gleich drauf hingeschriebenen politischen und geistigen Abenteuer als Zaungast der europäischen Prominenz in der ersten Hälfte des vorigen Jahrhunderts.

In München natürlich kennt er die Verhältnisse ganz genau und durchschaut sie mit wachen Augen und manchmal mit überkritisch liberalem Kopf. Da ist der Wandel seines Verhältnisses zu Ludwig von der ersten Begegnung mit dem Kronprinzen gleich nach Neujahr 1814 bis zur letzten mit dem alten König im Theater nach dessen Abdankung. Oft vertraut er der Verschwiegenheit seines Tagebuches auch geheimste ketzerische Gedanken an. Und mit Entsetzen muß man wahrnehmen, daß dieser fromme Anderl Schmeller eigentlich ein tief ungläubiger Mensch gewesen sein muß. Und zeitweise ein Gegner der Kirche! Dann wieder freut er sich an Paraden, ist mit vielen Priestern befreundet und kehrt auch gern in ländlichen Pfarrhöfen zu.

Er ist oft verliebt und kommt doch von seiner Hauswirtin und Zimmervermieterin nicht mehr los. Er freut sich an seinem Stiefsohn Franz, der es bis zum Legationsrat im kgl. bay. Ministerium des Kgl. Hauses und des Äußeren bringt, und er hat Sorgen, seine eigene Tochter Emma an den Mann zu bringen. Er bereist Deutschland, verehrt den durch seine politische Demonstration als Angehöriger der sieben Göttinger Weisen berühmt gewordenen Kasseler Bibliothekar und Professor Jacob Grimm, besucht Bäder und geht doch in den Ferien am liebsten in die Schweiz, um die eigentliche Frau seines Herzens, Maria, die Lehrersgattin seines Pestalozzi-Freundes Hopf, wiedersehen zu können.

Schmeller, der Entdecker und Herausgeber so berühmter Cimelien der althochdeutschen Literatur wie des »Ruodlieb«, des »Wessobrunner Gebets«, des »Muspilli«, der »Carmina Burana«, des »Heliand« u. a., hat so viele Seiten und hat – scheinbar mit leichter, glücklicher Hand – so viel geleistet, daß es einen fast nachdenklich macht, was man von ihm mehr mögen soll, das Bayerische Wörterbuch oder die Lebensfülle seiner Tagebücher. – Alle zwoa miternand und durchanand!

Kein deutscher Stamm – auch nicht Grimm

Den Neujahrstag 1822 beginnt Johann Andreas Schmeller in seiner Studierstube gleich mit einem freudigen Eintrag in sein Tagebuch. Er schreibt beglückt und geschmeichelt: »Ein liebwerthes Neujahrsgeschenk ist mir des Protogrammatikers Jacob Grimm in Cassel Zuschrift und Urtheil über mein Buch.« (»Die Mundarten Bayerns grammatisch dargestellt«, München 1821, verlegt bei Karl Thienemann, mit einer geographischen Übersichtskarte der Dialekte des Königreichs.)

Der mit Schmeller gleichaltrige Jacob Grimm und sein ihm stets zur Seite stehender Bruder Wilhelm Grimm, also die »Brüder Grimm«, waren zum Zeitpunkt der Veröffentlichung von Schmellers Grammatik schon ziemlich bekannt geworden durch die Herausgabe der »Kinder- und Hausmärchen«, deren dritter Band eben erschienen war. Auch lag seit 1819 bereits Grimms Deutsche Grammatik vor, wenigstens der erste Band derselben. Dazu hatte Jacob Grimm – von 1808 bis 1813 Privatbibliothekar des Königs von Westfalen, des jüngeren Bruders von Napoleon, Jérôme, auf Schloß Wilhelmshöhe bei Kassel, dann deutscher Befreiungskämpfer in Paris, auf dem Wiener Kongreß und wieder in Paris – sich um die Rückforderung der geraubten deutschen Literaturschätze mit Nachdruck bemüht. Etliche Handschriften konnte er tatsächlich aus Paris nach Kassel und Berlin schaffen. 1816 war er wieder friedensmäßiger Bibliothekar in Kassel. Neben der Deutschen Grammatik, den Deutschen Volksmärchen und Sagen hatte er auch etliche germanistische – alte Literaturdenkmäler beschreibende – Aufsätze veröffentlicht. Für Schmeller jedenfalls war Jacob Grimm ein bekannter Gelehrter der deutschen Sprache und Literatur.

Und die Bewunderung für Grimm hört bei ihm nun nicht mehr auf, sie nimmt zu, wächst ins schier Unbegreifliche. Als ihn auf einer Spazierfahrt der kgl. Geheimrat Josef von Hormayr als den »bayerischen Grimm« tituliert, trägt er das gleich freudig in sein Tagebuch, fügt allerdings in seiner angeborenen Bescheidenheit hinzu: »Ich, der bairische Grimm! Jawohl! in dem Sinne, in dem das bairische Meer, der Chiemsee, mit dem deutschen Meer, der Nordsee, mag verglichen werden.«

Als ebenfalls bereits weitbekannter und berühmter Professor vermerkt er das noch im Jahre 1849! Er neigt von Hause aus zu einer übertriebenen Bescheidenheit, sieht sich immer noch als Kleinhäuslerssohn aus Rimberg, als »Routn'Rel«, und freut sich über jede Ehrung, über jedes anerkennende Wort, besonders wenn es von Jacob Grimm kommt.

»Ich lebe noch, freilich das Leben eines Lahmen, eines Alten, der sein 67igstes Jahr antritt, der schwerer Neues lernt als Altes vergißt und nicht mehr viel zu brauchen ist zu Besserm als zum Katalogmachen«, schreibt er da am 6. August 1851, seinem letzten Geburtstag, und fügt dann seufzend und sich zugleich tröstend hinzu: »der aber, wenn auch für wenige mehr ein Lebender, doch gerade für jenes seltene Brüderpaar kein ganz Verschollener sein möchte.«

Die vielleicht angeborene Melancholie Schmellers nimmt in seinen letzten Lebensjahren zu. Aber so bescheiden und eingezogen die Tagebücher manchmal klingen, wenn er von seiner eigenen Person schreibt, im Wörterbuch wimmelt es nur so von lustigen Verslein und kräftigen Redensarten. Dadurch gewinnt es an Reiz und versüßt uns (und ihm) die philologische Mühsamkeit. Das hat natürlich auch Jacob Grimm gespürt, und er hat sich bei der Abfassung seines auf viele Bände berechneten Deutschen Wörterbuches wahrscheinlich eine ähnliche Humorigkeit und Volksverbundenheit vorgenommen. In der Vorrede dieses Deutschen Wörterbuches finden wir denn auch ein großes Lob auf Johann Andreas Schmeller.

»Fürs deutsche wörterbuch behauptet die kenntnis aller

hochdeutschen volksmundarten hohen wert ...« – Grimm befleißigt sich bereits einer radikalen Kleinschreibung – »... und ich muß zugleich zum lobe der Baiern hinzusetzen, daß kein anderer unserer stämme ein wörterbuch aufzuweisen hat, das dem von Schmeller irgend gleichkäme, so meisterhaft ist hier die sprache selbst und ihr lebendiger zusammenhang mit sitten und bräuchen dargestellt, und doch hat der letzte band bedauerliche kürzung erfahren, weil der verleger bedenken trug ... möge jetzt von des verfassers hinterlassenschaft ... nichts vorenthalten werden.«

Das ist geschehen. Jacob Grimm und Wilhelm Wackernagel haben die erweiterte Neuauflage des Bayerischen Wörterbuches durch die Bayerische Akademie der Wissenschaften veranlaßt, und Georg Frommann hat in den Jahren 1872 bis 1877 dann diese Neuauflage in den Druck gegeben. Schmellers vier Bände lagen ja seit 1837 vor. Und bis zu seinem Tod hat er unermüdlich weitergeforscht und -gesammelt. Auf fein und eng beschriebenen Blättern hat er diese Ergänzungen zwischen die Seiten seines Wörterbuches »einschießen« lassen. Diese »durchschossenen Exemplare« des Wörterbuches aus Schmellers eigenem Besitz werden als Kostbarkeiten von der Bayerischen Staatsbibliothek neben den Tagebüchern und anderen »Schmelleriana« aufbewahrt.

Die Neuauflage ist nicht wesentlich dicker geworden. Wenn auch Frommann jetzt im neuen Schmeller Grimms Wörterbuch I zitiert. Das Grimmsche Wörterbuch des Deutschen umfaßt 32 Bände. Jacob Grimm freilich hat nur die ersten beiden Bände erlebt. Die übrigen 30 wurden zwischen 1862 und 1961 von mehr als hundert gelehrten deutschen Philologen langwierig und gründlich – und unter Berücksichtigung einer immer feiner werdenden Forschungsmethode der Germanisten – fertiggestellt.

Schmeller hat seine Riesenarbeit allein zustande gebracht, und dies sogar in kaum zwanzig Jahren, wenn man die Jahre mitzählt, in denen er an der Bayerischen Grammatik gearbeitet hat. 1816 hat er angefangen, die Mundarten der Bayern zu erforschen, also die Dialekte der Altbayern, Schwaben und Franken. 1821 konnte diese 567 Seiten umfassende Beschreibung des Königreiches Bayern in seinen Dialekten bereits im Druck erscheinen. Und schon am 10. Mai 1826 kann er in sein Tagebuch den stolzen Satz schreiben: »In Gottes Namen den ersten Bogen des Wörterbuchs hingegeben der Gewalt des Dampfes.« Und als die Brüder Grimm ihr Unternehmen erst zu planen begannen, nämlich im Jahre 1837, hat der fleißige Schmeller den letzten Band seines Idiotikons sogar schon gedruckt vorlegen können. Von dem umfangreichen Grimmschen Unternehmen konnte der erste Band erst 1854 erscheinen – zwei Jahre nach Schmellers Tod.

Das Deutsche Wörterbuch zählt 32 Bände und einen Registerband, Schmeller »begnügte« sich mit nur vier Bänden. Aber es gebührt dem Kürbenzainersohn die Priorität des germanistischen Riesenunternehmens.

Vergleicht man nun mehrere Artikel der beiden Werke miteinander, so kann man feststellen – um mit dem bedeutenden Wörterbuchschreiber des Mittelhochdeutschen, mit dem aus dem Kärntner Lesachtal stammenden Würzburger Germanisten Matthias von Lexer, der den 13. Band des Deutschen Wörterbuches verfaßt hat, um also mit Professor Lexer zu sprechen –, »daß man das Gesuchte nicht immer ohne großen Zeitverlust finden« kann. Dann überrascht einen Schmellers verhältnismäßige Vollständigkeit. Es ist bei Grimm fast kein wesentliches deutsches Wort zu finden, das nicht Schmeller auch behandelt hätte.

Das ist zu verwundern und auch wieder nicht, denn die bayerischen Dialekte, das Altbayerische, das Schwäbische und das Fränkische, sind ja der Urquell der hochdeutschen Schriftsprache. Auch zitiert Schmeller nicht selten 20 bis 100 Jahre früher die ersten Urkunden und Dichtungen, in denen ein Wort belegt ist. Nehmen Sie das Beispiel »Bankert« oder »Bankhart«. Bei Grimm heißt es da: »illegitimus, gleichbedeutend wie Bankkind, ein von der Bank, aus dem Ehebett gefallenes, unter der Bank, im Winkel gezeugtes Kind ..., wird auch gedeutet als auf der Bank, nicht im Bett gezeugt ...« Grimm zitiert dann noch Verse von dem Fastnachtspieldichter Ayrer und von Hans Sachs aus Nürnberg, die aber nicht gerade sehr bezeichnend oder lustig sind. Der Bankert ist halt in ihnen belegt. »Mein Vater macht mich auf einer penk« und »Ist sie geleich der bankhart dein, so ist sie doch leibeigen mein«. U. a. zitiert er auch noch den Steyrer Mathias Abele von Lilienberg, dessen seltsame Gerichtshändel über hundert Jahre lang immer wieder aufgelegt worden sind: »Möchtest nit Kindsbetterin werden und ein frischen bankhart auf die Welt bringen?« – Freilich sind im Deutschen Wörterbuch die Zusammensetzungen des Wortes Bank ohne Zahl, von Bank althochdeutsch »panch«, Mehrzahl »penchi«, bis hin zum »Bankzins« mögen das an die 70 Wortbildungen sein, von denen die meisten literarisch belegt werden. Etwa auch die Bildung »Bankreihe« mit dem Zitat »... die unteren Bankreihen ...« aus Dahlmann, Geschichte der französischen Revolution, Seite 400. – Ein mühsames Geschäft, dieses Wörterbuchschreiben! Aber nur mit dieser umfangreichen deutschen Gründlichkeit konnten die 33 Bände entstehen.

Schmeller fängt beim »Bankhart« auch lateinisch an und zitiert dann gleich den Regensburger Domherrn und Naturbuchschreiber Konrad von Megenberg, also eine Quelle aus dem 14. Jahrhundert, mit dem Satz: »... sie haltens nit für ihr Kind und meinen die Kindel sein Pankhärtel.« Er bringt weiter den Rechtsspruch: »Kein Bankert soll im Reich regieren« und zitiert ebenfalls einige Stellen aus Hans Sachsens Fastnachtspielen. Führt auch noch an: »Weiln i a Bankert bi, kann i koan Bischof werdn ...«

Ich hab bis jetzt etwa 50 Artikel verglichen und getraue es mir zu sagen: Der Schmeller is ma liaber wia der Deutsche Grimm. Er is origineller, knapper, es geht ihm net um die

Zeilenzahl. Und Wortverbindungen, die jedem Analphabeten klar sein dürften, deren Etymologie führt er nicht an, ja er erwähnt sie meist nicht. Und zugleich spürt man, wie deutlich die Brüder Grimm und ihre Nachfolger später in ihrem Deutschen Wörterbuch Schmellers bayerisches Idiotikon nachzuempfinden getrachtet haben, seine frische und volkstümliche Lebendigkeit, ja stellenweise auch seine Hypokorismen und seine Humorigkeit. Es ist ihnen nicht gelungen, trotz der erschöpfenden Beleglust, trotz des Ehrgeizes, Schmellers Werk haushoch zu übertrumpfen. Schmeller führt allein schier geradeso viele alte Quellen an und bleibt unübertroffen in der Präsenz seiner echt bäurischen Schnaderhüpfel und Tanzlieder, seiner gewagten beiläufigen Sprüch und feuchtfröhlichen Redensarten. Er zitiert weniger Goethe und Schiller, dafür mehr die Bauernmägde Burgl und Gundl.

»Gnä' Frau, i han an Katarrh.« – »Was hast du? – An Katharrh möcht's habn, des Bauernmensch, des! Daß etwa die Huesten und Strauchen net guat gnuag ist für dich!«

Die Strauchen oder Straukn »bei gemeinen Leuten das, was bei Vornehmen der Schnupfen und/oder der Katarrh«. – Gleich zitiert er einen von seinen 20000 gelesenen und von ihm auch beschriebenen Codices der Bayerischen Staatsbibliothek, und zwar den Codex Germanicus Monacensis 724, Seite 182, ein medizinisches Werk aus dem 14. Jahrhundert. Dort heißt es: »... wenn die Naslocher trieffent und ihm der Mensche eins etlichen schneuzet und das nicht enhilfet, denselben Siechtum heißent die Leut die Strauchen.« – Und Konrad von Megenberg, den Schmeller natürlich auch viel zitiert – und das auch schon 20 bis 100 Jahre vor Grimm –, sagt: »Wenn der Mensch die Strauchen hat, so schmeckt er nicht so leicht sam eh« (als vorher). – Im Codex Latinus Monacensis 25072 auf Seite 265 werden »quatuor dolor ex somno veniunt meridiano« aufgezählt, also vier Krankheiten, die aus dem Mittagsschlaf herkommen, Fieber, Kopfweh, Trägheit und Straucken ... Heute ist das Wort noch lebendig bei den alten Pferdebauern: »Der Blaß hat d'Straukn.« (Steht nicht bei Schmeller, ist mir als Bauernsohn bekannt.)

Liest man nun den Artikel Strauchen bei Grimm nach, so fällt die Eifersucht auf das Schmellersche Werk noch nach hundert Jahren auf. Der Artikel dehnt sich zwar über drei und eine halbe Spaltenlängen aus, während Schmeller seine Straukn in einer knappen Dreiviertelspalte abzuhandeln vermag. Es sind auch alle die von Schmeller viele Jahre früher gefundenen Belege zitiert, aber nicht nach den Codices Monacensis, sondern nach dem sich dahinter verbergenden Buch, auch wenn man den Autor nicht kennt, wie bei jenem alten Medizinerbuch aus dem vierzehnten Jahrhundert, welches Schmeller »vielleicht auch für in Schlesien gekannt« beschrieben hat.
Der Straucken-Bearbeiter des 19. Bandes des Deutschen Wörterbuches macht daraus gleich »das Schlesische Arzneibuch« und erwähnt dabei weder Schmeller noch München! Die von Schmeller gefundenen Belege werden nicht nach seinem Namen zitiert. Und wird er genannt, bei dem Münchner Codex Germanicus 5931, wo es heißt »Chölkraut vertreibt die Strauckn ...«, nennt er unseren großen Schmeller einfach »Schmeller–Frommann«, als ob der Redaktor der »eingeschossenen Exemplare« würdig wäre, unserem Routn' Rel von Rimberg auch nur die Schuhriemen aufzulösen. – Ein Doktor H. H. Bielfelt hat »Strampeln« bis »Straubzeug« bearbeitet, und dieser 19. Band konnte erst 1957, also 121 Jahre nach Schmellers Veröffentlichung, vorgelegt werden. – Wobei der Artikel »Strauchen«, wenn auch vertuscht, so doch spürbar zu gut zwei Dritteln von Schmeller vorgegeben ist. Wer unter den neuen Germanisten also Schmeller einen alten Hut nennt, soll lieber seinen Hut nehmen.

Derlei Vergleiche ließen sich noch zu Tausenden anführen. Immer sind Schmellers Einfälle und Auffindungen der Belege original und origineller als jene des Deutschen Wörterbuches. Und obendrein bündiger, überzeugender, kürzer. Und sind gewiß auch noch sprachgeschichtlich genug, riechen trotz der Schnaderhüpfel auch noch nach Wissenschaft.

Es ist halt wieder wie in der Politik, in der Geschichte, in der Wirtschaft und im Menschlichen: Die Nichtbayern versuchen uns an die Wand zu drücken, belügen uns, beschwindeln uns, be ...– Siehe Grimm, Deutsches Wörterbuch, Band 14, Spalte 2464 bis 2472!

Der gewiß nicht prüde Routn' Rel von Rimberg schreibt über das altdeutsche, so notdürftige Wort nur eineinhalb Spalten. Und heißt es bei ihm darüber: »Auf dein Rat is gschissn« oder »Heut hast es aber wieder scheißgnädi', han?« Oder: »Iatz moan i habn mar ausgschissn bei eahm ...« Auch das: »Geh, was schoaßln ma da lang umananda?« kennt er und natürlich auch das Christkindlanschießen, im Salzburgischen der »Mettenschoaß« geheißen. Und tuat a groußer Herr an Schoaß, na hoaßts »der Herren Schoaß stinkt nicht«.

»Der Bschieß« heißt auch bei Schmeller schon der Betrug, und am Lech sagen die Leut vom Vorhemd eines Landmädchens, es sei das »Gscheißerlein« oder Bscheißerl.

»Nix war's, an Schieß habn ma kriagt, an Dreck!« – »I bin der Bschissene gwen!« – »Aber den wenn i wieder amal derwisch, den Scheißkerl, den, na hat er den letstan Schoaß ton ...«

Es kommt alles vor, was in so viel wissenschaftlicherem Tone in den acht langen »Scheiß«-Spalten bei Jacob Grimm auch steht. Bei Schmeller halt viel lüftiger, frecher und lustiger. Aber halt auf, er zitiert doch einen Schmellerschen Spruch nach Sebastian Frank, der etwas literarischer klingt:

»Ein Fischer und ein Ferg,
ein Büttel und ein Scherg,
ein Zieg und ein Gaiß,
ein Fist und ein Schaiß,
ein Ochs und ein Rind,
die sind all Geschwisterkind.«

Und ein bisserl »ain schaisz« ist es natürlich schon, daß er »schaisz« auch klein schreibt. Weil man ihn nur riecht und nicht sieht? –Pardon, a Schoaß is' net, ehnder a Gschieß. Was hat er denn mit seiner Kleinschreibung für a Gschieß, der Herr Jacob Grimm?

Jedenfalls hätte Schmeller kein solches Gschieß zu machen brauchen in seinem 1843iger Tagebuch, als der große Jacob ihn in München besucht hat. Der bescheidene Bauernbub zehrte bis an sein Lebensende von diesem Erlebnis, daß der große deutsche Prophet zu ihm gekommen ist. Ja, der Berg der Gelehrsamkeit zu ihm, »dem kleinen Worteklauber« und »Katalogmacher«.

Es war die Zeit des Oktoberfestes, und die Eintragungen, in denen Schmeller, der bereits selber ein gefeierter Gelehrter gewesen, über diesen Besuch Grimms in München berichtet, geben ein treffliches Bild von dem spätbiedermeierlichen München des Jahres 1843. Und sie sind ein Zeichen der Verehrungsfähigkeit Johann Andreas Schmellers.

8t. October (Sonntag) 1843

Ich sitze am einsamen Mittagstische, da läßt sich ganz bescheiden melden

»Professor Jacob Grimm aus Berlin«.

Im braunen Reise-Paletot mit schwarzverbrämter Mütze tritt er ins Kämmerlein, nimmt Platz auf dem schmalen Kanapee, kostet den Rand eines Zwetschgenkuchens und ein Gläschen von dem 1831er Ungsteiner, macht mich selber aber vergessen auf alles Essen und Trinken.

Er kommt von Neapel, wohin er über Genua zu See gegangen. Übermorgen schon will er wieder weiter nach Frankfurt, Bonn etc., um Dahlmann zu grüßen, und dann mit Anfang der Vorlesungen in seinem Berlin zu sein.

Ich lief auf seinen Wunsch in Wind und Staub hinaus auf die Theresienwiese, wo aber das Rennspektakel bereits vorüber war. Auf dem Wege dahin begegnete uns Lichtenthaler. Dann zu Görres, seinem Bekannten von 1805 her, dessen Haus – resp. Gartentüre – aber verschlossen war und blieb. Auf einem weiten Gang ans Ende der Ludwigstraße und zurück begegnete uns Görres selber. Auf Wiedersehen morgen in der Bibliothek! So ließ ich ihn mit dem ältern Bekannten, ob noch jetzt gleichgesinnten zweifle ich.

9t. October (Montag)

Ich hatte es Neumann sagen lassen, welch seltner Gast in München. Schon früh kam er auf die Bibliothek mit dem Plane, eine Auswahl von Verehrern des Mannes zu einem bei Ott zu veranstaltenden Mahle zusammenzubringen, wenn jener sich entschlösse, wenigstens noch morgen zu bleiben. Grimm kam, oder vielmehr er war schon gekommen, aber vom Direktor, der ihm die Bibliothek zeigte, bisher in Beschlag genommen. Er sagt uns den erbetenen Tag zu. Es ward eine Liste der zu Wählenden entworfen, und Neumann übernahm es (trotz des regnichten Morgens), sie alle deshalb persönlich anzugehen – unter andern auch Baron Max Freiberg (jetzt, während Abel's Abwesenheit in Meran, Minister des Innern), Präsident Roth, Maurer, Görres etc. etc. Später kam, schon in Folge von Neumann's Schritten, Sulpiz Boisseree, der ebenfalls Einladungen vorschlug und selbst zu machen versprach.

Grimm besah sich flüchtig den von mir neu eingerichteten Cimeliensaal, aus dem er sich als größten Schatz den Benedictbeurer Cod. 160a (die lateinischen und deutschen Lieder des Caltherus, den er für Walther v. d. Vogelweide selbst hält) auf mein Zimmer mitnahm, um Auszüge zu machen.

Er verschweigt, daß er ihm selber abzuschreiben geholfen hat. Denn Schmeller war ein ungemein rascher und sauberer Schreiber und hat wiederholt in den Bibliotheken sich von alten Handschriften Exzerpte gemacht. Nicht selten auch für Freunde.

... Zu Mittag war Grimm bei Görres. Ich machte einen Gang zum Orientalisten Müller und zu Direktor Lichtenthaler, um eine unglückliche zwischen beiden obwaltende Spannung zu heben.

Den Abend brachte ich mit Grimm, Maurer, den beiden Niethammer etc. bei Boisseree zu.

10t. October (Dienstag)

Den Morgen brachte der Gast auf meinem Sitz in der Bibliothek über dem Waltherischen Liederbuch zu. Ich legte, um zu Red und Antwort immer bereit zu sein, die blauen Quartblätter über die Autoren graeci der Bibliothek in das allgemeine alphabetische Repertorium ein.

Um 2 Uhr fuhr, wie gestern Abends verabredet, Staatsrath Maurer an meiner Wohnung vorbei, von da mit mir in den Hahn Nr. 23 zu Grimm, um diesen zu Ott zu bringen.

Es waren da bereits 23 Gäste (darunter selbst der etwas stolze Verweser des Ministeriums des Innern und Vorstand der Akademie der Wissenschaften Max Baron Freiberg) versammelt. Neumann hatte mit kluger Berechnung die Plätze verteilt und durch Zettel bezeichnet. Rechts von Jacob saßen Freiberg, Lichtenthaler, Schubert... links Maurer, Niethammer Vater ... Andreas kam Jacobo gegenüber zu sitzen zwischen Görres und Sulpitz Boisseree. Außer diesen waren da: Dr. Roth der Abessinier, Appellations-Rath Seufert, Professor Arendt, Ludwig Steub, der Orientalist Müller, Aurbacher, Neumann, Reichsrath Niethammer, Föringer, Melchior Boisseree, Höfler.

Die Toaste fing an der höchste im Rang, Freiberg auf den König. Bald darauf erhob sich mein Nachbar Görres mit einem Spruch auf den höchsten im Werthe als Mensch, als deutscher Mann, als Forscher. Gerne ließ ich was ich selbst zu sagen vorgehabt, nun fahren. Dann ein Hoch für den Staatsrath Freiberg, von wem weiß ich nicht mehr. Nun stand Jacob selber auf, mit einem Lobspruch auf einen braunen Rock, der mich so überraschte und verblüffte, daß ich mich der Formalien nicht mehr erinnere und nicht weiß, ob der Berichterstatter in der Allg. Zeitung vom 12t. oder 13t. recht gehört haben mag.

Und was hat Grimm gesagt? Schmeller vergißt, es in seiner übervollen Beglückung im Tagebuch zu zitieren. Er wird wohl das Bayerische Wörterbuch gelobt haben, das beste, lebendigste, das ein deutscher Stamm hervorgebracht.

Schmeller vergißt aber keinen der Toaste, die auf den großen Grimm ausgerufen werden, auch nicht den abschließenden seines Freundes, des Sinologen Prof. Neumann.

Endlich brachte Neumann mit kräftigen Worten den trefflichen Menschen, den Deutschen für das, was ihm das Rechte, alles opfernden Mann begrüßend, ein' Toast, auf welchen allgemeines dreimaliges Hoch erscholl und der Gefeierte sich in längerer bescheidener Rede aussprach. Nach Tisch kamen noch Ringseis und Graf Pocci.

Jacob ging in den Bayrischen Hof, um die zufällig ebenfalls hier angekommene Bettina von Arnim zu begrüßen. Er wollte auch mich bei ihr aufführen. Allein es schien mir unbescheiden von mir, und wir trennten uns am Tore des Gasthofes ...

Seltsam. Vielleicht hätte die geistreichste Frau der deutschen Romantik für Schmeller eine ähnliche Sympathie empfunden, wie sie 34 Jahre früher, als sie anno 1809 als junges Mädchen bei ihrem Schwager, dem Professor Savigny, in Landshut gewesen, für den Oberpfälzer Medizinstudenten Johann Nepumuk Ringseis gehabt? – Freilich, jetzt, 1843 war die Bettina 57 und immer noch – besonders für berühmte Literaten – eine gefürchtete Schönheit. – Schmeller erzählt weiter:

Abends mit Grimm, Niethammers, Boisserees, Neumann, Müller, einem Professor Scholz aus Bonn bei Maurer. Ich las, damit der Gast auch bayerischen Dialekt höre, drei Stücke aus den Mundarten vor.

11t. October (Mittwoch)

Um 9 Uhr kam Jacob nochmal auf die Bibliothek, wo ihm Föringer den Rector Beilhack, der den seltnen Mann kennen zu lernen gewünscht, vorstellte. Es regnete. Grimm war auf 10 Uhr zu Bettina bestellt, um mit ihr die Pinakothek zu sehen. Auf dem Wege besuchte er Oldenbourg in der literarisch artistischen Anstalt. Vor dem Gasthof nahm ich vorläufig Abschied.

Vor halb drei, wo der von Grimm bestellte Nürnberger Eilwagen abgehen sollte, war ich im Posthof, wo der junge Ludwig Rockinger, dem es so sehr daran gelegen, Jacob Grimm auch zu sehen, schon länger Schildwache stand. Mit Boisseree kam ein kleinerer im Reisepaletot und kleinen grauen Reisehütlein ganz poetisch aussehender Mann – Jacob Grimm. Aus dem Wagen unter diesem Hütlein freundlich winkend fuhr er dahin.

Diesen Besuch empfand Schmeller als den für ihn ehrenvollsten Akt in seinem Leben. Dem bayerischen Wörterbuchschreiber bleibt die berühmte Frau dann doch nicht vorenthalten. Schon am nächsten Tag, am 12. Oktober vertraut er es, mit errötender Feder, seinem Tagebuche an:

... um 9 Uhr brachte Neumann zu mir auf die Bibliothek – die in ihrer Art einzige Bettina. Mich, nicht die Bibliothek sei sie gekommen zu sehen! Wohl ein Stündchen saß sie mir gegenüber, erzählend von ihrer ersten und spätern Begegnungen mit dem Kronprinzen, jetzt König von Bayern, in welchen allen er nicht als ein gewöhnlicher steifer Fürstenmensch erscheint ...

Schmeller prüft ihre Erinnerungsfähigkeit anschließend gleich nach in Bettinas gedruckten Briefen und freut sich ob ihres treuen Gedächtnis'.

... Diese Erzählungen stimmen mit S. 12, 38, 47–54, 96 des 2t.

Theiles von Goethes Briefwechsel mit einem Kinde, Berlin 1835.

Zuletzt ging sie doch mit in den Cimeliensaal, aber (da ich die Schlüssel zu den Pulten vergessen hatte) ohne etwas schauen zu wollen wieder weg. Sie war, nach Jacob Grimm, die zweite Person, die sich im neuen Fremdenbuch einschrieb. Wie diese Frau in ihrer Jugend Dichter und Fürsten durch Geist und Schönheit bezwungen, ist dem der sie sieht noch jetzt erklärlich. Während der König an der Fronte der ganzen Garnison vorbeizog den Grundstein zur neuen Siegespforte zu legen, legte ich oben im Cimeliensaale die Nummern in die neugeordneten Schaustücke. Mittag bei Max, dessen Namenstag.

15t. October (Sonntag), Theresientag

Früh bei Buchdrucker Weiß, um ja auf Morgen, wenn etwa der König auf die Bibliothek käme, wenigstens einen Abdruck von dem Schriftchen »Über die K. Hof- und Staatsbibliothek für Besucher derselben« bereit zu erhalten.

Von der Grundsteinlegung zur bayerischen Ruhmeshalle nicht durch die Akademie, sondern nur zufällig wissend, ging ich, nur als ein Ungeladener sie von ferne zu schauen. Ein ehrlicher Kemptener Handelsmann schloß sich mir auf der Wiese an. Nun seien schon zu vielen derlei Wal-, Ruhmes-, Sieges- und andern Hallen, aber noch zu keiner Getreid- und dergl. Halle der Grund gelegt, meinte er. Da halte es der König von Württemberg ganz anders. Der sorge für die, die jetzo leben.

Mittags Max mit Frau und Söhnchen, die wieder aus Aschaffenburg zurück, unser Gast. Spaziergang mit Neumann und Zusammentreffen mit Maurer. Plan zu einem Kränzchen ...

Die Ruhmeshalle wird später auch seine Büste aufnehmen, denn er gehört zu den Unsterblichen des bayerischen Vaterlandes, auch wenn ihn Jacob Grimm nicht besucht hätte.

Schmeller war halt auch ein Kind seiner Zeit. Als Germanist gleich gar war er angesteckt von der Schwärmerei der Romantiker für Deutschland. Und war nicht auch sein König Ludwig I. von Bayern ein »Teutscher Mann« gewesen? Die meisten der Münchner Professoren sprachen begeistert von der zu erringenden Einheit der Deutschen. Ganz besonders dachten und sprachen so die Nordlichter unter König Max. – Aber der Münchner Biedermeier hat bayerisch gefühlt. Und bayerisch fühlen heißt in der Politik soviel wie »... uns is' wurscht«. Man hat von der Gefährlichkeit der Staatsgewalt noch viel zuwenig Ahnung gehabt.

Im Revolutionsjahr 1848 läßt der gebürtige Oberpfälzer hier und da deutschnationale Töne anklingen in seinem Tagebuch. Da hörte sie damals niemand. Am neunten Juli sieht er freudig:

»Hoch vom Turm (dem nördlichen des Domes) wallen riesige Fahnen, die weißblaue und die schwarzrotgoldene, freudig nebeneinander. Auf den Plätzen spielen Musikchöre und jubeln, daß alle Deutschen wieder einmal unter Einem Haupte (dem Reichsverweser Erzherzog Johann) stehen.«

Bereits in den Märztagen hatte er sich des Preußenkönigs Grußwort an die Deutsche Nation notiert: »Ich habe heute die alten deutschen Farben angenommen und mich und mein Volk unter das ehrwürdige Banner des deutschen Reiches gestellt. Preußen geht fortan in Deutschland auf.«

Aber gleich in der nächsten Zeile muß er fortfahren: »... und doch ist gestern Abends auf Münchens Tuldplatz Friedrich Wilhelm IV. von Preußen in effigie verbrannt worden – von ein paar hundert jungen Thoren.«

Schon etliche Wochen später, »als ich von der Bibliothek nach Hause hinke, zogen daher Allarm schlagende militärische, und bald folgten auch bürgerliche Trommler. Wieder ein Bierkrawall, unter welchem mehrere Bräuer, besonders der Bierkönig Pschorr in der Neuhausergasse, arg mitgenommen sind. – Da sind doch die Wiener andere Leut, bei denen es sich wenigstens um nicht so Gemeines handelt. Freilich ist es nur das eigentliche Gesindel, das bei uns in solcher Weise losbricht ...«

»Deutschland in Geburtswehen«, ruft er aus und kommt zu einem ganz nüchternen Katzenjammer. Die Revolution scheint ihn anzuekeln. Er muß nämlich aus der Allgemeinen Zeitung erfahren, wie zu gleicher Zeit die guten Elsässer auf ihren Bergen »... und an den Ufern des deutschen Rheines durch Freudenfeuer den 24. Oktober begehen, der vor 200 Jahren (1648) sie von der großen ohnmächtigen Mutter losgerissen. – O der Schmach! Soll Erwins Münster der Finger seyn, der darzeigt, daß es um Nationalität mehr nicht ist als eitler Wahn ...«

Wären doch mehrere Germanisten in den deutschen Landen zu dieser Schmellerschen Erkenntnis gekommen! Die deutsche Sprache wäre heute nicht so gefährdet. Aber freilich, der Traum von der deutschen Einheit wird am ungefährlichsten nur von den deutschen Wortklaubern, Sprachforschern und Germanisten geträumt. – Ja, ja, mir Bayern können aar a bisserl Deutsch, aber deszwegn kann nicht jeder Deutsche ein Bayer sein. – Am 23. April wurden die anno 1848 erlaubten deutschen Kokarden und Fahnen wieder abgelegt – von den bayerischen Soldaten. Schmeller dichtet:

»Schwarz Roth Gold, mit euerm Reich ists aus.
Abermal gilt Weißes nur und Blaus.
Hattet uns ein Deutschland vorgelogen.
Dieser Traum ist wieder nun verflogen.
Wir wissen ja, ein Deutschland gibt es nicht,
Lande bloß in denen deutsch man spricht.«

Er steht mit Jacob Grimm in einem Briefwechsel, wartet mit Sehnsucht auf das Erscheinen wenigstens des ersten Bandes seines Deutschen Wörterbuches. Aber es kommt und kommt nicht. Jacob schiebt die Schuld auf seinen Bruder Wilhelm ... Schmeller hatte das Bayerische Wörterbuch allein in zwanzig Jahren geschafft. – Endlich darf er es doch noch erleben. Und er erlebt sich selbst. Am 21. März 1852 heißt es im Tagebuch:

»... Nachdem andre Arbeiten, die ich (außer meiner nicht kleinen berufmäßigen, der doppelten Verzeichnung der 22000 Handschriften der Bibliothek) seit Jahren vorgehabt, gewissermaßen abgethan sind (Labrer, VII Communi) – soll es nun an die letzte: den Nachtrag zum b. Wörterbuch gehen. Und das ist auch keine kleine. Viel leichter käme sie mich an, wenn alles seit 24 Jahren Gesammelte in den Text einer neuen Ausgabe eingereiht würde. Aber an solch eine Ausgabe des theuern (20 guldigen) Werkes ist nicht zu denken. Dennoch, um ganz sicher zu gehen, hab ich deshalb am 8t. d. an die Verlagshandlung geschrieben. Eben erhalte ich die Erwiederung vom 19t. d. auf meine Anfrage. Es würde, heißt es, den Besitzern der 4 Bände gegenüber nicht gerecht sein, dieselben entweder zum Ankauf dieser neuen Ausgabe zu veranlassen, oder sie des Inhalts des Nachtrages verlustig sein zu lassen.«

Und dann hat er Angst, wenn jetzt dann doch einmal Jacob Grimms Deutsches Wörterbuch im Drucke erschiene, ob dann seines noch einer Neuauflage wert wäre, ob vor allem seine Nachträge es wert wären, gedruckt zu werden. Vier Monate vor seinem Tod, am 24. März 1852, weiß er es plötzlich. Er ahnt die Großartigkeit seiner Arbeit.

»... Mit meinen noch vier Hörern Laroche, Spanfehlner, Behringer und Staudt das Semester geschlossen.

Eben recht kommt mir der Weidmann'schen Buchhandlung Prospect über das endlich druckbegonnene deutsche Wörterbuch von J. und W. Grimm. 500 Bogen in Lieferungen von 15 Bogen zu 20 Neugroschen. Lästig war mir dieser Tage der Zweifel gewesen, ob sich, da doch die Grimmsche Arbeit bevorstehe, ein Nachtrag zu meinem Wörterbuch überhaupt der Mühe lohnen könne? Es scheint mir nach dem von Weidmann gegebenen Muster, daß dies denn doch der Fall sein werde.«

Mit einem Blick hat er da z. B. Grimms Artikel über das Bier überflogen und festgestellt, daß da zwar in sechs umfangreichen Spalten das Wort Bier in allen lebenden und toten Sprachen Europas abgehandelt wurde, auch an die einhundertfünfzig Worte, die mit Bier- gebildet werden, aufgezählt worden sind, z. B. Bierbrauerei, Bierhalle, Biermolke, Bierstube, Bierzeche, Bierzwang. Dieselben dann sogar noch lateinisch wiedergegeben werden wie in einem Deutsch-Latein-Lexikon – etwa bei Bierbedarf, wo Grimm übersetzt »quantum cerevisiae neccessarium est«, oder Bierbottich, das er mit »cupa cerevisiaria« wiedergibt etc., auch »Bierkufe, in welcher die Sueven dem Wotan geopfert« ... Aber Schmeller konnte auch bemerken, daß in seiner eigenen Bier-Spalte im schon gedruckten Bayerischen Wörterbuch und in dem eingeschossenen Blatt dazu doch viel lebendigere, mit der Sprache des Volkes viel wärmer verbundene Biersprüch' und Belege geschrieben standen. Bei Schmeller nämlich heißt es in dem Artikel »Bier, Biar, opf. Beija usw. althochdeutsch pior, mhd. bier ...«. Aber dann wird er schon gleich handgreiflich boarisch: »Beim sauern Bier zsammkemma heißt unvermutet auf unbeliebige Weise zusammenkommen ... Du hast a Grieß wi dös sauer Bier, dir wuil überhaupt niemand was, du bist nicht beliebt ...« Oane zum Bier habn – oder zum Bier führn«, heißt soviel wie ihr erklärter Liebhaber sein, »ihr Bierführer sein«, steht im »eingeschossenen Blatt des Schmellerschen Originals«, was aber Herr Professor Frommann weggelassen hat (er hat dafür fleißiger Grimm zitiert im viel älteren Schmellerschen Wörterbuch!).

Weiter führt Schmeller seine Hypokorismen an: »Heut is nix z'macha mit eahm, er is alls z'bierig.« – Er bierelt, ist schon angespitzt.

Dann zitiert er eine Indersdorfer Urkunde, in der es heißt, daß man in Orten, in denen man Bier trinkt, Schlaganfälle und den Aussatz nicht kenne. Er weiß, daß das Salvatorbier ohne Hopfen gebraut wird. Daß Gutbier ein beliebter

Münchner Familienname ist. Daß Herzog Ludwig und Herzog Otto anno 1293 geboten haben, ein ganzes Jahr hindurch »über all unser Land ze Baiern daß nieman kein Pier briwen soll hiuer diss Jahr«: Es war zuviel Wein im Land. – Und daß zwischen 1500 und 1515 sich die Bierbrauer in Bayern verzehnfacht hätten.

Ein Tegernseer Glossator kennt schon das Leichenbier oder Todtenbier, also den Leichentrunk.

Aber an bessern hat aar an Schmeller a guats Freibier gschmeckt, was zu seiner Zeit no a Seltnheit gwen is.

Dem Professor Dr. Johann Andreas Schmeller war die Wortklauberei oder das »Spracheln«, wie er es auch geheißen hat, zu einer Leidenschaft geworden. Ja, dös Spracheln is was Schöns! »Wir sind bis tief in die Nacht beisammen gesessen und haben gesprachelt«, schreibt er einmal in den Tagebüchern.

Recht hat er ghabt, der Jacob Grimm: »Kein anderer deutscher Stamm hat ein Wörterbuch aufzuweisen, das dem von Schmeller irgend gleichkäme, so meisterhaft ist hier die Sprache selbst und ihr lebendiger Zusammenhang mit Sitten und Bräuchen dargestellt.«

Kein Herz wie Mutterherz, Kein Haus wie Vaterhaus

Johann Andreas Schmeller wurde am 6. August 1785 in Tirschenreuth in der Oberpfalz geboren. Sein Vater Josef stammte aus dem Pfarrdorf Griesbach, das ungefähr dreizehn Kilometer ostwärts liegt. Der Großvater schon war dort ansässig und bewirtschaftete einen kleinen Bauernhof, beim Krämer. – Auch Schmellers Vater hieß nach dem Taufschein Johann Josef, wie auch alle seine Brüder zuerst den Namen Johann bekommen haben. Das war damals Mode gewesen, denn Johannes der Täufer war ja der Vorläufer, also auch der Vorausläufer des eigentlichen Namens. Schmeller selbst hat erst mit 17 Jahren erfahren, daß er auch noch Johannes heißt. Man nannte ihn daheim nur den Andreas, den Andrel. Auch auf der Gedenktafel in Rimberg (heute Rinnberg) heißt er nur Andreas.

Wo die Schmeller eigentlich herstammen, dessen ist sich unser Sprachforscher nicht ganz sicher. Ein altes Basl aus Griesbach erzählte ihm einmal, daß um 1700 ein ehemaliger preußischer Soldat sich in Griesbach angekauft hätte – und zwar auf dem Krämeranwesen. Und daß dieser Schmeller der Stammvater der Familie geworden sei. Das wär schon eine kuriose Geschichte, wenn ausgerechnet der Verfasser des Bayerischen Wörterbuches von einem ehemaligen Preußen abstammen würde!

Nur keine Angst, die Abstammungsgeschichte kann wahr sein und auch wieder nicht. Denn, so frage ich die Schmellerforscher, warum kauft sich der verabschiedete Preußensoldat ausgerechnet in dem Pfarrdorf Griesbach, hinter Tirschenreuth in der Oberpfalz an? Zufällig doch wohl nicht.

In der Nähe Griesbachs – und zur Pfarrei gehörig – liegt der Weiler Redenbach. Einer der schönsten Höfe in diesem Redenbach, das ist der Schmellerhof. Und die Besitzer dieses

Schmellerhofes in Redenbach schreiben sich heute noch Schmeller und sitzen seit dem späten Mittelalter auf diesem Hof.

Es ist sehr wahrscheinlich, daß ein nachgeborener Schmeller von Redenbach im 17. Jahrhundert sich einmal hat anwerben lassen und etliche Jahre lang als eine Art Fremdenlegionär Soldatendienste getan hat. Daß er sich die Abfindung zusammensparen hat lassen und mit dem Geld dann in der Heimat, in Griesbach, das Krämeranwesen erwerben hat können. (Ich bin im Sommer 1984 in Redenbach gewesen und hab mich mit dem jetzigen Schmellerbauern unterhalten können – sogar vor der Fernsehkamera –, und ich empfand in der Ausstrahlung, vielleicht sogar in der Erscheinung des Herrn Konrad Schmeller von Redenbach eine gewisse ungefähre Ähnlichkeit mit unserem Sprachforscher nach dem in der Akademie vorhandenen Porträt. Vor allem aber hat mir der historisch kritische Verstand Konrad Schmellers imponiert, der über seine und des Sprachforschers Ahnen nur Gesichertes hat gelten lassen wollen. Ein echter Schmeller!)

Der jüngste Bruder von Schmellers Vater hat das Griesbacher Anwesen bekommen, auf welches er, erzählt Andreas in den Tagebüchern, »die vorher im Dorf umgehende Schenke erblich machte«. Ein Stiefbruder Josef Schmellers wurde Bäcker, kam auf der Wanderschaft nach Wien, trat in die Armee ein und brachte es bis zum k.k. Feldbäcker. Ein anderer Stiefbruder – aus des Großvaters zweiter Ehe mit der »Koutzn Kathl« – ist in jungen Jahren seelisch krank geworden und wurde im heimischen Anwesen in Griesbach – nach damaliger Sitte – im Stall gehalten.

»Da mögst ja glei narrisch werdn!« – »A narreder Mensch mit an narredn Si' . . .« – »Das Narret kimmt ihm an, er hat sein' Anfall.« – »Bal eahm 's Narret ankimmt, müaßt man lacha und wenn oans schon halbet gstarbn waar . . .«

Selbstverständlich überwiegen die scherzhaften Redensarten beim Artikel Narr, das Possenreißen. Fragt dich einer mahnend: »Narr, was redst denn so dumm daher?«, brauchst ihm nur zu antworten: »Narrisch, i bin halt no net so gscheit wia du.« Und der Lacher ist auf deiner Seite. – Ein sehr bescheidener Mensch, der ein Geschenk oder eine Ehrung gar nicht annehmen will, sagt manchmal: »Narr, dös is alls z'guat für mi ... alls z'vuil ...« – »D'Leut zum Narrn habn, dös is halt deant ebbas Lustigs.« – Und es singen auch die Dirndl für die Buabn diam a Schnaderhüpfel:

»Narreter Bua, hast an narrischn Si',
Kimmst allweil daher, wenn i schlaferi' bi'.«

Da mögst ja glei »gaiß- oder kälbernarrisch« werdn! »Kaibenarrisch, d. h. jugendlich, kindisch«, meint Schmeller, jung wie ein Kalb. Und verkümmert die Frucht am Baum oder auf dem Acker, sagt man im Woild: »Is nix draus wordn, san schier lauter Narrn.« – Und ist es recht kalt, kann man sich »d'Zehan dernarrn«, erfrieren.

Es ist einer seiner längsten Traktate, der Narren-Artikel. »Und hat der Narr in der Volkssprache nichts weniger als einen harten und niedrigen Begriff«, schreibt er gleich eingangs. Und zitiert einen Bauern, der Knecht und Magd vom Hofe jagt, weil sie es miteinander treiben. Und es heißt, sagt er, im Pinzgau der Geliebte eines Mädchens auch »ihr Narr«. – »I han glei die Garberin, die aso allweil mitm Bauknecht a wöck gschmissn hat, zsamt ihrn Narrn davongjagt ...«

Ist's vielleicht a Narretei, die narrischen Spalten hier einzufügen? – Aber man meint halt, der bayerische Wörterbuchschreiber hinterläßt auch manchmal biographische Spuren in seinen Glossen. – Häufig genug tut er das. Aber nicht beim Narren und nicht beim Spinnen und nicht beim Krawallieren. Hat ihn sein armer Onkel, den er in den Tagebucheintragungen anläßlich seines Besuches zu Allerheiligen 1823 in Rimberg nach den Erzählungen seines Vaters erwähnt, doch nicht gar so sehr erschüttert?

Bei diesem Besuch müssen ihm die Eltern ihre Liebesgeschichte erzählen. Von Pfaffenhofen eilt er zu Fuß nach Rimberg. »Gleich am Hochgarten dem Birnbaum zu. Von da sah ich den alten Vater an einem langen Stabe den neuerworbenen Garten herabwanken. Auch er hatte mich alsbald erblickt. Als ich hinabkam bis hinters Haus kam er mir schon aus der Hinterthüre entgegen. Ach, die Mutter sey sehr krank. Ich ging hinein. Sie lag sehr leidend auf der Loderbank in der Stube. (Eine Holzbank beim Ofen.) O mein, Andrela! Die vorige Nacht hatte sie immer mit mir zu tun gehabt. Sie hatte in der Phantasie allerlei gepackt um es mir zu schicken. Und nun war ich da. Das war also Vorbedeutung.

Ich brachte diese Nacht im väterlichen Hause zu und hatte lange Muße, der Mutter Leiden, der Schwester Johanna treue Sorgfalt und auch des Vaters durch manches Ächzen sich äußernde Gebrechen zu beobachten. Den Sonntag und Montag drauf logierte ich beim Pfarrer, den äußerst schmutzigen Weg zwischen Rohr und Rimberg oft hin und her laufend ...«

An dieser Stelle fängt er dann die Schmellersche Ahnengeschichte zu beschreiben an. Die Verwandtschaft wird aufgezählt. Und dann folgt natürlich die Geschichte von Vater und Mutter und wie sie »ins Bayern herunter« nach Rimberg, Pfarrei Rohr, gekommen sind.

»Mein Vater lebte bis ins 21st. Jahr im väterlichen Haus als Knecht. Dann ergab sich die Bekanntschaft mit meiner Mutter, die den beiderseitigen Eltern aus ökonomischen Rücksichten nicht angenehm war. Mein Vater ging nun, wegen der Spannung mit seinem Vater, nach Türschenreut, wo er eine Zeitlang auf der Post diente und eine schwere Krankheit mitgemacht hat. Doch zog es ihn wieder nach Griesbach zur Mutter, die als die erste Schönheit der Umgegend galt. – Sie wurde schwanger. Die Heirat mußte vor sich gehen. Der Großvater kaufte meinem Vater in Türschenreut um 100 Gulden das Bürgerrecht und am Graben um 50 Gulden eine öde Brandstatt. Bis diese erhoben war, kaufte mein Vater von Andre Flurl ein Anwesen, das er dann nach zwei Jahren an einen Wagner wieder verkaufte ...«

Dann zählt Schmeller seine Geschwister auf, den Erstgeborenen J. Michael, der noch in Griesbach nach der Hochzeit geboren wurde und nach zwei Jahren schon wieder gestorben ist. – Dann den J. Josef, der im Wagnerhaus geboren wurde »und jetzt in Rimberg zum zweiten Mal verheiratet ist«, während er, der Andrel, im Jahre 1823 immer noch ein Junggeselle ist. Und hat Bruder Sepp bereits einen 15jährigen Buben, den Georg, und ein Töchterl, die Elisabeth. –

1780 dann hat seine Mutter in Tirschenreuth – in der heutigen Schmellerstraße – die Schwester Maria Anna geboren, die im zwanzigsten Lebensjahr im Juni 1799 in Ingolstadt stirbt. – Dann kommt Bruder J. Adam Michael auf die Welt. Er wird nur dreieinhalb Jahre alt. Ein fallender Baum im Wald erschlägt ihn. – Endlich erblickt am 6. August 1785 um ein Uhr in der Früh in dem Taglöhner- und Kürbenzainerhäusl am Graben – heute Schmellerstraße – Johann Andreas das Licht dieser Welt, den sie den Andrel nennen. Schon gleich den nächsten Tag wird er in der großen, gewaltigen und überaus schönen und gnadenreichen Stadtpfarrkirche zu Tirschenreuth getauft.

Die Mutter des bayerischen Wörterbuchschreibers hieß Maria Barbara – nach damaliger Mode wahrscheinlich Marie-Babett' gerufen –, und »sie war die Tochter des Hans Paul Hecht von Deinersreut« (Tännersreuth) »und der Maria Anna vom Rothen Hof in Klein-Kammerreut«.

»Die Heirat mußte vor sich gehen«, prägnanter läßt sich eine oberpfälzische Liebesgeschichte nicht mit vielen Worten schildern.

»Lieb, liab, opf. leib, Adjektiv und Adverb, got. liubs, ahd. liub, mhd. liep, lat. gratus. – Es sitzen zwoa Liabsleut unter an Baumm, wenn no grad heunt koan Wetter net kaam!« – Aber das Verbum lieben, schreibt Schmeller, sei in der gemeinen Sprache nicht üblich und wird durch andere

Ausdrücke ersetzt, »wie gern haben, lieb haben, und besonders in Bezug auf die Geschlechtsliebe, durch das bloße haben« angedeutet. So sagt man also: »Na, i hab mit der Resi nix ghabt.« Oder: »Freiling hast as ghot, jo hast as ghot!« – In einem lateinischen Codex findet er eine uralte Grammatik, in der amo durchkonjugiert wird. Und da heißt es in deutschen Übersetzungen: »Amo = Ich lieb han« und passiv: »amor = ich wird lieb gehebt«. – Er zitiert noch einen alten Prediger: »Es geliebt den Weibern, was neu ist«, und dann aber auch den bekannten Vers: »D'Liab is süaß, bis ihr wachsn Händ und Füaß.« – Seine uneheliche Tochter Emma ist 1823 ja auch schon fünf Jahre alt. – An diesem Allerheiligen/Allerseelen läßt er sich wieder alles erzählen. Er liebt und verehrt seine Eltern über die Maßen und hockt gern bei ihnen in der »lieben Hüttn mit der warmen Stubn«. Er selber hat das Vaterhaus gezeichnet und dann darunter geschrieben: »Ein Herz wie Mutterherz, ein Haus wie Vaterhaus!« – Im Tagebuch heißt es am 1. November 1823:

»Mein Vater hatte sich in Türschenreut nur kümmerlich (6 Jahre mit Straßeneinschäufeln, dann später mit Körbe und Kretzen machen) fortgebracht. Der Unfall mit dem Adam Michael und die Gefahr, im nahen Weiher noch mehrere Kinder zu verlieren, bestimmten ihn, nach dem Beispiel Anderer ›ins Bayern‹ zu ziehen. Er ging zuerst allein nach Bayern. In Sinzhausen hätte er sich als Meßmer ankaufen können, wenn er sein Haus in Türschenreut los geworden wäre. Endlich verkaufte er dieses zu 300 fl. an einen Taglöhner und zog in der Faßnacht 1787, vom Regenspurger Boten gefahren, mit Sack und Pack aus dem Lande seiner Väter. Ich lag (es war vermutlich nicht sehr warm) als ein 1½jähriges Kind und noch dazu mit den falschen Blattern behaftet in einem Bette auf dem Wagen. Manchmal noch ists mir, als wüßte ich mich dieses Fahrens (wenn es kein späteres war) zu erinnern.

In Regensburg hatte der Vater nicht wenig Lust, sich auf

Zeichnung Schmellers von seinem Vaterhaus in Rimberg

die Donau zu setzen und mich zum Ungarn zu machen. Der Wasserscheu der zärtlichern Mutter hab ichs zu danken, daß ich ein Bayer geblieben bin.

In Gambach wurde Halt gemacht. Durch Joseph, der im Walde arbeiten half, erfuhr man, daß in der Nähe (zu Rimberg) ein Anwesen zu verkaufen sei. Vater und Mutter gingen herüber. Oben bei den Gartenzaunen herabblickend, sah die Mutter das letzte Häuslein des Dörfchens mit dem traulich gegen den Eichenhain hinaufziehenden Garten. Wenn es dieses wäre, meinte sie, das gefiele ihr wohl. Und dieses wars.

Um angebliche 300, effective 275 fl. an den Eigentümer und 24 fl. an die Grundherrschaft (Baron Dürsch in Rohrbach, Verwalter Schneider) bezahlt, brachten sie es an sich. Mein Vater war der erste, der in Rimberg Erdäpfel baute ...«

In Rimberg bekam Andrel noch zwei Schwestern, Cordula und Johanna, und den Bruder Anton, der im Feldzug 1814 gefallen ist.

Als Zwölfjähriger machte Andrel in Rimberg eine schwere Krankheit durch.

»Als ich ao. 1797 am Fieber zu Hause lag, rieth ein herumreisender Pfannenflicker: ich sollte hinauslaufen in den Anger, und wenn ich eine Weide sähe, sollt' ich einen Knoten darein machen und sprechen: ›Da bind ich ein meine siben und sibziger lei Fieber!‹ und sollte dann wieder was ich könnte davon und heim laufen, damit ich nicht beschrieen würde. Das Fieber gehabt und nicht mehr.«

Das Rimberger Vaterhaus, das kleine Routnanwesen, birgt für ihn tausend Erinnerungen. Nicht nur in seinen Tagebüchern schwärmt er von seiner über alles geliebten Heimat in Rimberg. Es geht ihm kein Déjeuner über seiner Mutter Wassersuppen. Noch im Bayerischen Wörterbuch kommt die ganze liebe Verwandtschaft vor. Und natürlich immer wieder die »liebe Gestalt« seines Vaters. Unter dem Worte »Kürben« erläutert er: »Korbförmiges Geflecht aus Spänen, das gewöhnlich an Armbändern auf dem Rücken getragen wird ... Der Kürbenzainer ist der, der aus Holz- und Wurzelschienen Kürben flicht oder zäunt.« Dann setzt er in Klammern dazu: »Unter allen Gewerben ist dieses unscheinbare dem Verfasser des bairischen Wörterbuches das ehrwürdigste, denn es ist das eines bald achtzigjährigen Ehrenmannes, dem er sein Dasein und seine erste Erziehung verdankt.«

»Wia, Voda, da hast a Haar an dein' Rüaßl. Paß auf, daß d' dir an Fotz net verbrennst!« – Es vergeht kein Weihnachten, wo er nicht an die Hutzlbirn denkt, die seine Mutter aus ihrer Schatztruhe den Kindern spendieren kann. Zum Weinen schön ist die Geschichte der goldenen Hochzeit seiner Eltern im Pfarrhof zu Rohr. Mit der ganzen Ausführlichkeit müssen wir sie hier wiedergeben:

München, den 4t. Januar 1824

Der Herr Pfarrer Grieb hatte mir geschrieben, daß die Mutter wieder auf sei, und daß die goldne Hochzeitsfeier auf den 18t. d. als den Sonntag falle, an welchem das Evangelium von der Hochzeit zu Kana handelt. Vorgestern erhielt ich einen von

Vetter Hans Georg in derselben Angelegenheit geschriebenen Brief, in welchem er in seiner Einfalt bemerkt. »Und der Anher meint er Mächte den König auch Begrüßen, weil das ein Selzsames Stück ist ...« Ich fand den Gedanken anfangs sehr naiv – und reflectierte nicht weiter darauf. Gestern nach Tisch war mirs wie Inspiration, ich setzte mich hin und schrieb folgendes:

Allerdurchlauchtigster großmächtigster König
Allergnädigster König und Herr
Einem Betagten Paar Allerhöchst-Ihrer getreuen Unterthanen, rechtschaffenen Bauersleuten, die zu Rimberg Allerhöchst Ihres Landgerichts Pfaffenhofen auf einem Kleingut zufrieden und glücklich leben, hat der Himmel die seltne Gnade beschieden, den fünfzigsten Jahrestag ihrer Verehlichung, in Mitte dieses Monats feiern zu können.

Dem Sohne des Jubelpaares flößt kindliche Liebe den Muth ein, dieses Blatt vor Ew. K. Majestät allerhöchstem Throne ehrfurchtsvollst niederzulegen, in der reinen Absicht, die religiöse Freude seiner guten Eltern durch den beseligenden bloßen Gedanken zu erhöhen, daß auch der Erhabenste und Gepriesenste der Gatten und Väter von ihrem Glücke wisse.
München, den 4t. Januar 1824

E. K. M. allerunterth. treugehorsamster

J. A. Schmeller
Oberleutnant.

Gegenwärtig als praktizierender Offizier bei der Akademie der Wissenschaften zu Arbeiten über die Vaterländischen Volkssprachen verwendet.

Diesen Bogen übergab ich diesen Morgen dem Geheimen Kabinetrat v. Ringel, welcher mir versprach, ihn Seiner Mayestät einzuhändigen.

Was der brave Andrel da eingefädelt hatte, wird ein ergreifend rührendes Fest in der Heimatpfarrei Rohr (heute Rohrbach). Schon am 5. Januar kann er ins Tagebuch schreiben:

Abends kam Oberbibliothekar Direktor Scherer zu mir. An ihn hatte sich Herr v. Ringel gewendet, um mich zu sondieren, ob bei meiner Begrüßung wirklich nichts weiter als etwa ein zartehrendes Rückäußerungszeichen Seiner Majestät beabsichtigt sei.

Scherer, der mich kennt, hätte hierfür im Voraus gut stehen können. Ich ging mit ihm in den Hirsch, die fremden Literatur-Neuigkeiten der Gebrüder Artaria und Fontaine von Mannheim zu durchmustern. Herrliche Produkte von Pariser Lithographen. Auch Baron v. Closen war da.

Und am Hl. Dreikönigstag kann er berichten, daß er abends, als er vom ausgedehnten Mittagstisch bei Prof. Niethammer nach Hause kam, ein Billet vorgefunden, worin er durch Scherer auf morgen früh 8 Uhr zu Herrn v. Ringel beschieden sei.

7t. Januar 1824

Herr v. Ringel sagt mir, daß Seine Majestät meine Zuschrift mit Wohlgefallen aufgenommen, und ihm den Auftrag gegeben habe, mir für meine Eltern als Zeichen Seiner Theilnahme die auf die Hochzeit Seiner Tochter, der Prinzessin Elisabeth mit dem Kronprinzen v. Preußen geprägten Medaille einzuhändigen.

Ich dankte in den wärmsten Ausdrücken. Auf die Frage an den Herrn Staatsrat, ob er glaube, daß ich meinen Dank Seiner Majestät persönlich darbringen sollte, meinte er, es würde dem König allerdings angenehm sein. Doch sollte ichs bis nach meiner Rückkunft verschieben.

Madame Auer, seine Hausfrau, brachte die Gedenkmünze zum Goldschmied, um ein Ketterl dran machen zu lassen, aber der Goldschmied Wollenweber war ein Patzer.

Unterm 14. Januar 1824 muß er in Eile eintragen:

Der gute Straßburger oder Zweibrücker Kunstmann Wollen-

weber hat das Ding nicht als Gold- sondern als Grobschmied behandelt, ein Loch durchgeschlagen, und einen dicken steifen Ring drein gehängt. Es war kein anders Mittel übrig, als das verpfuschte Werk als altes 2Fl.56Kr. wiegendes Silber in die Münze zu geben, und gegen Aufgabe von 1 Fl. 4 Kr. ein anderes Stück zu nehmen.

16t. Januar 1824

Um halb 6 Uhr Morgens trat ich in Begleitung des treuen Kastor die frohe Reise zur Hochzeit meiner lieben Eltern an. In Pfaffenhofen, vor dessen Mauern ich, schon ziemlich müde, mit meines Reisekumpans freundlichem Wedel den Staub von meinen Stiefeln geputzt hatte, begrüßte ich über die Veranlassung meiner Wanderung den Herrn Landrichter Haindl, der mir Bedauern zeigte, daß er wegen Kürze der Zeit nicht selbst bei dem seltenen Feste zugegen sein könne. Es war erst 4 Uhr. Ich beschloß, das Tagwerk von 12 Stunden zu Fuß, ganz voll zu machen. Auf mir unbekannt gewordenen vor Frost unebenen Pfaden, mit meinem Kastor im Dunkel mühselig forttappend, langte ich endlich im Pfarrhof zu Rohr an. Der Herr Pfarrer lag eben auf seinem Canapee am Ofen mit den bittersten Schmerzen des Podagra ringend da. Doch konnten ihm die Beine nicht weher tun, als mir, als ich nach kurzem Sitzen wieder aufstehen, und dem Schlafstüblein zu eilen wollte.

Den 17t. Januar 1824

Vormittags und Nachmittags machte ich in Rimberg die Runde bei meinen Eltern und Geschwistern. Die Mutter hockt wieder ganz froh und gemütlich am Ofentürlein.

Sonntag den 18t. Januar 1824

Einer meiner schönsten Lebenstage.

Als der Herr Pfarrer nach einer schmerzvoll durchwachten Nacht erklärt hatte, daß er dennoch sich zusammennehmen wolle, die Feierlichkeit und den Gottesdienst zu halten – ging ich, einen stattlichen Rosmarinstrauß im Knopfloch, nach Rimberg. Seraphin, des Pfarrers Knecht, kutschierte seine zwei mit Bändern und Buchs geschmückten Schimmel mit dem Brautwagen hinter mir drein. Aus Josephs und der Cordel Hause schloß man sich mir an. Es ging in das Haus des Brautpaares. Die Mutter, ganz in schwarz recht stattlich herausgeputzt, saß auf ihrem Bette an dem Ofen vor Freude und Bangigkeit in ihr Schnupftuch weinend. Man brachte die beiden Alten hinaus auf den Hauptsitz des Wagens. Schwester Johanna und Nichte Lisel saßen, als Brautjungfrauen prangend, vor, Cordel und Josephs Frau hinter dem Paare.

Wir Mannspersonen, Joseph, Peter, Hans Görgel und ich folgten dem Wagen.

Der Nachbar Hafner (Alois Mayer), ehemaliger Chevaulegers-Corporal, der sich in den Feldzügen nach Tirol, Moskau und Frankreich ausgezeichnet, brannte drei Ehrenschüße ab. Dergleichen fielen beim Schuster, Spitzer, und Dedl zu Rimberg und beim Wagner zu Rohr noch mehrere. In der Nähe der Kirche, deren Zugänge von Zuschauern aus dieser und andern benachbarten Gemeinden besetzt waren, schallte den Ankommenden der Gruß von St. Castulusischen Trompeten entgegen.

Ich hob die Mutter sorgfältig vom Wagen – und überließ sie den führenden Brautjungfern. Den Vater führte ich selbst in die Kirche.

Herr Pfarrer hatte für die beiden Alten zwei Sessel nicht weit vom Altare hinstellen lassen. Joseph, ich und Hans Georg stellten sich rechts, Cordel, Johanna und Lisel links vom Paare, Peter stellte sich hinter den Vater, Josephs Weib hinter der Mutter.

Der Herr Pfarrer, obschon wenig unterbrochene Anfälle von Schmerz leidend, und ganz unvermögend, seinen rechten Arm zu brauchen, begann eine recht eindringliche Anrede an das gedrängte Auditorium. Gattentreue, Kinderzucht waren die Hauptmotive derselben. Dann hieß er die beiden sich die

Hand reichen – und ermahnte sie, in Ergebung den Rest ihrer Tage mit einander zu beschließen.

So, sagte er, hat die Kirche eigne Ceremonien, wodurch sie ein so lange Jahre rechtschaffen durchlebtes Ehebündniß segnet und ehrt; – es freut sich über ein solches auch die weltliche Obrigkeit. Diese Denkmünze ist eurem Sohne im Namen unseres Königs für euch zugestellt worden. (Hier übergab der Herr Pfarrer die Medaille.) »Und dieses Geschenk ist von der gnädigen Hofmarksherrschaft.« (Hier reichte er das Papier mit einem Goldgulden dar, das mir Herr General-Zolladministrator v. Koch noch am 15t. Abends für meine Eltern übergeben hatte.)

Nun verkündete der Herr Pfarrer, daß man zum Opfer gehen könne, und daß dieses, da weder er noch das Brautpaar etwas davon haben wollten, zum Besten der Kirche sogleich in den Opferstock gelegt werden würde.

Während des Amtes, wobei der St. Casteler Schullehrer erbaulich musizierte, trat Herr Pfarrer Höschl ein, der von Ainau eigens mit seiner Haushofmeisterin Mamsell Kati heraufkutschiert war – legte einen Chorrock an, und machte den Diakonus, eine Funktion, welche wohl in dieser Dorfkirche noch nie gesehen worden war.

Nach Beendigung des Gottesdienstes ging die ganze Verwandtschaft, die Mutter von den prangenden Jungfrauen, der Vater von Herrn Pfarrer Höschl und mir geführt, – in den Pfarrhof.

In dem obern Gastzimmer war eine lange Tafel gedeckt.

An des Hausherrn Stelle, der in seinem Lehnstuhl am Ofen, nicht einmal das Zusehen lang aushalten hat können, und sich hinab auf sein Schmerzenlager begeben mußte, versah Herr Pfarrer Höschl das Amt des Speise- und Ceremonienmeisters mit nicht weniger Anstand und Grazie als das des Aufheiterers der ganzen ländlichen Gesellschaft in muntern Scherzen mit dem alten Bräutigam, an dessen natürlichen, gar nicht geistlosen, oft durch den Ausruf, »mier san des niat weart!« unter-

brochenen Einfällen, ich mich herzinniglich weidete.

Nach dem Biere wurde der Johannis-Segen herumgereicht. Dann folgten ein Paar Bouteillen andern Weines. Es wurde auf die Gesundheit des Brautpaares – des Herrn von Rohr – des Herrn von Ainau – mit allgemeinen Aufstehen von den Sitzen, die unsers Königs ausgebracht, der, wenn er davon in Kenntniß gesetzt wird, an dem Leide und an der Freude auch seines geringsten Unterthanen väterlich Theil nimmt.

Auch auf das Wohl des Hofmarksherrn wurde getrunken.

Der Wein-Vorrat war zu Ende. Und siehe, auch diese Hochzeit von Canna (Rohr) mußte durch ein Wunder verherrlicht werden.

Man rief mich unversehens hinunter. Zwei Knaben von Pörnbach waren da, ein mit dem Münchner Boten dort angekommen Kistchen mir zu übergeben. Ich schlug es auf. Es enthielt 2 Bouteillen köstlichen roten Weines (Bordeaux, oder, nach Höschl, Volney), welche Freund Mettingh am 16t. mit der Nachricht, daß seine Klara ihm ein Mädchen geboren zur Mitfreude an mich übersendet, und die sinnige Hausfrau, mit 2 andern weißen vermehrt, dem Boten aufgegeben hatte.

Neuer Jubel. Pfarrer Höschl brachte das Wohl des braven Senders und seines Freundes aus. Unter mehrern erneuten Toasts wurde auch des edeln Voitels im fernen Spanien mit dankbarer Erinnerung gedacht.

Nun wurde, von einigen der Gäste zum ersten Mal in ihrem Leben, der Kaffee getrunken, und nach frohem Dankgebete die Tafel aufgehoben.

Das graue Brautpaar fuhr auf dem hochzeitlichen Wagen, die übrigen Brautleute gingen seelenvergnügt in ihre Rimberger Hütten zurück. Auch der Menschenfreundliche Ceremoniarius und die in der Küche als aushelfender Schutzengel erschienene Mademoiselle Kati machten sich auf den Heimweg nach Ainau.

Zum Schluße dieses mir unvergeßlichen frohen Tages fand ich in einer mit dem Kistchen angekommenen Schachtel auch einen Brief des Vetter Anton, in welchem als Geschenk für die Eltern eine Denkmünze lag, wie ich bereits eine im Namen des Königs übergeben hatte. Um das Königliche Geschenk in seinem Solitär-Werte zu lassen, wechselte ich bei Nandl einen Ducaten ein, welchen ich am andern Morgen als freundvetterliche Gabe den guten Leutchen zustellte.

Montag 19t. Januar 1824

Herr Pfarrer hatte eine bessere Nacht gehabt. Mein erstes war, in den Rimberger Hütten nachzusehen, wie den Lieben, besonders dem alten Paare die ungewöhnliche Hochzeitstafel angeschlagen habe. Alles im besten Wohlsein, und noch in halbem Genusse an den frohen Erinnerungen zehrend.

Nach Tische verließ ich den Herrn Pfarrer – als dessen großer Schuldner: beurlaubte mich bei den Rimbergern, bei den lieben Eltern mit dem Versprechen, sobald die Bäume blühen, sie wieder zu besuchen.

Von der treuen Johanna begleitet ging ich über den Garten hinauf, Pfaffenhofen zu. Hier übernachtete ich beim Lutherwirt, wo mir Herr Commissär Strohschneider ein lieber Gesellschafter war.

Am 20st. Januar Morgens

4 Uhr früh saß ich mit Kastor in einer Fürther Chaise, die mit drei andern nach München ging. Fürther Kaufleute (Juden) von der Dult zurück zu holen.

Nicht weit vor Unterbruck warf ich den armen Kastor auf die Straße hinaus, damit er sich ein bischen auslaufe, und nicht etwa den Wagen verunreinigen möchte. Am Posthause ausgestiegen rief ich, und pfiff ich nach dem treuen Tier. Es kam nicht mehr zum Vorschein: war vielleicht mit einem Militärfuhrwesenszug, der eben vorbeigekommen nach Pfaffenhofen zurück gelaufen.

Kaum in meiner heimelichen Münchner Stube angelangt, ward ich für den 24t. auf die Königliche Commandantschaft beschieden, um ja gleich wieder den Kopf voll Bedenklichkeiten zu bekommen.

Dafür heiterte mich Martius, der, unpäßlich, mich wegen seiner Festrede für den 16t. Februar abends zu sich bitten ließ, in Gegenwart seines Schwiegervaters des Ministerialrats B. v. Stengel – durch die Nachricht auf, daß ich am 17t. in allgemeiner Sitzung der Akademie mit großer Stimmenmehrheit zum Mitglied dieses ehrenhaften Vereins gewählt worden sei. Auch Appellationsrath von Delling wurde gewählt. Kopp und Lehner aber hatten mehr schwarze als weiße Kugeln erhalten.

Den 23st. Januar Abends

Der treue Kastor, der mich am 20st. Morgens zwischen Hohenkammer und Unterbruck verloren hatte, ist – Gott weiß nach welchen Rück- und Kreuz- und Querzügen – so eben wieder bei uns eingetroffen.

Das Anwesen ist in Rimberg nicht mehr zu finden. Nur der Platz wird einem noch gezeigt, wo die liebe Hütten mit der warmen Stubn einmal gestanden sein soll. Hinterm Stall nennt man einen Erdeinschnitt heute noch »den Häuslgraben«. Die Obstbäume ziehen sich den Hügel hinauf, und Hopfengärten berühren das Dörfchen. Bäuerlich-bayerischer geht es nicht mehr. Hier ist er aufgewachsen. Der alte Birnbaum im Obstgarten hat ihm besonders gut gefallen. Hier hat er sich in den Ferien ins Gras gelegt, hat seine Lateingrammatik studiert, hat griechische und französische Vokabeln gelernt.

Immer wieder geht er gern heim nach Rimberg – über Dachau, Pfaffenhofen. Manchmal an einem Tag. Und während er abkürzende Feldwege einschlägt, schaut er hier und da in eine italienische, böhmische oder englische Grammatik. »Ja, zu Fuß läßt es sich besonders leicht lernen«, bekennt er im Tagebuch. Und er eignet sich den böhmischen und russischen Wortschatz überwiegend zu Fuß an. – Im Sommer zieht er manchmal die Schuh aus und geht barfuß.

Gern hat er sich über den schönen Obstgarten herab dem Vaterhaus genähert. Und hat dann durchs Fenster geschaut und den Vater an einer neuen Strahkürbn zäunen sehen. Er schildert jede Ankunft in Rimberg auf das genaueste, schreibt die ersten Ausrufe der Mutter auf, schildert die »ehrfürchtige Gestalt des guten Vaters«.

Auch die Tage nach Neujahr 1814, als er nach zehnjähriger Abwesenheit, aus Spanien und der Schweiz kommend, im stillen Rimberg ankommt, vertraut er der seelisch amtlichen Verschlossenheit seines Tagebuches an. In dem Dokument heißt es am Samstag, dem 8. Januar 1814:

»Nach zehn Jahren die Urheber und ersten Pfleger meines Lebens wiedersehn! Noch diesen Nachmittag setzt ich mich auf einen Schrannenwagen . . . Kanibalisch grob verfahren die Münchner Polizeibeamten. Jedem rechtschaffenen Manne muß schaudern vor den Schranken zu erscheinen, wo man den Grundsatz befolgt, jeden Menschen als verdächtig, als Spitzbuben zu betrachten. Mir ward nur eine Aufenthaltskarte bis zehnten dieses Monats bewilligt, wo ich persönlich um Verlängerung einzukommen hätte.

Ich ging heute, sie mir verlängern zu lassen, weil ich unmöglich am zehnten von Rimberg wieder zurück sein könnte. Mit unmenschlicher Härte ward mirs abgeschlagen, bis ich nach einem zweiten Gang mit wiederholten Vorstellungen die rauhe Antwort erhielt: ›Nun, so kommens, wenns zurück kommen!‹ – Oh, ihr Guten zu Rimberg, nun ist so nahe, was mir lang so furchtbar ferne war!«

Warum nur hängt er so innig an dem alten Vaterhaus, an seinen Eltern und Geschwistern? An daheim? Ihm, dem Boden nicht war, nicht Acker und nicht Wiese, der nur die Sprache hatte, des Vaterlandes Worte, die ihm Grund und Boden bedeuteten? – Heimat ist halt zuallererst Sprache. Und die Mundarten der Bayern, die Sprache des Vaters und die der

Mutter, die seiner Geschwister und Nachbarn zu erforschen ist ihm als die große Aufgabe seines Lebens gestellt. Schon im Vaterhaus ist diese säkulare Aufgabe in ihm geweckt worden. Denn seine Eltern haben in der Holledau gewiß noch Tirschenreutherisch gesprochen, während ringsum die Nachbarskinder Pfa'hoferisch sich ausgesprochen haben. – Da wird man als ganz kleiner Bub dann schon hellhörig. »Wei scheiner an d'Maila, wei leiba hams Boubn« konnte er aus dem Munde der Mutter sagen hören. Aber die Nachbarin sprach es dann so aus: »Freili, wia schöner a Dirndl is, desto liaber habns di Buabn.« – Nur so einer wie der Schmeller Anderl hat das Bayerische Wörterbuch schreiben können. – »O gute Eltern, unaussprechlich lieb ich euch«, ruft er auf dem Weg nach Pfaffenhofen aus. Das Wiedersehen ist erschütternd innig, voller Gefühl. Noch dazu hat es stark geschneit, und er muß durch den Schnee stapfen. In Pfaffenhofen bleibt er über Nacht, ein Rentamtsoberschreiber führt ihn in ein Hinterstübchen zum Bier mit den Honoratioren. Am Sonntag früh eilt er Rimberg zu ...

Nun gieng's in die Gegend, wo mir alles Erinnerung war, immer näher der einzigen Stätte. Es war keine Bahn von Guntamsried nach Rimberg – der nach zehn Jahren Wiederkehrende machte die ersten Fußstapfen. Alles schien mir bedeutungsvoll ein seltnes himmlisches Fest zu feiern. Am steilen Pfad, wo ich einst (von Nagel) mir geliehne Dichter lesend gegangen war – wo ich beim Scheiden vor 10 Jahren im tiefsten Wehmuthgefühl den von der Mutter mitgegebenen Eierkuchen gegessen – stand ich wieder still. Die Schweiz und Spanien und die Schweiz (Tarragona's Spital und Presidario Pilato) lagen zwischen Damals und jetzt. Ich ging nach Rimberg heim, und statt in Ried oder Pfaffenhofen war ich in Tarragona, Madrid und Basel gewesen! –

O unbeschreibbare Gefühle! – Ich sah hinab auf die wohlbekannten Hütten – noch standen sie, alle wie einst. Hinauf, hinein, mit pochendem Herzen geklopft. Es ist zu; durch's Fensterchen geguckt – es ist niemand drin. Ich geh um's Häuschen herum. Eine stattliche Rebe bekleidet die Ostseite, hinten ist eine mir neue Türe, ein neues Gewürzgärtlein, der Stall voller Thierstimmen, wohl mit Stroh verwahrt. –

Die Nachbarin, die Franzinn kommt von der Hafnerinn her, sie kennt mich, sagt: Die Eltern seien zu Rorbach auf der Ersten Messe eines von Ottersried. Auf der Ersten Messe! Gerade an diesem Tage meiner Rückkunft! – Schmerzenvoll werden sie denken, wenn unser Sohn nicht ein Ungerathner wäre, so hätten wir diese Freude auch an ihm erleben können!

Ich gehe das Dorf hinab, wo mein Bruder Joseph sich ein Haus muß gebaut haben. Finde das neuentstandne, geh hinein, frage die kochende Frau, wer hier wohne? Dr Kirmzaune, dr Ro'un Sepp! Das ist also mein Bruder! sagt ich. Oh, die Freude des Weibes war groß. Meines Bruders Junge Hans Giergl gefiel mir sehr, minder das Mädchen. Bei einer Schüssel Küchel wartete ich nun, bis ich wirklich einen Mann und eine Frau vorübergehn sah, die meine Eltern sein konnten. Es sei der E'l und d'A'l sagte mir Kurzsichtigen Hans Görgl. Ich zog meine nun getrockneten Strümpf und Schuh geschwind an, und Dorf aufwärts. Beim Roa'n kam meine Mutter schon gegen mich daher, (die Nachbarinn hatte mich gleich angekündigt:) mit lautem weinenden Schreien: »mein Kind, o mein Andre'l!« Thränenlos, wortlos stund sie dann eine Zeit lang mich in ihren Armen haltend. Dann wieder Thränen und lautes Weinen: Mein Kind, so soll ich dich denn auch noch ein Mal sehen? – Oh, mir war das Herz zum Zerspringen.

Weiter oben, bei Hafners stund der Vater in meinen vor 10 Jahren zurückgelaßnen Powrjabl (pauvre diable!) gehüllt. Oh, die mir himmlische Gestalt! Auch bei ihm lautes Weinen. Ich lag an seiner Brust. Ähnliches hab' ich noch nie empfunden! Dann in die väterliche Stube. »So sei mir denn willkommen unter'm väterlichen Strohdach!« sagte er mit einem Blick gen oben, der mich anbeten machte. O Gott, kein gewaltige-

rer heiligerer Priester für mich als mein Vater. Welche Fülle ächter begeisterter Religiosität. Alles durch Gott, für Gott. Wir sind oft umsonst nach Scheiern, Freising, Landshut gegangen, sagt ich. »Nicht umsonst«, sprach Er, »für Gott, weil Gott es fügte!«

Als ich ihm mein Flechtkörbchen voll Kirschwasser und eine Büchse Marokko zum Geschenk gab, sprach er so erheiternd heiter: »Nu, bis i mit diem fierti bin, kua-r-i wol d'Vügl wieder singe ghoüen!« Wohl vergab er mir's, daß ich ihm nicht das Glück verschafft, auch einen geistlichen Sohn zu haben. Du hast ja deinen freien Willen, sagte er, und Gott hat's auch so haben wollen. Wie die Mutter gleich all ihre möglichen guten Gerichte auftischte, und noch immer nicht begreifen konnte, wie ihr Wunsch, nur noch einmal den Sohn zu sehen, habe können in Erfüllung gehen! Thränen kann ich nicht zurückhalten, während ich dieses schreibe, und dieses zu schreiben hält allein mich aufrecht in der jammervoll öden Stimmung in welcher ich dasitze im kalten München auf das vielleicht noch lange nicht kommende Patent wartend, geldverthuend, in Freund Weißens des selber schwankenden Zimmer! Oh, wäre ich doch länger in der niedern Stube, beim rauhen Bette, bei der tellerentbehrenden Schüssel geblieben!

Ähnliche Besuche macht er nun jedes Jahr. Er eilt helfend herbei, wenn es den lieben Alten schlechtgeht, wenn die Geschwister eine Hilfe brauchen. – Selbst bei der Verbriefung seines Neffen Georg ist er im Amtszimmer des Hofmarkrichters anwesend und rechnet die Sportln und Übernahmegebühren nach. – Darüber berichtet er sogar im Wörterbuch, unter dem Artikel »Recht«. Nachdem er die verschiedenen Gerechtigkeiten der noch feudalen Hofmarkgerechtigkeit aufgezählt hat, 1) das Ludaigen, 2) das Erbrecht, 3) das Lehen, 4) das Leibrecht, 5) die veranlaite Freistift, 6) die Neustift und 7) die bloße Freistift, führt er aus:

»Die erste Gerechtigkeit, das Ludaign kommt in unserem

Vaterland leider am seltensten vor, es ist freies, vollkommenes Eigentum, die letzte bloßer Pacht. – Meines Bruders Sohn Georg hat bei seiner Verehelichung mit der Tochter seines seligen Meisters (Wagner) und der Übernahme des mit Allem auf 1500 Gulden geschätzten Wagnergütleins zu Rohrbach an den Gutsherrn, Herrn von Koch und dessen Gerichtshalter Escherich, folgende Taxen und Gebühren erlegen müssen (im Mai 1841):

Ansäßigmachung und Gewerbsverleihung 7 fl. Leibrecht für 600 fl. zu 15% = 90 fl. Erbrecht von 270 fl. zu 7½% = 20 fl 25 kr. Grundherrlicher Consens 9 fl. 45 kr. Übernahmsbrief 29 fl., Heiratsbrief 8 fl. 53 kr., Zeugnis 49 kr. Hypothek-Recherche = 43 kr. Schenk und Hochzeitsgeld 2 fl. 37 kr. Umschreibung 18 kr. Dazu für drei Nachträge nochmal 3 fl. In Summa zahlte Georg 173 fl. 31 kr. Ich habe mir das Ding notiert, da ich anwesend. Der gute Georg hat eben, was sollte er tun, obschon höchlich überrascht, die gutsherrlichen Ziffern, ohne von ihrer Richtigkeit überzeugt zu sein, mit seinem sauer verdienten Peculium dem Herrn von Koch gehorsamst versilbert. Manches, was Herr von Koch als leibrechtig ansetzt, z. B. der Gemeindeanteil, der zum Garten gemacht, ist doch ludaigen! – Wie aus dem Huhn ein Kalb wird sehe man bei Bensens Bauernkrieg in Ostfranken ... lauter Recht des Starken, lauter Pflicht des Schwachen ... dereinst, in ferneren Jahrhunderten gleiche Rechte und gleiche Pflichten für Starke und für Schwache ...« (Hat Schmeller noch idealistisch erhofft. Heute schreiben die Schwachen Hunderter ab, die Starken aber Millionen!)

»Sei frouh, bist gred und gschled – hast deine geraden Glieder – kannst überalln hin, ganz grecht gehts nia ...«

»Werdn mas schon grecht macha = wir werden die Unschuldigen schon spielen können ...« Was Recht is, muaß Recht bleibn!

Darum hielt man in der alten Zeit einen Herrn, der nichts Neues hat aufgebracht und nichts Altes hat abkommen lassen, für einen guten Herrn. Dazu kennt Schmeller aus einer Urkunde von 1705 eine notierte Bemerkung des Richters Freiherr von Bodmann, die lautet: »Das Bäuerlein ermahnet worden, daß er zu Ostern beichten solle, antwortet vorsichtig: Na, i laß mir kain neue Gerechtigkeit auf mein Haus bringa.«

So kann man beim Lesen des Bayerischen Wörterbuches immer wieder ein bißchen gescheiter werden.

Häuser wie Schmellers Vaterhaus gibt es in Bayern nicht einmal mehr auf einem Bauernhofmuseum zu sehen. Es ist eingadig, also ohne Obergeschoß, strohgedeckt, und die Fenster sind so winzig klein, daß man kaum einen Maßkrug herausreichen könnte. Stall und Haus und Scheune liegen natürlich unter einem First. Die Stalltür hängt etwas schief, ein Stallgatter davor, die Haustür ist kaum zu erkennen. Ein Stall für eine Kuh, für eine Geiß, zwei Schafe und ein Hausschweindl. Die Hennen nächtigen unter der Loderbank in der Stuben. – Und diese Stube soll »unsagbar warm und gemütlich« gewesen sein? – »Ein Herz wie Mutterherz, ein Haus wie Vaterhaus.« Braver gehts nicht mehr. Nur so einer hat das Wörterbuch schreiben können.

Als der Vater mit dem Nachbar wegen des Gartenzaunes einen Streit bekommt, läßt ihn der nun schon berühmte Sohn von einem befreundeten Rechtsanwalt verteidigen. Bei allen Geschäften der Familie wird er unterrichtet. Und ab und zu tauchen die Rimberger auch in seiner Münchner Wohnung auf. Nichts ist ihm zuviel, immer ist es ein Festtag, wenn er mit den Daheimtigen zu tun hat.

Nach dem Tod der Eltern besucht er die Geschwister. Sein Bruder Josef, mit dem er sich überaus gut versteht, hat ein eigenes Anwesen angefangen, denn das Vaterhaus erbt die Schwester. Er besucht den Sepp oft und kümmert sich auch um dessen Kinder. – Dieses Bruders Nachfahren leben heute noch in der fünften und sechsten Generation in Rinnberg. Und der jetzige Schmeller sieht seinem Ururonkel ziemlich ähnlich. Aber die gewaltige sprachwissenschaftliche Begabung ist seitdem in der Familie nicht mehr aufgetreten. Oder noch nicht wieder.

In der Rohrer Kirchenmauer findet man den alten Grabstein mit der Strahkürbn. Der Professor hat ihn von einem Künstler entwerfen lassen und auch die Schrift gesetzt:

»Josef und Barbara Schmeller gestorben nach 51jähriger Ehe zu Rimberg. Sie 75 und er 78 Jahre alt am 8. Juli 1831 ...«

»Dau hilft kain Flehn, dau hilft kain Hei'n
Es me'in all' ins Grab hinein ...«

Der Bettelstudent

»Auf Simon und Judi
Gengant d'Studentn a d'Studi«

heißt es im Bayerischen, wenn bei Semesterbeginn die Studenten nach Ingolstadt gehen – oder nach Erlangen, einige gar nach Wien oder Prag. – Und Simon und Judas trifft auf den 28. Oktober. In der knappen Studentenglosse bietet der Wörterbuchschreiber die seltsame Bedeutung an: »studieren lassen« heiße auch ein Stück Kleidung oder irgendeinen Hausrat ins Leihhaus geben, besonders in München, wo das Leihhaus sich ganz in der Nähe des Gymnasiums befände. »Wo hast denn dein Überrock? – Ah, den laß i grad studiern ...«

Dem Vater verdankt er seine erste Erziehung. Der Kürbenzainer hat lesen und schreiben können. Dem alten Vater bringt er hier und da Bücher zum Lesen nach Rimberg. Er war es, der dem Buben die Anfangsgründe beigebracht. Der Pfarrer von Rohr, zwar ein Mann von etwas aufgeklärtem Geist, hielt gelegentlich auch einen Dorfschulunterricht ab. Aber er war so pessimistisch, daß er oft ausgerufen haben soll: »Die wolln doch gar net, die sans doch alle mitanand net wert, daß' was lernen! Jedes Wort, sie eines Bessern zu belehren, ist unnütze Arbeit.«

Der begabte Routn Andrel mußte tagelang den Dorfschullehrer spielen und war selber erst elf Jahre alt. »Bei diesem Amte mußte ich schon in meinem zarten Alter eine Miene von Allwissenheit affektieren, die mich von allem Umgang mit Meinesgleichen entfernte ...« Und seine Mitschüler mochten ihn immer weniger, verspotteten ihn, gaben ihm Schläg. »Dadurch lernte ich schon früh, in mir selbst meinen Trost zu finden, meinen Stolz zu nähren ...«

Auch für seine Schüchternheit gab er später dieser frühen Schulmeisterei die Schuld. Im Winter 1795 auf 1796 hat er die schon mit einem Lehrer versehene Pfarrschule von Pörnbach besucht. Also, der Andrel ist so gescheit, der muß studieren und ein geistlicher Herr werden! Aber wo bekommt er einen Freiplatz? – Der Vater macht mit ihm viele unnütze Gänge nach Freising und zum Kloster Scheyern, nach Ingolstadt und Neuburg. Endlich nehmen ihn die Benediktiner von Scheyern auf. Zunächst als Externen im Botenhaus, dann als Seminaristen. Ein wohlhabender Bauer stiftet auch eine kleine Summe, daß der Schmellerbub ein Jahr lang durchgefüttert werden kann. Schmeller bekommt in Scheyern ausgerechnet die Lateingrammatik, die zehn Jahre vor ihm der Mathematikprofessor Thadäus Siber gehabt hat. Siber hat in seiner Selbstbiographie bis zum Jahre 1803 das Scheyrer Studentenleben im 18. Jahrhundert ausführlich beschrieben. Diese Grammatik hält Schmeller in Ehren, und sie ist in seinem Nachlaß auf die Bayerische Staatsbibliothek überkommen, gehört mit den Tagebüchern zu den besonders kostbaren »Schmelleriana«.

»In Scheyern wurden viele Schläge ausgeteilt«, heißt es da, »aber nicht sehr mächtig.« Zu festgesetzten Zeiten durfte unter Strafe von einem Pfennig auch kein einziges Wort deutsch oder bayerisch gesprochen werden, sondern nur lateinisch. Und diesen Lateinunterricht hat Seine Gnaden, der Hochwürdigste Herr Abt Martin Jehmiller, in jenem Scheyrer »Schmellerjahr« 1796 persönlich gegeben.

Die aufziehenden Franzosenkriege – General Moreau kommt im August 1796 mit seinem Heer nach Bayern – unterbrechen den Unterrichtsbetrieb in Scheyern. Die Zöglinge werden heimgeschickt. Und Andreas Schmeller wird auch später nicht mehr in Scheyern aufgenommen. Warum nicht? – Weil das Kloster mit der Lateinschule Schwierigkeiten hatte, die Zahl der Zöglinge beschränkte, ja die Schule dann ganz eingehen ließ. Wie soll es mit dem kleinen Gelehrten weitergehen? Wieder macht der Vater wegen dem Andrel zahlreiche Bittgänge umsonst. In Ingolstadt kommt er in einem Handwerkerhäusl unter, bringt sich mit Nachhilfestunden und anderen milden Gaben durch – auch der Vater kann hier und da ein paar Gulden zahlen. Andrel macht gute Fortschritte auf dem Ingolstädter Gymnasium. In seinem Nachlaß befinden sich ein paar Schulpreise. Von über sechzig Schülern soll er der sechstbeste gewesen sein.

Aber 1799 wird auch das Ingolstädter Gymnasium aufgehoben. In dieser Not nimmt sich die Frau von Dürsch seiner an, die Gutsherrin von Rohrbach. Sie »transportiert ihn wohlkondizionirt« im Herbst 1799 nach München auf das Wilhelmsgymnasium.

Es ist das Jahr des Thronwechsels. Karl Theodor stirbt, und Maximilian von Zweibrücken mit seinem Minister Montgelas tritt die Regierung an. Überall geht es mit den Wissenschaften aufwärts. Jedermann schimpft auf die altmodischen, nichtsnutzigen Klöster, die Säkularisation steht vor der Tür. Man ist aufgeklärt. Auch im ehemaligen berühmten Münchner Jesuitengymnasium, das jetzt »Wilhelmsgymnasium« heißt und auf dem die Söhne aus den ersten Familien Bayerns studieren. Der Kürbenzainerssohn aus der Holledau bekommt Freiherrn- und Ministersöhne zu Klassenkameraden. 1801 schon beginnt er sein Tagebuch. Es ist eine Fundgrube für geistige und bürgerliche Begebenheiten und Gewohnheiten im damaligen München der Aufklärung und Frühromantik.

Natürlich ist er auch verliebt. Im Delirium dieser eingebildeten Liebschaft wird das Tagebuchunternehmen im Juli/August 1801 von dem Sechzehnjährigen überhaupt angefangen. Da heißt es gleich in den ersten Zeilen: »Den angenehmen Abend genoß ich bei einem Freunde, einer Flasche Bier und auf einem Spaziergange. Ich sah auch sie!«

Ein guter, ein menschlicher Anfang für einen angehenden Unsterblichen des bayerischen Vaterlandes. Er träumt von Amerika. »Washington, großer Washington, könnt ich dir ähnlich werden!«

Die Holde kommt zu seiner Hausfrau, die eine Näherin ist, und läßt sich ein Kleid machen. »Ich war in der Stube, und sie ging mit meiner Hausfrau in die Nebenkammer. Aber sieht uns niemand? sprach sie. O edle Schamhaftigkeit! – Als sie fortging wollt ich aufstehn, aber sie tuschte mich leise auf die Achsel und sagte sanft: Machen Sie sich keine Mühe wegen meiner! – Freundliches Mädchen: immer so gleichmütig! Kann ich nie dich besitzen? ... Am Abend gingen ich und Stölzl in dem Englischen Garten spazieren ... Ich entdeckte mich ihm. Er stellte mir meinen Zustand vor. Ich glitschte, er hielt mich. Könnt ich Sie immer so halten, sprach er. Ich drückte ihn an meine Brust ... Süße bittere Stunde, nie werd ich dich vergessen! ... Als ich nach zehn Uhr nach Hause kam, leuchtete Holde gerade dem Offizier herunter. Sie sagte: Finden Sie herauf? Sie sind schon lange hier? – Ich zwei Monate. Gute Nacht!«

Er beobachtet Münchner Bürger auf der Straße, belauscht und beschreibt ihr Begrüßungszeremoniell: »Ah, guatn Abend! Ja, Sie sinds! – Hab schon lang nicht mehr die Ehre ghabt Sie zu sehen ... Guat schaugn'S aus. Ja, ja, Sie san derzeit direkt dick wordn ...«

Er vermerkt die Aufnahme der Arbeit an der topographischen Karte von Bayern durch den Obersten Riedl und daß den Ingenieuren, die dazu beordert sind, jeder Vorschub getan werden müsse. An dieser Stelle fällt der oft zitierte Satz des sechzehnjährigen, ideal denkenden Humanisten: »Hast du große Talente und Kenntnisse, so gebrauche sie zum Besten der Menschen, wenn sie dir's gleich nicht danken, es ist Pflicht. Denn nicht glänzende Belohnungen, sondern eben das Vermögen selbst undankbaren Verfolgern Gutes tun zu können zeigt einen großen Mann. Westenrieder.«

Ich dachte schon an den Einfluß der Lektüre von Immanuel Kant, einstweilen zitiert Schmeller hier den Münchner Geistlichen Rat und Geschichtsschreiber Lorenz von Westenrieder.

Zahlreiche Gedichte stehen im Tagebuch. Sehr geglückte Verse und Verszeilen blühen und duften unter ihnen heraus. Vieles hat er sich nur »notiert«:

»Glaubt ihr, es sei der Rebensaft,
Der Sterbliche zu Dichtern schafft?«

In der nächsten Zeile wieder berichtet er von einer neuen Steuergesetzgebung, einer »Steuerrektifikation«. Statt des alten Stoffußes wird ein ganz neuer eingeführt. »Und wer öde Gründe urbar macht, ist zwanzig Jahre zehentfrei. Eine neue Methode zu wachsen.«

Er ist hellwach, auch wenn es dazwischen immer wieder vom Liebesdunst umnebelte pubertäre Sätze gibt. »Sie kommt für ein halbes Jahr von der Gräfin weg und lernt in der Rosengasse die Putzmacherei. Sie muß monatlich einen Dukaten bezahlen. Schreckliche Neuigkeit!! – Sie ist schön und artig. Was werd ich in zehn Jahren sein? Richter, Arzt, Priester oder Soldat? – Reich oder arm? Werd ich am Busen eines trauten Weibes ruhen oder einsam mein Leben hinwelken? – Schwermut begleitet mich ins Bette. Ich werde sie nie vergessen können ...«

Dann wieder beschreibt er seine Armut. Sie bedrückt ihn sehr. »Heute war Sonntag. Ich hatte kein ordentliches Kleid zum anziehn. Armut, die an Mangel grenzt, ist keineswegs wünschenswert ... Ich sah sie gerade, da sie aus der Kirche kam. Wie freundlich bückte sie sich nicht zu mir herüber!«

Gleich drauf beschreibt er die Bilder in der neuen Kunstsammlung: »Die Heuer unterm Sturme. Eine dicke Eiche, die Winde sausen in ihren Ästen, ein Mädchen sitzt an ihrem Fuße, schmiegt sich in ihren Mantel. In ihrem unschuldigen Gesichte liest man deutlich die Worte: O, weil ich, weil meine Eltern nur hier sind unter diesem schützenden Laubdache. – Neben ihr liegt ein Hund, ein Fäßchen und ein Rechen auf vom Winde verworrenem Heu. Vom Stamme weg stehen

Mutter ...« Über zwei Seiten beschreibt er die blitzende Idylle, die den Bauernbuben an sein Rimberg erinnert.

Er schreibt kuriose Neuigkeiten in sein Tagebuch, die Explosion des Pulvermagazins schildert er etwa in allen Einzelheiten. Er vermerkt das kurz vor der Beerdigung erfolgte Aufwachen einer drei Tage lang auf dem Paradebette aufgebahrten Gräfin, weiß von einem schlauen Mädchen, das sich durch »Mätresserie« zu einer Kapitalistin von 40 000 Gulden emporschwingen hat können »und nun in Frieden ihr Leben zubringt ... Einer ihrer Liebhaber war Gatte einer Frau, die eine ganze Million besessen haben soll ... Jetzt ließ sich seine Frau von ihm trennen ... und er geht elend daher ...«

»Fürst Taxis verliebte sich in eine Aufwärterin, die ihm das Bett aufmachte und heiratete sie, doch durfte er mit ihr in keine hochadeliche Assemblee, Kaiser Joseph gab ihm aber das Privilegium dazu. Endlich verstieß er sie wieder ...«

»Ein gewisser steinalter, mit allen adelichen Krankheiten ausstaffierter Graf ehelichte ein schönes junges Mädchen von 17 Jahren ...«

»Heroische Gedanken« empfindet er anläßlich seiner Teilnahme an den Feierlichkeiten zum Geburtstag der jungen Kurfürstin Caroline. Er ging mit Freunden am Abend nach Nymphenburg, um die Musiken und das Feuerwerk miterleben zu können. Dabei überkommen die jungen Aufklärer revolutionäre Empfindungen. Der Teich mit den »springenden Gewässern war ringsum mit Lampen umkränzt ... Es kostet eine beträchtliche Summe Geldes. Wir bedachten, wievielen armen Menschen durch die Summe aufgeholfen wäre. Schulden auf dem Staate, Bedrückungen, die diesen nicht abgeholfen, sie noch mehr vermehrt eines eitlen Vergnügen willens. Die Despoten! – Wir gingen ausser der Girlande herum, weil eine Garnierung von Soldaten hineinzutreten verbot ... durch das Nachdringen eines wahren rohen Menschens verlor ich beinahe die Schuhe und den Hut ... Endlich kam unter dem Schalle der Musik der Kurfürst mit seinem Hofstaate... Die hochansehnlichen marschierten zwischen den schnurrbärtigen, gewiß zehnmal mehr werten Grenadieren zur Tafel in das wohl umflimmerte Häuschen. Ich schaute auch den hohen Fressern ein wenig zu ... Wir machten Schutzengel der von noch keinem Begleiter begleiteten Mädchen nach Hause.« (Das schreibt er noch am 13. Juli 1801 abends.)

Der Sechzehnjährige schimpft in seinen Tagebüchern auch gegen Papst Pius VI., der gesagt haben soll, daß die Naturkunde nur zum Atheismus führe und die Menschheit unglücklich mache ...

»Sei stolz, aber gegen keinen deiner Nebenbrüder offenbar und beleidigend«, steht da unterm 14. Juli 1801, »... so ist's auch beim Nationalstolz, er allein spornt zu großen Taten an, wird aber, wenn er zu weit geht, entweder lächerlich, oder, wenn er in Nationalhaß ausartet, zum Henker.«

Dann wieder imponiert ihm der Spartaner Pedaretes, der nicht das Glück hatte, »in die Zahl der dreihundert Männer aufgenommen zu werden, die in Sparta einen vorzüglichen Rang genossen. Darum ging er sehr vergnügt nach Hause und sagte: Ich bin sehr vergnügt, daß Sparta 300 Männer besitzt, die brävere Leute sind als ich.«

Er verbreitet sich seitenlang über Kindereien und Eifersüchteleien mit seinen Klassenkameraden. Einer muß seinen jüngeren Bruder, auf Befehl seiner Mutter, »der verwitweten Pflegerin von Trosburg«, von Weyarn abholen. Schmeller sträubt sich lange, den Klassenkameraden nach Weyarn zu begleiten, obwohl er dazu eigentlich Lust verspürt. Er möchte es dem Freund Käser nur schwermachen, möchte ihn nur länger betteln lassen ... Die halbe Klasse wird in den Streit mit einbezogen. Dann zechen sie bei Käser bis spät in die Nacht und brechen frühmorgens auf nach Weyarn. Der Freund hat einen Säbel dabei. Schmeller soll diesen Säbel tragen. Er will nicht, legt ihn an den Wegrain. Ein auf den Markt gehender Bauer hebt ihn auf und trägt ihn den Buben nach ... Sie begegnen einem sterbenden Pferd am Weg. Bekommen bei einem Dorfwirt saueres Bier und faules Fleisch, pflücken stundenlang Schwarzbeeren, statt weiterzugehen, woran er die Betrachtung knüpft, daß das Vergnügen uns blind macht. Und »für einen einzigen glücklichen Augenblick achten wir's nicht, uns Jahre, ja ein ganzes Leben lang unglücklich zu machen ...«. Endlich kommen sie nach Weyarn, sehen das »Gebürg ... die hohen Berge, das Romantische«. – Den Rest der abenteuerlichen Reise trägt er nur noch in diesen Stichworten ein: »Der gute Professor. Zurück mit Bruder Karl. Die schauerlichen Thäler. Der große Wald in der Nacht. Die Schenke über nacht.«

Sein Lieblingslehrer ist Professor Weiler, ein aufgeklärter Benediktiner, der ihm wohlgesonnen ist, ihm auch finanzielle Hilfe zukommen läßt und ihn mit den pädagogischen Schriften Pestalozzis bekannt macht, vor allem mit »Wie Gertrud ihre Kinder lehrt«. – Da beschließt der junge Schmeller dann, nach Beendigung seiner Gymnasialjahre in München, da er ja doch nicht als fröhlicher Student nach Ingolstadt oder Landshut ziehen könne, zu Pestalozzi in die Schweiz zu gehen und Lehrer, Pädagoge zu werden. Als ständiger Nachhilfelehrer verfügt er über einige Begabung und Erfahrung. Und er ist begeistert von neuen Methoden im Unterricht. Den Kindern muß das Lernen eine Freude machen. Er entwickelt eine neue Methode, wie man besser Lesen und Schreiben lehrt. Aber niemand will die Schrift drucken. Er will die Kinder ganze Silben sprechen lassen, nicht einzelne Buchstaben!

Aber bis es soweit ist, muß er zwischen 1801 und 1804 in München noch allerlei erleben. Er arbeitet an seinem Charakter, steht früh auf, ist ungemein fleißig, gönnt sich nur abends Spaziergänge. Oft auch in den Hofgarten, wo er vornehme Damen und Herren bewundert und beneidet. Er kann sich manchmal keine Semmel kaufen, schränkt sich noch weiter im Essen ein. Die gute Hausfrau kommt ihm drauf und kocht ihm auf.

Einmal kommt er heim und findet acht Gulden, die für ihn abgegeben wurden. Ein Pater Lechner spendiert ihm zu einem Rocke sieben Gulden aus der Armenkasse. Da geht er zum »Tuchkaufen« und gibt dabei elf Gulden drei Kreuzer aus. Denn seine Hosen sind wiederholt zerrissen worden. Einmal auch bei Turnübungen im Englischen Garten.

Dann wieder empfindet er beim klingenden Spiel der Wachablösung vor der Residenz patriotische und heroische Gefühle in sich aufsteigen. Er sieht den Kronprinzen Ludwig mit seinem Hofmeister ebenfalls im Englischen Garten spazierengehen. Und empfindet gleich erhabene Gefühle, für einen guten Landesvater, der wirklich ein Vater den Seinen.

Und immer wieder packt ihn die Verliebtheit. In der Fürstenfeldergasse hört er durchs offene Fenster ein Klavier herrlich eine »Göttermelodie« spielen und eine »Mädgenstimme« dazu. Er ist tief getroffen. »Eine halbe Stunde stand ich ganz in Gefühlen versunken, dann taumelte ich wie ein Trunkener nach Hause.« Und er fügt die Bemerkung hinzu: »Auch meine Geliebte muß Musik verstehen!«

Schon in dieser Zeit hat er eine besondere Begabung für Fremdsprachen. Er nimmt abends »englische Sprachstunden« und benützt auch schon die Akademiebibliothek. Physik und Mathematik unterrichtet Pater Maximus Imhof, der große Münchner Augustiner, der den Blitzableiter verbessert hat und der die Klasse auch über das Nordlicht aufklärt, das da im Dezember 1801 die Münchner erschreckt. »Ein gewaltiger Trauerzug mit Flambeau am Firmament und den Buchstaben a. u. w. – was Krieg und ach und weh bedeute, nach der Auslegung eines anderen Geistlichen ...«

In der Bibliothek studiert er auch Müllers Geschichte der schweizerischen Eidgenossenschaft und beginnt für die Schweiz zu schwärmen. Schon damals lernt er den jungen Bibliothekar Scherer kennen.

Am liebsten hört er die Vorlesungen bei den Professoren Weiler und Salat. »Weiler und Salat, was könnten die aus

Baiern machen! Bei solchen Männern fühlt mans, wie wenig eine Krone, wie wenig alle sogenannte Größe dieser Erde unsere Achtung verdient!«

Und immer wieder leuchtet ihm eine Glücksstunde. ». . . als ich abends von den gymnastischen Übungen aus dem englischen Garten kam«, schreibt er Ende Januar 1802, »trug mir Herr Bittrich eine neue Instruktion vor, die bei den drei Buben eines Versatzhausboten zu versehen wäre. So erschien unvermutet wieder einige Linderung meinem Schicksal!« – Daran erinnert er sich wieder schriftlich, wie an die Abfuhr in Scheyern, »nur weil ich den Korb nicht geöffnet, in dem ich die von der Mutter mitgegebenen rotbackigen Äpfel gehabt.«

Und immer wieder kommt er ins Rechnen und Raiten. »Roatn, rechnen, in Rechnung stellen. – An Roatstoan muaß man im Kopf habn . . . (Und bedeutet Roatstoan die Rechentafel) Dös is a gache Roatung, Herr Wirt . . .«

Roatn kann freilich auch glauben heißen. »Er hat groat, mir san gar Ausspäher!«

Und das ist eine seiner vielen Münchner Studentenrechnungen:

»*. . . Ich hatte bisher nur vier Gulden monatliche Einnahme, meine Montur brauchte beständig eine werktätige Revüe, und meine monatliche Ausgabe überstieg die Einnahme um ein Drittel. Gewiß keine übermütigen Glücksumstände für einen Schluker von Studenten, wie ich es bin, und doch trug ich sie so geduldig, als immer ein unschuldiger Verbrecher seine Ketten tragen mag. – Aber, daß ich nicht gleich ein lautes Juhe! erhebe, wenn nur Herr Pittrich nicht Kopfschmerz hätte. – Heute vor der verwünschten Mathematik rief mich Weiler auf, ich glaubte schon auf die Guillotine von der Rechnungstafel mich begeben zu müssen, ich faßte daher all meinen Muth zusammen; als er mir im geheim sagte, ich möchte nach 9 Uhr zu ihm hinauskommen. Ich that es, er sagte mir Herr Klar werde mir eine Instruktion verschaffen,* *ich sollte also zu diesem gehen. – Dieser hatte 2 die er nicht mehr versah, eine mit 2 baierischen Thalern, und eine auf 4 halb Gulden, ich fragte also Weilern welche für mich gemeint sei? (ich wünschte natürlich, es mochte die erstere sein). Er sagte, diejenige, die ich nicht wünschte. Wie viele Stunden instruiren Sie bisher? fragte er. – Eine (nemlich bei Herrn Stadtpflastermeister Zischl, die bei M. Müller gab ich gar nicht an). Trauten Sie sich genug zu, einen Gramatisten zu instruiren? – O ich glaube, ich instruire ohnedem schon einen Gramatisten. Nun so nehmen Sie halt den Kern mit den 2 bay. Thalern.*

Heute stattete ich Herrn Oberstleutnant Schwachheim meine Neujahrsgratulation ab, weil ich ohnedem im Elevenchore speiste. Als ich in sein Zimmer trat, saß er eben bei Tisch, und mit ihm 2 Frauenzimmer. – Ich erschrak und wurde feuerroth, den ich hielt die eine für L. W. und die andre für ihre Schwester. – Sie standen ebenfalls sogleich auf; als ich meinen Irrtum erkannte, mich nach und nach erholte, und etliche Wörter, die den Glückwunsch vorstellen sollten, herstottete. H. Schwachheim sagte sehr gravitätisch: Ihr müßt fein alle böse Gesellschaft meiden, sie kann Euch ohne daß Ihrs wißt in ihre Verdorbenheiten hineinziehn, und s. w., zuletzt gab er mir ein 24-Stück und befahl mich Gott. – In meinem ganzen Leben war ich noch nie so beschämt, als da.«

In den Ferien macht er sich direkt auf den Studentenbettl. Über Regensburg hinauf nach Tirschenreuth zu seinen Verwandten. Unterwegs wird in jedem Pfarrhaus angeklopft, und auch an mancher Tür eines wohlhabenden Mannes. Er trifft andere Bettelstudenten. In Schwandorf z. B. trifft er den Pfarrer im Wirtshaus, und die Bettelstudenten hielten einen Ball. Einer spielte meisterlich Klavier. Schmeller legte sich auf eine Bank. Von den Vettern und Baseln in Tirschenreuth und Griesbach bekommt er überall etwas Geld, und es wird ihm gut aufgekocht. Der Pfarrer schreibt ihm gratis den Taufschein heraus. Erst jetzt sieht er, daß er nicht nur Andreas, sondern auch Johann heißt. Im Kloster Waldsassen bekommt er saures Bier und nächtigt in einem verwanzten Bett. – Die Säkularisation steht vor der Tür, und der aufgeklärte Schüler eines ehemaligen Mönches gibt sich in seinem Tagebuch höchst klosterfeindlich. Er spricht auch vor evangelischen Pfarrhöfen vor. – Er lernt die Heimat kennen, bringt etliches Geld heim und freut sich wieder auf die letzte Lycealklasse am Wilhelmsgymnasium. Er empfindet plötzlich wieder sehr moralisch und will Priester und Volkslehrer werden. – Anläßlich einer Hinrichtung faßt er Gedanken gegen die Todesstrafe. Es geht vieles durcheinander in dem jungen Kopf. Auch sozialistische Überlegungen stellt er an.

»... *Es vegitiert hier ein gewisser Ex-Kutscher Lampl, der sich durch eine neue Regenerirung (scilicet Anstreichung, und Vertakelung) ausgedienter Schäsen den Beutel ziemlich gespikt hat, und mit Treu und Ehr ein reicher Mann geworden ist. – Man rügt immer die Verschiedenheit unsrer Sitten, mit denen, der alten Griechen und Römer, und doch wird man durch die tägliche Erfahrung Lügen gestraft. Bei den Alten war es ein großer Ruhm mit Wagen Lenken gut umgehen zu können, heut zu Tage erbt sich die Ehre einen Wagen nur anstreichen zu können, sogar fort, und öffnet den Weg zu den höchsten Ehrenstellen. Zu gut deutsch, der Sohn dieses großen Mannes bekam blos seines Vaters, und wie ich vielleicht nicht mit Unrecht muthmaße, dessen Dukaten wegen einen Platz im hohen Hofrathe. Was aber das wichtigste ist, die Herren heissen jetzt nicht mehr Lampl schlechtweg sondern von Lambelle.*

Am Abend machte ich einen kleinen Spaziergang in den Hofgarten. Ich sah den Kurprinz an der Seite seines Hofmeisters ebenfalls die Hallen hinab eine Tur machen, und kam auf verschiedne Gedanken: Ja achtungswerth ist ein Fürst, der sich das Beste der Nation und nicht seinen eignen Vortheil zum Gesetze macht, der der Eifrigste in der Handhabung und eignen Befolgung der Gesetze seines Volkes ist, der nicht als Herr, sondern als Vater über seinen Unterthanen steht, der in gleichem Masse gut und weise regiert! Er ist achtungswerth! Und gerne wollte ich alles, auch mein Leben für ihn hingeben, den Himmel genösse sein Land unter ihm, und die Monarchie wäre so eine rechte Wohltat für selbes. Gerne und mit Freude würde ich auch das Meinige beitragen, um die allgemeine Glückseligkeit zu befördern. Aber so: – wo die bloße Geburt einem Menschen schon das Recht giebt, über seinesgleichen zu gebiethen, die vielleicht zehnmal vernünftiger und besser sind als er, wo sich einige durch die sklavische Denkart ihrer Untergebenen sogenannte Große in die Herrschaft über Menschen, wie über Möbeln theilen, und die Verträge derselben mit Füßen treten, nie auf das Wohl und Weh ihres Staates sondern auf ihr eignes Wohlbefinden achtend ..., da kann ich unmöglich dem Drange in mir gebieten, der unablässig, Freiheit! Und sich gegen die Unterdrückung empört.«

Der maturierte Student bricht am 4. Juni 1804 seine Zelte ab in München und macht sich über Augsburg, Mindelheim, Memmingen, Leutkirch, Weingarten nach Meersburg und über den Bodensee auf in die Schweiz. Am 9. Juni 1804 trägt er in sein Tagebuch: »... Bei Münsterlingen, auf Schweizerischem Boden stieg ich ans Land – ich mußte niederfallen und es küssen das Land der Freiheit, ach der ehemaligen! Ich übernachtete einige Stunden landeinwärts ... durchnäßt wie ich war konnte ich doch in keine Schenke meine Zuflucht nehmen ... Reisen ohne Geld ... Mir war bange um ein Nachtquartier. Bei einer Bauersfrau fand ich eins. Sie gab mir, außer der Erlaubnis auf einer Bank zu liegen, auch noch Kost, so heißt eine Erbsensuppe mit Brot.«

Fast zehn Jahre sollte es dauern, bis er wieder nach München kam.

Lehrer in Madrid und Basel

Auf der Wiese, wo heute die Glyptothek steht, hat sich der Schmeller Andrel von seinen Klassenkameraden verabschiedet. Sein noch immer nicht gedrucktes Manuskript »Über Schrift und Schriftunterricht. Ein ABC-Büchlein in die Hände Lehrender« in der Tasche. Aber auf dem Weg zum Verfasser des weltberühmten Buches »Wie Gertrud ihre Kinder lehrt« besteht der bayerische Wörterbuchschreiber in den Junitagen des Jahres 1804 einige Abenteuer.

In Zürich geht er zum Buchhändler Orell, ein »hungriger Autor«. Aber der Mann hat ihn sehr höflich abgewiesen. Er zeigte ihm dafür in einem topographischen Atlas der Schweiz den kürzesten Weg nach Buchsee zu Pestalozzi. Schmeller mußte noch drei Stunden warten, bis er den Paß von der Polizeibehörde wiederbekam. Und dann hat er sich um acht Stunden vergangen, weil jene topographische Information falsch gewesen. In einem Bauernhause hinter Dietikon erhielt er die Erlaubnis, auf der Streu liegen zu dürfen. Gegen zwei Portionen Milchsuppe und 12 Schilling versetzte er dann sein Gilet. In Herzogenbuchsee erfuhr er dann, daß Pestalozzi »fünf Stunden weiter gen Bern« in München-Buchsee sich niedergelassen habe.

Auf dem Schloß des Ökonomen von Fehlenberg trifft er dann endlich auf den damals bereits in ganz Europa berühmten Pädagogen. Pestalozzi sei zwar noch in Burgdorf, aber gerade heute sei er für ein paar Stunden hier, bekam er zur Antwort. In dem Augenblick spazierten einige Herrn aus dem Schloßhofe heraus.

»... Sogleich kam einer von ihnen von mehr kleiner als großer Statur, sehr vorwärts gebeugt mit schwarzen, langen, zerstreuten Haaren, schwärzlichem, runzlichen Gesichte, einem mit der Spitze einwärts gehenden Fuße, schmutzigem braunen Rocke, engem schier zerrissenen tüchernen Beinkleide auf mich zu und fragte mich in ächt Schweizerischer Provinzialsprache (die ich sehr oft nur aus den Mienen verstehe), wer ich sei, wo ich herkomme, was ich wolle?«

Schmeller fragte den Mann, noch eh er antwortete, ob er denn der Pestalozzi sei. Er war es. »Er wies mich dann auf Burgdorf an, wohin er gerade abreisen wollte. Auf dem Wege dahin holte er mich mit seinem Fuhrwerke ein und rief mir, ohne im Galopp einzuhalten zu, ich sollte mich auf das Wägeli setzen, das ihm folgte ...«

Auf der Suche nach einem Quartier, denn Pestalozzi ließ ihm die besten Gasthöfe anbieten, fand der nun völlig Mittellose beim Bauer Hans Görge im nächsten Dorf gastfreundlich Aufnahme. Er schreibt über diesen Dorfschulzen und Mitglied des großen Rates in einem Brief nach München: »... Ich kann euch nicht sagen wie ächt demokratisch und in allen Hinsichten aufgeklärt der Mann denkt. Sein Anzug, seine Gestalt – wenn ihr euch einen Republikaner aus Athen oder Rom denkt, so könnt ihr ihn euch unter keiner anderen Ansicht vorstellen als ich Hans Görge wirklich sah.«

Pestalozzi lädt Schmeller dann zum Mittagessen ein und händigt ihm seine Schrift aus. Den anderen Tag drückt ihm der große Mann mit Achtung die Hand, aber er muß bedauern, daß er nicht imstande sei, ihm helfen zu können, da er ja selber gerade wieder so gut wie bankrott wäre. Er bekam zwar noch ein kleines Geldgeschenk zum Abschied, aber für das Schmellersche Manuskript konnte auch Pestalozzi keinen Verleger nennen.

Der abenteuerlustige Wanderer begab sich nach Bern, das er empfindet wie eine »einzige lange Gasse, die Häuser von unbeweißten Sandsteinquadern, zu beiden Seiten Bogengänge, aber nicht so gothisch wie die auf dem Münchner Hauptplatz. Ich lebe hier ziemlich liberal in dem Wirtshause zu den Schifleuten.« Dann schweigt das Tagebuch – vom 16. Juni bis zum 13. September 1804.

Die nächste Eintragung im September datiert schon aus

Tarragona in Spanien. – Da er keine Anstellung findet, tritt er in Solothurn in das Regiment Wimpffen, das der König von Spanien anwerben läßt. Vielleicht hat ihn die äußerste Not zum Eintritt in diese Fremdenlegion gezwungen. Mit 31 Kameraden marschiert er sofort auf dem Landwege nach Spanien. Die Offiziere reiten nach Genua und reisen dann mit dem Schiff nach Tarragona, wie Professor Robert Hinderling, Bayreuth, in seinem Aufsatz »Schmeller und die Schweiz« herausgebracht hat.

Er wird Gerichtsschreiber des Regiments und eignet sich rasch das Spanische an. Schon im September fangen die Eintragungen ins Tagebuch wieder an. Er nennt sich jetzt »Habemut«, er will sich nicht unterkriegen lassen, will »kategorischen« Mut zum Leben haben. Und er durchschaut den »unseligen Ambitionsgeist« mancher Menschen und mancher Nationen. Die Selbstzufriedenheit erscheint ihm wichtiger als Ruhm und Heldentum.

»Wer anderen befehlen will, verdient, nach dem Grundgesetze alles Menschen-Rechtes, Gleiches für Gleiches, daß ihm wieder befohlen werde, verdient nicht frei zu sein. Gewalt mit Gewalt vertrieben führt wieder zu Gewalt ...«

Abends besucht er manchmal eine Weinschenke und gewinnt trotz seiner Stummheit die distanzierte Sympathie einer braunen Spanierin. Auch die erzbischöfliche Bibliothek darf er benützen. Er hat viele Pläne, will über Spartakus ein Drama schreiben und einen Aufsatz über eine zu errichtende Weltsprache. Und er bestaunt die Architektur der Kathedrale. Selbst am militärischen Kirchgang gewinnt er eine gewisse Freude. –

Unterm 16. September trägt er, der doch immer auch noch Heimweh verspürt, in sein Tagebuch:

»Nichts gibt der Tätigkeit unseres Sensoriums einen größeren Schwung als die Musik. Durch sie ward mir der hiesige militärische Kirchendienst bisher immer noch zu einem Akte

wahrer Auferbauung, denn er ist mit gutausgeführter Instrumentalmusik begleitet. Der Gesang ist nicht leicht fähig mich auf ähnliche Art hinzureissen, denn er raubt mir die Freiheit des eignen Gedankenspiels, wenn nicht andre Motive diesen Mangel ersetzen, wie z. B. ein Lied im Munde meines Vaters mir war, oder eines lieblichen weiblichen Wesens. Nachmittag kam ich in die Kathedralkirche, unter deren kühlen düstern, majestätischen Gewölben ich oft mit gedankenreichem Behagen weile. Hier sah ich eine frapante pädagogische Szene: einen Mönch mit einem etliche Ellen langen, derben Rohr in der Hand, der, fast ohne Athem zu holen, fortkatechisierend, hin und herschritt, und von Zeit zu Zeit auf die nackten Köpfe der um ihn herkauernden Kinder mit seinem Zepter knallende Streiche fallen ließ, ohne dadurch den Fluß seiner Rede im mindesten zu unterbrechen. Da er im Katalonischen Idiom deklamirte konnte ich nicht verstehen, was er eigentlich wollte, doch schloß ich, daß alles auf eine Rekomendazion des Pane nostro hinauskam. Wie würde unser Weiler darüber räsonieren!«

Jeden dritten Tag kommt aus Madrid die Zeitung, die begierig gelesen wird, um Neuigkeiten aus der Heimat zu erfahren. An München, die »Stätte der erhebendsten Szenen seiner Jugend«, denkt er immer wieder mit Wehmut. Auch besitzt er noch das Bildnis der bayerischen Königstochter Auguste. Er hat es die ganze Zeit in seiner Brusttasche mitgetragen. Prinzessin Auguste war um drei Jahre jünger als Schmeller. 1804, kurz vor seiner Abreise, gab es in München ein kleines Porträt der Sechzehnjährigen zu kaufen. Wahrscheinlich eine preisgünstige Lithographie nach der von Senefelder eben erst erfundenen Steindruckkunst. Der bayerische Wörterbuchschreiber empfindet zeitlebens eine scheue Zuneigung zur Prinzessin Auguste. Er notiert sich jede »Begegnung«. Einmal trifft er sie in Begleitung ihrer Hofdame im Englischen Garten. Er grüßt, und sie spricht mit ihm. Er wird gar der

Prinzessin Auguste von Bayern, Gemahlin des Stiefsohns Napoleons, Eugen Beauharnais

Latein- und Literaturlehrer ihres Sohnes, des Prinzen von Leuchtenberg. Und er läßt über seinen Schüler nichts kommen. Mit Schmerz nur erträgt er ihre von Napoleon gewünschte Verehelichung mit dessen Stiefsohn Eugen Beauharnais, dem Vizekönig von Italien und späteren Herzog von Leuchtenberg.

Er wird befördert, lernt das Reglement für Offiziere und Unteroffiziere: »Die Kommandowörter werden in zwei Klassen eingeteilt, in Präparations- und Exekutions-Kommandos. Die ersten sollen langsam gezogen, mit gleicher und klarer Stimme vorgebracht werden, die zweiten aber kurz, rasch und mit erhobener Stimme, z. B. ›Bataillon links zu Peleton in Kolonnen formiert Euch!‹ – Das ist ein Präparationskommando und soll gezogen werden, das folgende ›Marsch!‹ aber ist ein Exekutionskommando und muß frisch und kurz ausgesprochen werden ...«

Seitenlang macht er sich Gedanken über das Militärische. Endlich, am 18. Mai 1806 bittet ihn der Hauptmann Franz Voitel aus Winterthur, »der Mäcen der Bildung und Literatur im Regiment«, ihm Unterricht in der englischen Sprache zu geben. Schmeller sagt mit Freuden zu, und rasch gewinnt er die Freundschaft des geistig sehr aufgeschlossenen Vorgesetzten, der zudem ein begeisterter Anhänger Pestalozzis ist. Beide beschließen, eine Schule für die verwahrlosten Regimentskinder einzurichten. Die Schule wird berühmt in ganz Spanien. Madrid wird auf die revolutionären Erziehungsmethoden aufmerksam, und der König von Spanien ernennt Hauptmann Voitel zum Direktor einer Pestalozzischule in Madrid. Schmeller wird sein Stellvertreter, bekommt in einem eleganten Haus in der spanischen Hauptstadt eine Dienstwohnung und ein ansehnliches Gehalt von 4000 Realen. Dazu eine sehr adrette Uniform. Er ist der Don Schmeller und fühlt sich als gemachter Mann. Er kommt sogar in die großartige Lage, dem Herrscher beider Indien zweimal die Hand drücken zu dürfen.

Er lehrt Spanisch, Französisch, Arithmetik und Geometrie. Und in seinem Unterricht sitzen nicht nur Kinder, sondern auch »Observadores«, spanische Lehrkräfte, welche die neue pädagogische Methode erlernen sollten.

»O Dasein, wie fühl ich deinen Wert!« ruft er im Tagebuch am Nikolaustag 1806 in Madrid aus. »Welcher Kontrast meiner jetzigen Stunden mit den noch vor Kurzem mich quälenden, wo der Gedanke zu sterben mich allein erheitern konnte ..., wenn mir jetzt in meinem Lehrsaale Personen von der ersten Distinktion Achtung zollen ...« Er war glücklich in Spanien. Und die Freundschaft zu Hauptmann Franz Voitel hält er in Ehren seiner Lebtag.

Fast eineinhalb Jahre geht alles gut. Aber dann wird gegen den Direktor Voitel intrigiert, und das Real Instituto Pestalozziano Militar wird wieder aufgehoben. Schmeller eilt zurück in die Schweiz, zu Pestalozzi nach Iverdon, zumal er vom Regiment ohnehin freigestellt worden war.

Am Freitag, den 26. Februar 1808, bricht er von Madrid auf; über Zaragoza – Perpignan – Nizza – Montpellier – Avignon – Valence – Lyon – Genf kommt er am 29. März zu Fuß abends acht Uhr in Iverdon an. Er trifft zuerst den Lehrer Hopf an, der krank ist, eilt dann zu Madame Pestalozzi ins Schloß, und »dieser kam mit den übrigen von der Betstunde daher.«

Was soll er nun anfangen? Er ist 23 Jahre jung, er setzt alle Hoffnungen auf Pestalozzi. Und der schickt ihn mit Samuel Hopf nach Basel. Die beiden verstehen sich gut, haben die gleichen Ziele und Ansichten. Samuel Hopf gründet in Basel eine Erziehungsanstalt für Knaben. Natürlich im Geiste Pestalozzis. Schmeller soll sein erster Helfer und Lehrer werden. Er wohnt bei Samuel und Maria Hopf, gehört ganz zur Familie, wird Taufpate des Sohnes.

Das Basler Erziehungsinstitut für Knaben, das Hopf und Schmeller im Juni 1808 aufziehen und fünf Jahre lang bis März 1813 betreiben, wendet natürlich die modernsten pädagogischen Methoden an. »Nicht sollen sie von uns, sondern von sich selbst lernen«, schreiben die beiden Pestalozzischüler in ihren Anstaltsprospekt. Der Erfolg bleibt nicht aus. Die Schülerzahl wächst und beträgt um 1811 über einhundert Knaben.

»Habemut« Schmeller geht es gut. Er schätzt den Freund und verehrt dessen Frau Maria. Nicht daß es zu einem Liebesverhältnis kommt, er ist äußerst korrekt und ein heiteres Familienmitglied. Aber der Verschwiegenheit seines Tagebuches vertraut der Andrel doch Töne an, die tiefer blicken lassen. Er notiert schier jede Phase der Entwicklung des kleinen Wahrmund, jedes Zähnchen und ganz besonders seine ersten Sprechversuche. »... Er stand gestern allein ... Sein Wörter-Vorrath: Papa, Mama, Mella (Schmeller) U, Uhr, die er sehr liebt in Händen zu haben ... bo, Buch, Mäme, Milch, tade, adje, vier Zähne oben, einen unten ...« Ist er gar selber der Vater?

»... Von 12 Uhr Mittag bis vier Uhr Morgens – nein bis acht Uhr Morgens bracht ich wohl die seligsten Stunden meines Lebens zu ... ich tanzte selige, heilige Tänze ... um 12 Uhr nahm ich Abschied. So wenig konnt ich mich noch nie der Tränen erwehren ... Ein Kuß brannte auf die hochglühende Lippe. Ich konnte mehr nicht reden ...« So schreibt er anläßlich seines Besuches im Januar 1814 in Burgdorf in sein Tagebuch. Es war ein überraschender Besuch gewesen, bereits in der Uniform eines bayerischen Oberleutnants der Jäger von Kempten aus. Als Maria seiner ansichtig wurde, erschien sie sehr betroffen. – Noch nach Jahren und Jahrzehnten schwärmt er von ihr.

Um diese Zeit betreibt er bereits ausgiebige Sprachstudien, schreibt Glossen über die Etymologie einzelner Wörter, treibt sprachvergleichende Studien. Woher er diese Lust zum »Spracheln« – wie er es nennt – hat, darüber macht er sich keine Gedanken. Er »sprachelt« halt gern. Schwyzer Gedichte schreibt er sich auf, Russisch und Italienisch lernt er.

Arabischstunden nimmt er. Sein Wortegedächtnis ist ihm unendlich treu. Er kommt auch schon an altdeutsche Literatur heran, denn er darf die Basler Universitätsbibliothek benützen, ist mit dem dortigen Bibliothekar Huber gut bekannt.

Vor allem die historischen Werke benützt er fleißig, Chroniken über die Habsburger, auch Aventins, des bayerischen Geschichtsschreibers, Chronik, denn er arbeitet nebenbei an einem Drama »Rudolf von Habsburg« in fünf Akten und zehn Bildern. Er will übers Theater zu Geld kommen. – Aber die Bruchstücke, die er dem Basler Rat Abel Merian vorliest, können nicht überzeugen. »Er fürchtet, die Aufführung werde nicht glücken, denn das Volk wolle nur immer Handlung, die Charakterzeichnung durch langes Reden langweile es ... Auch meinen Aufsatz über die deutsche Sprache hatte er mit Bedacht gelesen ...«

Es ist nur schade, daß die Tagebucheintragungen zwischen 1807 und 1812 fehlen. Der Herausgeber dieser Tagebücher, Prof. Dr. Paul Ruf, glaubt, daß Schmeller über sechs Jahre eben sein Diarium nicht geführt habe. Mir kommen Zweifel. Könnte es sich nicht auch um ein Verwischen geistiger Spuren handeln? Das spanische Pestalozzi-Abenteuer war schon etwas peinlich, denn der »Friedensfürst Godoy«, der Favorit der als sittenlos verschrienen spanischen Königin Marie Luise von Parma, hat doch durch seine »verschwendrische Günstlingswirtschaft«, wie es in einem spanischen Geschichtsbuch heißt, und größenwahnsinnige napoleon-freundliche Politik Spanien in kriegerische Unternehmungen gegen England und Portugal und ins Elend gestürzt. In Schmellers (vielleicht schon gekürzten) spanischen Eintragungen ist auffallend dreimal in hochlobenden Tönen von diesem »Friedensfürsten« die Rede.

»Der Präsident und die Junta scheinen mit meiner Art zu unterrichten sehr zufrieden zu sein, und die Versicherung ihres Beifalls sind mir ein Sporn zu neuer Anstrengung ...« –

Und am 15. 9. 1806 heißt es: »... durch des Friedensfürsten unverstellten Eifer hat unsere demüthige Schule den arroganten Titel eines Königlichen Instituts erhalten ...«

Er verspricht seinem Freund Voitel »... jene republikanischen Grobheitsmaximen meiner Schwärmerjahre ... mit der Wurzel auszureuten aus meinem Herzen ...« – Er kommt wiederholt mit dem Günstling des Herrschers beider Indien zusammen. Und er ist mit dem Chefredakteur der Madrider Zeitung befreundet. Da ruft er denn am 23. November 1806 in seinem Tagebuch aus: »Welcher Gang der menschlichen Schicksale! Ein elender, hungernder Korporal vor einem Jahre, stand es jetzt in meiner Macht, durch eine willkürliche Namensveränderung so manchem feurigen Prätendenten beider Welttheile eine schlaflose Nacht über eine zu erhaltende Kanonikus-, Majors- etc. Stelle zu machen.«

Er erklärt in seinem Tagebuch den fluchtartigen Aufbruch aus Madrid nicht. Verschweigt auch, wie Voitel verhaftet wird, der mit ihm zum Anhang einer Clique um den »Friedensfürsten« gehört, einer Clique von Projekteschmieden einer für Spanien unerträglich vielköpfig gewordenen Beamtenschaft. (Fast eine Milliarde gab Godoy für das Kriegsministerium aus. Die Zahl der hohen und höchsten Offiziere überstieg damals bereits fünftausend, bei einem Heer von nur 50000 Mann.) Die Inflation nahm spürbar zu. Aber der Friedensfürst ließ immer mehr Papiergeld drucken.

In Spanien begann es zu gären. Den Freunden Godoys und seinem schwachen König Karl IV. wurde langsam der Boden heiß. Am 18. März 1808 kam es in Aranjuez zu einer Erhebung des Volkes. Godoy wurde gestürzt und tags darauf auch sein König. Er trat zurück zugunsten seines Sohnes Ferdinand VII. Napoleon aber ließ bereits Truppen einmarschieren, gestützt auf den Vertrag von Fontainebleau, den er 1807 mit dem spanischen »Friedensfürsten« noch geschlossen hatte. Godoy nämlich wollte sich zum Herrn von Portugal machen. Napoleon brachte nun beide spanischen Könige zur

Abdankung und erhob – auch unter dem Beifall amerikanischer Abgeordneter (!) – in Bayonne am 6. Juli 1806 seinen Bruder Josef zum König von Spanien.

Diese Entwicklung hat aber Don Schmeller nicht mehr abgewartet. Er hat schon vor dem gefährlichen 18. März, nämlich am 26. Februar, Madrid und Spanien verlassen. Er war Ende Mai bereits bei Samuel Hopf in Basel an dem Erziehungsinstitut für Knaben. Hier war es friedlicher, hier konnte er wieder unterrichten und dichten und »spracheln«. Der Schrecken, den er das letzte halbe Jahr in Madrid als »unerwünschter Ausländer« und Nutznießer des korrupten Godoy gewiß am eigenen Leibe erfahren hat müssen, hat ihn die kommenden sechs Jahre das bescheidene bürgerliche Leben eines Schweizer Lehrers entschieden bevorzugen lassen.

»Nix Gwiß woaß ma halt net.« In der Glosse »gewiß« heißt es im Wörterbuch: »ahd. giuwisso, unbetonter Einschaltpartikel, durch welchen man zu verstehen gibt, daß man etwas nicht mit Gewißheit, sondern nur auf ein Hörensagen hin ausspreche.«

»In Spanien hint solls gwiß iatz wieder anderst gehn!« Oder: »In Griechenland drin tuat gwiß der jung Kini iatz selm regiern.«

»Der Napoleum hat se gwiß verlautn lassn, er möcht nomal kemma ...«

»Gwiß wohl« heißt wahrscheinlich. »Es gibt halt koan Gwißheit.« Oder: »Koan Gwißheit hat man net.« Denn Gewißheit heißt nach Schmeller soviel wie absolute Sicherheit (später auch Garantie genannt).

Hier zitiert er aus den Monumenta Boica, aus dem Chiemseer Stiftrecht: »Wer einen Grausen gen den andern hat, der mag wohl sprechen: Herr Richter, nehmt mich und den in ein Gewissheit, daß wir an' Recht (wohl ohn' Recht) miteinander nit zu schaffen sullen haben ...«

Und die Ungewißheit nannte man früher eine Geldunterschlagung des Knechtes. »Diam woaß man net is mar a Deandl oder a Bua.« Und weiß man gar nimmer, wie man daran ist, dann kann man immer noch ausrufen: »Gott woaß, wias geht!« Oder: »Gehts wia und der wuild, man braucht a Geduild!« – »Woaßt wie«, »woaßt was«, »woaß Gott«, das sind halt so gemeine Redensarten, die immer passen, besonders das: »woaßt leicht« oder »woaßt schon«. »Und im Holz drin hat se der Wegweiser selm nimmer verwisst . . .«

Endlich ist auch der Freund Voitel wieder in die heimische Schweiz gekommen, und Schmeller besucht ihn gelegentlich in Winterthur. Und doch kommt es – anläßlich solcher Mitteilungen – zu keinen näheren Eintragungen über spanische Verhältnisse. Er selber wird »sich genug gewußt haben«. Er, der im Tagebuch sich immer so ergriffen engagiert gibt, wenn es um Politik geht, um Revolution und Restauration, er wollte sich selber nicht zu sehr geirrt haben. Darum nehme ich an, daß auch jene den Aufstieg Napoleons streifenden Blätter der Jahre 1807 bis 1812 von seiner eigenen Hand vernichtet worden sein könnten.

Nix Gwiß woaß ma freili net. Aber mögli waar's. (Wie viele Tagebücher sind nicht anno 1945 vernichtet worden?) – Wie sehr hat möglicherweise selbst der bayerische Kronprinz Ludwig, dem Napoleon am Neujahrstag 1806 den Degen von Austerlitz geschenkt hat, die einschlägigen Seiten seiner 250bändigen Tagebücher verändert? Da drüber woaß ma erst recht nix, indem Ludwigs eigenhändig geschriebene Diarien immer noch unter Verschluß liegen müssen. Wie man immer noch meint, meinen soll.

Eine Napoleon-Stelle hat Schmeller vergessen. Unterm 3. März 1806 schreibt der Einundzwanzigjährige anläßlich der Bewirtung der Offiziere und Unteroffiziere zweier französischer Regimenter durch das Regiment Wimpffen in Tarragona: »Jeder Gemeine empfing ein Soubrod und eine Portion Wein auf Kosten unseres Korps. Schöner Verein der Nationen! Und diese, die Erste der Erde durch Macht und

Bildung, die Aufrechterhalterin der Rechte der Menschheit gegen die Tyrannen des Aufgangs, Niedergangs und Mittags. Ist sie nicht jeder Achtung wert!« Zwei Tage später ein ähnlich frankophiler Eintrag: »Eine zweite Kolonne Franzosen marschierte heute vorbei, welcher von Seiten unseres Regiments die nämliche Ehre wiederholt wurde. Vorzüglich vom 16. Linieninfanterie-Regiment sprach ich viele, die in der Schlacht von Cadiz das Linienschiff L'Heroi besetzt hatten ...« Und hatte er nicht schon in München »wie Bonaparte« gefühlt?

Jetzt, im Jahre 1812, wo der Kaiser der Franzosen mit der Großen Armee nach Rußland gezogen war und der vernichtenden Niederlage entgegenging, jetzt tritt uns Schmeller als deutscher Befreiungskämpfer entgegen. Denn nun sickerten langsam auch in die Zeitungen der Helvetischen Republik Nachrichten über Insurgenten und aufständische deutsche Meinungen. Schmeller fing seine Tagebucheintragungen fast genau mit dem Beginn der Schlacht von Smolensk an. »Die Weltgeschichte ist das Weltgericht!« Die bürgerliche Welt wird ihm zu politisch. Bei den Griechen und Römern sah er noch mehr Menschlichkeit. Er verdammt die Geschichtsschreiber, die das Treiben von einigen hundert Menschen Weltgeschichte nennen, aber das Volk, die Millionen Bauern, Handwerker, Künstler übersehen. Und er sieht pessimistisch in die Zukunft. »Die Erfindungen werden immer größere Fortschritte machen. Doch wozu wird's nützen? Der Frohsinn ist der einzige Gewinn des Lebens ... Sind die faulen, armen, unwissenden Spanier nicht froh gewesen und kraftvoll wie keine der Fabriknationen um sie her? Wenig Menschen ... viele Fabrikler, viele Sklaven ...«

Und nur den hält er für zufrieden, der keinen Reichtum um sich sieht. Dazwischen wird er seitenweise zum radikalen Jakobiner und plädiert nicht nur für die Gleichheit vor dem Gesetz, nein: »Auch die Gleichheit der ererbten Güter muß noch auf Erden gesehen werden.« – »Ihr Deutschen her die deutsche Hand/ Zum Bund fürs allgemeine Vaterland!« Und einige Zeilen davor: »Die Einnahme von Smolensk klang mir wie Kettengeklirr.« Er sieht plötzlich in Napoleon den Teufel, den Würger, den Menschenfresser. Und dann liest man unterm 21. Herbstmond (September): »Mir ward menschlicher Besitzthümer keines, nicht Ahnen, nicht Gold, nicht Äcker – nur die Sprache. Die Worte sind mein Grund und Boden, die mir Brot, vielleicht gar Ehre ertragen sollen. Nur für des Vaterlandes Worte kann ich wirken.« Und der Satz datiert schon in Basel.

Es ist einer seiner schönsten Sätze! Auf ihn folgt sogleich: »Eine der größten und reichsten Städte der Welt – Moskau ist nicht mehr. Die Russen selber haben ihre Hauptstadt angezündet ... ein solches Volk trägt Kraft in sich, sich alles nur um so größer und eigentümlicher wieder zu erschaffen ... die Russen sind die angefallenen, ihr Kampf ist ein Kampf für alles ... ihnen sind alle Mittel heilig, den Räuber abzuwehren ...«

Und im Oktober 1812 gelingt ihm ein vaterländisches Gedicht, das sich vor den übrigen »erhabenen Gesängen der deutschnationalen Befreiung« nicht verstecken braucht. Und das sogar in den Schulbüchern des bayerischen Königreichs nach 1870 gern als kernbayerisch-deutscher Gesang abgedruckt worden ist:

»O Vaterland, mein Vaterland, wie lieb ich dich!
Daß deinem Volk, durch innern Zwist getrennt,
Dein banger Hilferuf vergebens tönt,
Ein Spott der Fremden, ach, wie schmerzt es mich!
Und daß dein Hamburg nicht mehr dein sich nennt,
Dein Deutschland welscher Sitte frönt,
Der Deutschen Stolz einst, ach, wie schmerzt es mich!
O Vaterland, mein Vaterland, wie lieb ich dich!«

Etliche Wochen später dichtet er gar eine Art Aufruf zum Freiheitskampf:

»Zur Wehr, was deutsch ist! Auf, zur Wehr!
Wer Büchs und Keule führen kann
Und jetzt nicht führt – der ist kein Mann!
Jetzt, Deutschland! Oder nimmermehr!«

Aber noch im August 1813 läßt er sich in eines Schweizer Freundes Paß als dessen Gehilfe »ohne Angabe meines Geburtsortes« einschreiben, »da ich noch kriegspflichtig und in dem jetzt bayerischen Bregenz etwa könnte zurückgehalten werden«. Um die Zeit hat Hopf seine Schule in Basel bereits schließen müssen, und Schmeller unterrichtet in einem Mädchenpensionat in Konstanz. Er hat die Direktorin Hartmann und einige Kollegen zu der Reise nach Bregenz überredet, um dieses Königreich Bayern zu studieren. Er findet die Verhältnisse traurig genug, mehr Bettler, kein Lachen in den Gesichtern, es wird ihm »bang ums Herz«. Man ist eben nicht mehr in der Schweiz. Er ist sich nun gar nicht mehr so sicher, ob er sich dem Vaterlande stellen soll, auf daß der Tyrann besiegt werden kann. Aber im Mädchenpensionat gefällt es ihm noch weniger. Napoleons Katastrophe vernimmt er mit Freuden. Er lernt Russisch. Und in einem russischen Gebetbuch heißt es, schreibt er ins Tagebuch: »Gib unserer Kaiserin den Sieg über die Barbaren!«

Als Napoleon auf den Feldern von Lützen im Mai 1813 wieder siegt, dichtet er elegisch ins Tagebuch: »Wo Gustavs Blut für Recht und Wahrheit floß/ Da kanns dem Bösen nimmermehr gelingen!« – Erst nach der Völkerschlacht von Leipzig erkundigt er sich beim bayerischen Gesandten, dem Freiherrn von Olry, nach den Möglichkeiten eines Freiwilligen. Doch Olry rät ihm zunächst ab, will sich aber für eine Anstellung Schmellers in der Heimat verwenden. Nach Hanau, als Bayern bereits auf der Seite der Verbündeten kämpft und alle Glocken den Rheinbund zu Grabe läuten, wird die Begeisterung in seiner Brust übergroß. Die Vorwürfe könne er seiner Lebtag nicht ertragen, wenn es hieße, während andere das Vaterland befreiten, hätte er in der Schweiz unterrichtet. Er nimmt dreimal hintereinander Abschied von der lieben Familie Hopf, besonders von Maria. »Ich saß mit Maria und ihrer Schwester vor dem Hause und kose mit dem allerfreudigst sich entwickelnden Wahrmund ... hiesige Herren ziehen mich auf ... feminarum vinculis detentus ... das ginge den Frauen, das ginge dem Freund zu nahe! Ich darf nicht bleiben ...« Ein andermal heißt es: »Morgen in aller Frühe fort, Maria will mich nicht mehr sehen ...«

Bei allem Hin und Her fehlen politisch-philosophische Gedanken nicht. So schwärmt er schon 1813 für ein föderalistisches Deutschland. Es soll ihm keine starke Zentralgewalt erstehen wie in Frankreich, Spanien oder Rußland, vielmehr wünscht er sich, daß auch diese geeinten Großstaaten sich in zahlreiche kleine Republiken und Fürstentümer aufgliedern nach der Natur ihrer Völkerschaften. Denn nur in kleinen Staaten mit schwachen Regierungen kann der Bürger sich frei fühlen und glücklich leben.

Dann wieder ist er über die Maßen gedrückt. Das Beste, was man für die Menschheit tun könne, meint er, sei, sie nicht zu vermehren. Und er dichtet darüber sogar: »Dienen möchtest du gern der Menschheit und nützen, wohlan denn/ Thue das Wichtigste gleich, Freund, und vermehre sie nicht!«

Er hat tausend Einfälle, notiert sich die Eigentümlichkeiten der deutschen Geschichte und kommt wieder, bei allem Patriotismus, zu einem starken föderalistischen Schluß: »Nirgends ist der Hochgedanke einer Völkerrechtlichkeit der Staaten, einer Weltbürgerlichkeit der Völker mehr verwirklicht worden als in Deutschland seit dem allgemeinen Landfrieden. Hier war ein Weltstaatenverein im Kleinen ohne Alles zermalmende Alleinherrschaft, wo jede kleine Volkstümlichkeit geachtet wurde und jede eigene Selbstgesetzgebung und Selbstregierung ...« Das sieht er als einen politisch-historischen Dienst an der Menschheit. Nie breche ein Reichsgesetz ein Gesetz eines alten kleinen Staates!

(Wie ganz anders ist es gekommen. Der Hauptschlager der deutschen Einheit war und ist seit 1870 der Schlachtruf Bismarcks und seiner Nachfolger: »Reichsgesetz bricht Ländergesetz!« Da mußte es – bei dieser Vergewaltigung der deutschen Völker – zu der teuflischen Verrohung des SS-Staates kommen. Guter Schmeller, wären doch die alldeutschen Schwärmereien bei deiner Fakultät geblieben, bei den Germanisten! Und hätten doch deine föderalistischen Anschauungen die Herzen der Politiker erobern können!)

Vorsichtig und umsichtig und mit einem Darlehen seiner Schweizer Freunde versehen, ja gar mit einem Schatz von ungefähr 50 Franken aus Lohnauszahlungen Hopfens und mit einem Kreditbrief des Freundes zu zehn Louisdor (für alle Fälle), trifft Johann Andreas Schmeller am Silvestertag des Jahres 1813 in München ein. Er sucht alte Freunde auf, die einigen Einfluß bei Hofe haben, den Desberger und den Scherer – und er bekommt bereits am Dienstag, dem 4. Januar, Audienz beim Kronprinzen Ludwig, der ihn sofort zum Oberleutnant befördert.

»Dahoam is dahoam« – und »Wer nia furtgeht, kimmt nia hoam«. – »D'Hoamat, die Heimat, gotisch haims, ahd. und mhd. daz heim.«

»Weil das Haus verkauft ist, haben die Kinder kein Heim mehr«, zitiert er gleich betroffen. Aber das trifft auf ihn nicht zu. Das Vaterhaus in Rimberg steht noch, »die liebe alte Hüttn mit der warmen Stubn«. – In Ortsnamen heißt es »-ham«, z. B. Stammham, Rosenham, Kehlham, Weilham ... Und dann zitiert er den aus Baden stammenden Geschichtsschreiber und Altertumsforscher Franz Josef Mone: der, das »heimgarten«, trauliche Zusammenkunft mit Nachbarn und Freunden außerhalb des eigenen Hauses, aber in oder außerhalb einem Hause, ubi rustici conveniunt ad jocandum vulgariter, wo also Landbewohner zur Unterhaltung sich zusammenfinden ... Das alles nennt man: An Hoangascht gehn. Oder einfach »hoangartn«, auch »an Hoangart sein« oder an Hoangascht habn ...

Er kennt zwei, drei Spalten lange Wortverbindungen mit »heim«, auch die »Heimdirn«, die Magd, die zu Hause bleibt, im Gegensatz zur »Almadirn«, zur Sennerin.

»A lebfrischer Bua geht an Almdeanerl zua.
A langweiliger Kne'd is fürs Hoamdeanerl gred.«

Da heißt es schon wieder nachschlagen: »Kne'd« hat man früher statt Knecht gesagt. Wie man Dirn oder Maid die Mädchen genannt hat. »A tolls Knechtla«, ein lebhafter Knabe. Und er zitiert den großen Regensburger Prediger, den Bruder Berthold »Lech« (Schmeller nennt den unbekannten Familiennamen des Minoriten), der 1272 in Regensburg verstorben ist. Der ermahnt die Eltern, ihre Kinder dem Geschlechte nach getrennt schlafen zu lassen: »Ihr sullt sie voneinander legen, diu Knechtelein unde diu Dirnlin, wann sie sind gar gezite (beizeiten) Schalkheit voll ...« Oder: »... die Junkfrau ihrn eriston Knehd pirit«. Und eine bayerische Landverordnung von 1453 stellt fest, daß eine Jungfrau mit zwölf, »ein Knehd« mit vierzehn mannbar werde. Im Augsburger Stadtbuch wird von Wirten (Hauswirten) und von Knechten gesprochen, und da bedeutet der Wirt einen verheirateten Mann, der Knecht einen ledigen. »Lerner und Kneht« konnte damals sogar Hofmeister und der junge Herr bedeuten. »Ich bin noch ein junger Knehd und die mich gern näme, der enwill ich niht, und die ich gern näme, die will mich niht«, sagt Bruder Berthold von einem Heiratsunwilligen. Früher hießen auch jene adeligen Herren Knechte, die noch nicht zum Ritter geschlagen waren. Beim Konzil von Konstanz waren z. B. mit Herzog Heinrich von Bayern zugegen: Assum Seiboltsdorfer, Knecht, Paulus Kloßner, Knecht usw. Noch sprechender heißt es von einem jungen Minnesänger »Herr Friedrich der Knecht«, puer Fridericus ... Das Bayerische Wörterbuch zählt noch alle möglichen Knehd auf, vom Kriegsknehd bis zum Hausknehd und zum Faulknecht, der Einmaleins-Tabelle. Bei den Kriegsknechten fehlt die Geschichte des Wilhelm von Sandizell nicht, der als Gefolgsmann Frundspergs in Rom anno 1527 den gefangenen Papst beleidigt und Luthern zum Papst ausruft.

Es ist ein unermüdliches Nachschlagen, denn vom Knakker, einer kleinen Münze, kommt man zum Geizhals und vom Knaunkn zum Katharrh. Von die Mehlknödl zu die Leberknödl und zu der Redensart der Wiener »es knödelt mir«, ich ahne etwas, es kommt mir so vor ... Des Sprachelns ist kein Ende. Da vergißt man fast, wovon man ausgegangen ist – richtig, die Glosse »heim« ist noch lange nicht ausgeschöpft.

Heimisch heißt zunächst einmal in der Heimat lebend, aber natürlich auch zahm. »Dös Rehböcki is schon recht haimisch!«

»I halt mi einhaimisch«, ich reis nicht gern, bleib lieber

daheim. »Kaiser Karl hat allmal einhaimisch mit seinen Kindern gessen«, schreibt Aventin in seiner Chronik. Auch: »Der Bayer gern anhaims eraltet.«

Und erst »haimlich« ist eine schöne Glosse! »Hoamli, hoamla, hoanla, zahm: Hoamliche Daiblein, ein hoamlicher Mensch, ein guter, friedfertiger, lieber Mensch.« Aber haimlich werden gegen jemanden, heißt vertraut mit ihm werden, familiaris! Darum sollen sich brave Mädchen »keine Mannsperson z'hoamli werdn lassen!« Und im Rechtsbuch von 1332 wird gesagt: »Hausfrauen nindert den Wirten haimlicher sind dann an den betten.«

Es gibt einen »haimeligen Ort« und eine »unheimliche Gegend«. Die Haimliche, das ist die Vertrautheit. »Und der Frauen Haimlichkeyt heißt menstrua«, heißt es in einem alten Codex germanicus Monacensis. Ein Sekretär oder geheimer Rat hat im Mittelalter auch »Der Haimliche« geheißen. »Kaiser Ludwig nennt den Grafen von Graispach seinen Haimlichen und Hauptmann von Oberbayern.«

So weit bringt es der Rout'n Andrel von Rimberg gerade nicht. Aber schon am 4. Januar 1814 empfängt Kronprinz Ludwig den »Schweizer« in Audienz. Und der Königssohn spricht mit ihm wie mit einem »Jugendfreund«. Das Tagebuch berichtet in aller Ausführlichkeit darüber:

»Diesen Morgen um Anstellung bei der Landesvertheidigung, nebst vidimirter Abschrift meiner Zeugnisse zum Kronprinzen. Professor Lichenthaler sein griechischer Sprachlehrer, den ich mit Weiß bei Advokat Meinel am Sonntag gesehen, hatte ihm bereits von mir gesprochen. Bei seinem Eintreten in den ersten Vorsaal sagte er gleich: ah, Sie sind der Schweizer! Ich gab ihm Olry's Brief und bejahte. Nach Abfertigung einiger frühern Warter rief er auch ›den Schweizer‹ in sein Gemach. Ich gab ihm mein Ansuchen. Er hielt es in der Hand und fragte mich viel über die Schweiz. Ich sagte ihm: wie die Volksstimmung auf die hartnäckigste Vertheidigung der Neu-

tralität gegangen wäre. ›Was? gegen uns?‹ meinte Er. Ich sagte, wie der Schweizer ohne weitern Blick auf die übrigen Angelegenheiten der Welt bloß sein engeres Vaterland immer im Auge habe, und wegen Verlustes der jetzigen glücklichen Verfassung äußerst besorgt sei. ›Welcher Verfassung?‹ Der, wodurch die Landbewohner mit den Städtern völlig gleiche Rechte haben, und nicht wie ehmals dessen Unterthanen sind. ›Meinens denn die Schweizer nicht gut mit uns?‹ O, sie wünschen den Verbündeten alles Heil, nur möchten sie selbst erst über ihr eignes beruhigt sein. ›Glauben Sie, die Schweizer Regierungen werden nicht ihre Truppen für die allgemeine Sache verwenden?‹ Durch freie Werbung werden gemäß unzählige angezogen werden ihren Haß gegen Frankreich zu bewerkthätigen. ›Aber hören Sie‹, sagte er immer mit mir auf und abgehend, oft das Ohr gegen mich hinwendend, als ob es besser hören wolle. – Es kam mir vor, ich sei mit einem Jugendfreunde in traulichem Zwiegespräch, so menschlich ist alles am Königssohn. ›Wollen Sie in jenem Zimmer ein wenig warten, bis ich Ihre Sachen gelesen habe, dann will ich Ihnen sagen lassen, was zu thun.‹ Ich empfahl mich. Er ließ seinen Adjudanten den Major Freiherrn von Gumpenberg eintreten, und ich unterhielt mich indessen mit einem bebandeten Warter über die Schweiz. Es kam ein junges Herrchen in Landhusaren-Uniform, von Silber strotzend, mit fürstlichem Stern. ›Ich bin ganz außer Atem‹, sagte der, ›der Kronprinz ließ mich schnell holen als ich noch in Negligee war. Die ganze Nacht hab ich diktirt. Durch ein Unglück sind mehrere Rapporte verbrannt, die wieder nun gefertigt werden mußten. – Fühlen Sie, ich bin ganz glühend‹, sagte er, die Wange streichend in den Spiegel sehend, die Haare kräuselnd. Aber Ihre Uniform ist köstlich, sagte der Bebänderte. Sie hat mich ohne Pferd über 3000 Gulden gekostet sagte – der Prinz von Öttingen Wallerstein.

Gumpenberg kam zu mir heraus und sagte, der Kronprinz wolle mich vorschlagen. Wenn ich zur Artillerie wolle, müsse ich halt ein Examen machen. Ich bekannte, daß ich vielleicht dazu kein hinlänglich starker Mathematiker sei ...«

Schon am Dreikönigstag erfährt er von Major Gumpenberg, daß ihn der Kronprinz zum Oberleutnant bei dem freiwilligen Jägerbataillon des Illerkreises vorgeschlagen habe. »Ich habe nun zu sorgen dieses ehrende Zutrauen zu verdienen«, antwortet Schmeller. Und er eilt nach Rimberg zum freudigen Wiedersehn. Er bleibt zunächst nur vier Tage, kehrt zurück nach München, um das Patent nicht zu verpassen. Aber das läßt auf sich warten. Um sich Geld zu sparen, geht er wieder heim in seines Vaters Hütte.

»... Wo konnt ich seliger sein, als im kurzen rauhen Bette unter väterlichem Strohdach. Am Abend kam Schwester Johanna von Rohr, wo sie als Mitterdirn beim Pfarrer dient, mit einem Krug Bier, und Bruder Joseph zum Familienabend bei'm Spanlicht.

Ach Leben ohne Liebe ist kein Leben! Und keine, keine Aussicht für mich, in Burgdorf oder Rimberg je zu leben!! Welch freundliches Aufstehen am Montag zum seelenvollen Grußblick der Mutter, des Vaters. Warmbier hatte sie sorgsam bereitet. Herrlichere Stunden giebt kein Himmel. Das Schaf hatte diesen Morgen zwei Kitzlein gebracht. Segen des Himmels für meinen Vater! Äpfel vom wohlbekannten Baume, dürre Birnen, Schlehn und Zwetschgen brachte sie, ich sollte nun den heiligen Abend feiern. Auch meine vor 10 Jahren da gelaßnen Papiere. O seliges Herumwühlen in meiner geistigen Vergangenheit. Dann durchstrich ich im tiefen Schnee des Vaters Garten, freute mich des Neuerworbenen, Neugepflanzten, und suchte im Roa'n Anger die Buchen, unter deren grünem Dache ich einst gelegen, geschwärmt, geträumt hatte. Um Mittag zum Pfarrer. Nach dem Essen hielt er Rechenstunde mit mehrern Bauernknaben, auch wurde gegeigt, und froh war ich als er nach Gambach zu einer Sterbenden (der Lechnerin) gerufen wurde, denn nun konnt ich gleich wieder zu den Lieben nach Hause. Ich sagte meinem Vater, wie ich zur Ausrüstung Geld (180 fl.) brauche, zwar von einem Freund (Hopf) durch Anweisung über Augsburg (Erzberger und Schmid) schon 110 fl. hätte, diese aber gerne wieder zurückgeben möchte, weil der Freund selbst in Noth. Daß ich lieber vom Vater entlehnen möchte. Freudig sprach er zu. Er wolle schon Mittel schaffen, ohne wen Fremdes zu brauchen. Kordel und Johanna hätten 65 fl. beim Pfarrer zu Affalterbach, Johanna bekomme bald ihren Lohn vom Pfarrer zu Rohr.

Am Abend kam Johanna und brachte eine Kerze mit, damit der Rauch vom Spanlicht mir nicht weh thäte. Auch Joseph kam. Wegen Antons waren alle sehr unruhig. Er soll ein saubrer, braver Junge geworden sein. Ich versprach an den Hauptmann bei der 6t. Comp. 2t. Bataillon vom 1st. Linien Inf. Regiment König wegen seiner zu schreiben. Vielleicht fiel er schon in Hanau, oder steht vor Hüningen, wäre also doch nach Basel gekommen, was er vor 6 Jahren nicht wollte! Vater sprach von meinen Geldbedürfnissen, Johanna erbot sich gleich, mir ihren Lohn zu geben. Joseph wollte mir, da er jetzt gar nichts hätte, einen Sechsbätzner schenken. Vater breitete mir von Seinem 9 Gulden her. Den langebewahrten Baierthaler mit dem Muttergottesbilde drang ich der Mutter zurück. ›Nun so schlaf noch ein Mal unter deines Vaters Strohdach‹, sagte mein Vater. Mutter geleitete mich, und wünschte gute Nacht.

Am Dienstag vor Tagesanbruch auf. Sieh, Sohn, sprach mein Vater ein Kleidungsstück nach dem andern anziehend – dieß, jenes ist auch vom Antoni! dann seufzte er. Um 8 Uhr kam Johanna daher 13 fl. bringend, die ihr die Pfarrköchin (Nan'l) statt Lichtmeß meinetwegen voraus bezahlt hatte. Mein Vater ging mit mir nach Pfaffenhofen. Beim Ausstritt aus der Stube besprengte er mich segnend. In Affalterbach wollten wir die 65 fl. abholen, aber der Pfarrer war auf der geistlichen Hochzeit zu Rohrbach. In Pfaffenhofen beim

Thürlfärber sah ich Schwester Kordel. Oberschreiber Sutor lieh meinem Vater 65 fl. – Im Mahringer Bräuhaus zählte mir Er mit den gestrigen 22 87 Gulden her, die ich in Gottes Namen und zu Gottes Ehre gebrauchen sollte. – Erst gegen halb sechs Uhr fuhr der Schrannenbauer ab, mit dem er bis zu den drei Brüdern fahren wollte. Am Wagen vorschieben helfend fiel der Edle 62iger, der in der Freude um mich mehr als gewöhnlich getrunken hatte, auf den beeisten Boden hin, und doch gleich wieder auf, um zu helfen einspannen. Ich ließ ihn nicht bis er aufgegessen. O edler, einziger Mann! O mein Vater! Er machte auch den Schuster von Affalterbach Spörer wegen seines durch selbstgelerntes Zeichnen hoffnungsvollen Sohnes mit mir bekannt, für den ich hier ein Wort einzulegen versprach.«

Wie einen Primizianten feiern sie ihn etwas später, da er sich in der schmucken Oberleutnantsuniform als Urlauber zeigen kann. Alle begleiten sie ihn stolz nach Rohr in die Kirche.

Auf dem Weg zu seiner Garnison nach Kempten genießt er den neuen Rang in der teuren und prächtigen Offiziersuniform. Betritt er ein Gasthaus, eilen Wirt und Wirtin herbei, machen ihm die Aufwartung, flüstern die Leut mit Respekt, grüßen die Soldaten, die Schildwachen schultern das Gewehr. »Das Kleid macht den Mann«, schreibt er ins Tagebuch, als er am 11. Februar im Gasthof zum Adler in Kempten zu Mittag speist. »Mein Rock macht alle so höflich.« Sein Hauptmann schreibt sich Gruner und ist ein Schweizer aus Bern. Schon abends wird er bei der Hofkammerrätin Gallerin eingeladen. »Welche Mühe macht mir das neue Kleid. Der schlichte arme Schmeller kann sich in das Gepränge nicht schicken ...« Er tischt mit den Offizieren des Bataillons, mit Hauptmann Stengel und Oberleutnant Morell, in dessen Frau er sich wieder verlieben wird, wie er sich in Basel in die Frau seines Kollegen Hopf verliebt hatte. Vielleicht nur mit etwas mehr Erfolg. Der Kemptener Quartiermeister schickt ihn zur Hofkammerrätin Gallerin ins Quartier. Die Eintragungen der folgenden Tage bringen immer wieder seine Verwunderung über die Wirkung seiner Persönlichkeit in Uniform auf alle Mitmenschen. »Wie die Bürger höflich grüßen und es im Adler von allen Seiten heißt: Herr Oberleutnant, Herr Oberleutnant!«

Er freut sich über die vielen Einladungen, über Bälle, die den Offizieren zur Ehre von adeligen Herrschaften und reichen Bürgern gegeben werden. Er tanzt viel, macht sich aber auch Gedanken über das Soldatenleben. Oberst Baron Üchtritz, der selber dichtet, ist von Schmellers vaterländischen Versen sehr angetan, und Oberleutnant Schmeller wieder denkt wie sein Oberst über die Befehlsgewalt eines Offiziers: »Wer gern befiehlt ist ein schlechter Obrer, nur wer ungern, wer aus Pflicht befiehlt, ist ein Guter.«

Man exerziert und manövriert, bereitet sich – »im Angesicht der blauen Berge« – auf den Feldzug nach Frankreich vor. Schon visitiert der Generalmajor und Befehlshaber der Landesbewaffnung vom Illerkreis, Fürst Fugger von Babenhausen, das Jägerbataillon; es kommt zum »letzten Kasinoball«, und Oberleutnant Schmeller hat die Ehre, am 4. März »dem nicht unwürdigen Enkel der deutschen Medicäer zur Rechten im Landhaus Mittag zu halten« und auch noch an einer Abendsitzung des Fürsten teilzunehmen, »von welcher Abendsitzung in des Fürsten Zimmer ich den guten alten Obersten Üchtritz nach Hause begleitete, wo er mir bis neun Uhr von seinen Gedichten vorlas ...« Man denkt schon an den Marsch nach Frankreich, als am Josefitag »in Begleitung von vier blasenden Postillons ein Kurier mit der Nachricht des Einzugs in Paris einzieht«.

Da werden die Feierlichkeiten in der Garnisonsstadt Kempten noch jubilierender. »Apotheker Fuchs gibt drei, der Landrichter eine Bouteille Champagner zum Besten.« Es wird auf Feldmarschall Wrede, es wird auf den König von Bayern, es wird gar auf den Preußengeneral Blücher getrunken. Andreas Schmeller räsoniert dazwischen seitenlang über den leuteschindenden und fluchenden Schweizer Hauptmann Gruner. Und daß schon 18 Mann aus seiner Kompagnie desertiert seien. Dazwischen tanzt er mit der Tochter des Buchhändlers Kösel oder denkt mit Wehmut »sehnsuchtsvoll an Maria«. Je mehr er Glück bei den Frauen hat, desto wählerischer wird er. »... keine, wenn ich mich selbst oft prüfe, möchte ich küssen, keine als Gefährtin bei Tag und Nacht.« Und ein sehnsuchtsvoller Seufzer nach Burgdorf wird ihm unter der Hand wieder zum Gedicht:

»Ich küßt und liebte, ach so gern.
Und mag nur eine küssen, kann nur eine lieben,
Und diese eine ist so fern!«

Er verbringt gelegentlich einen Abend bei Oberst Baron Uichtriz (Schmeller schreibt bald Üchtritz, dann wieder Uichtrüz), »ihm auch meine Gedichte hinwieder vorlesend. Er küßte mich ein Mal übers andere, so gefielen sie dem alten guten Mann! Auch er traue Hauptmann Gruner nicht recht ...«

Es ärgert ihn, daß das vorrückende Heer Mangel leidet, während Tausende von Zentnern Heu auf der Schweigerwiese verfaulen und ebenso Tausende von Mehlfässern und mehrere tausend Säcke Haber im Regen verderben. Beim Exerzieren für das Siegesfest unterläuft ihm ein Fehler, er gibt ein falsches Kommando, und sein Zug schwenkt statt nach links nach rechts. Viele Zuschauer, die ihm teuer, haben dabei zugesehen! Seitenlang erleidet er die Blamage wieder im Tagebuch. »Jede Zurücksetzung seh ich gleich in der großen Reihe der Zurücksetzungen, die mir durch die Geburt, und von der Geburt an zu Theil wurden ...«

Die Meldung vom Rücktritt Napoleons in Fontainebleau versieht er gleich mit vier Rufzeichen: »Also Napoleon hat wirklich entsagt!!!! Das ist das Ungeheuerste was die Geschichte kennt ...« Er kann darüber kein Reimlein dichten. –

Während er mit der Landrichterstochter Lotte Behr spazierengeht, träumt er von einer Urlaubsreise nach Burgdorf, um sich Marien als Offizier zu zeigen. – Da heißt es am 3. Mai, die Kaiserin von Frankreich mit dem König von Rom werde in Kempten nächtigen. Er verfaßt gleich ein Huldigungsgedicht: »O wohl uns, wohl/ Du herrliche von Deutschlands Frauen/ Daß wir dein Antlitz wieder schauen/ Uns Deutschen wohl!/ Mit Stolz zwar sahn wir in der Ferne/ Als Frankreichs mächtige Gebieterin/ Durch Tugend herrschend und durch hohen Sinn/ Die Tochter Deutschlands oft so gerne./ Allein nicht ungetrübt war unsere Freude ...«

Wie leicht man doch in den Hofpoetenton fallen kann, bemerkt er beschämt. »Indessen ist Marie Luise immer eine merkwürdige deutsche Frau.«

Und er wird Zeuge der Ankunft der heim nach Wien eilenden Exkaiserin und Erzherzogin in Kempten. Am 10. Mai 1814 schildert er dieses Ereignis. Er ist Augenzeuge, und sein Bataillon muß Spalier stehen.

»Um vier Uhr nachmittag rückte das Bataillon zu Spalier für die Kaiserin Marie Luise aus. Ich trat nicht ein, weil ich hoffte mit dem übrigen Offizier-Corps zu einer Aufwartung zu kommen. Von Gruner im Vorbeigehen hinaufgerufen erwartete ich spielen und singen hörend, und spielend und singend den Allarmruf unserer Hörner. Er erscholl und ich stellte mich einzeln an den rechten Flügel des Bataillon. Bürger Cavallerie und östreichische Dragoner sprengten daher, eine Kutsche mit achten kam – die Kaiserin der Franzosen in einem großen blauen Hute ließ ihr Antlitz nicht schauen.

Vorbei der erste kam ein zweiter Wagen, ein allerliebstes Knäblein stund am Schlage und schaute so harmlos heraus.– Wie ein Blitz durchzuckt' es mich – dieß der König von Rom, der angebetete der vorbestimmte Herr der Welt! Dieses Hereinfahren des Kindes nach Kempten, es konnte nur nach dem Bluten von Hunderttausenden von Kamtschatka bis Lissa-

bon, durch den Brand unzähliger Menschenwohnungen, durch die Freudenlosigkeit tausend verwaiseter Eltern, Geschwistern, Frauen – herbeigeführt werden. So fuhr des Stolzen Köstlichstes als Trophäe durch die deitschen Krieger Reihen! – O ich dachte an den Moniteur und sein ›S. M. roi de Rome‹ und brummte mit frohem Unmuth: O die Menschen!

In Basel hatt' ich einst in der französischen Kirche ein Tedeum zur Feier der Geburt des ›Roi de Rome‹ mitsingen helfen! Was ich mir zwar später oft vorwarf.«

Und dann erörtert er die Frage, ob es nicht doch für die Menschheit günstiger und für den Frieden erspießlicher wäre, wenn keine Genies, sondern angestammte Fürsten regierten! Er schreibt:

»Die Natur ist unbillig und ungleich in Austeilung ihrer Gaben. Es scheint tröstlicher, wenn in den Staaten die mit äussern Vortheilen der Geburt Begabten regieren, denn da müssen die blos mit innern Gaben Beschenkten gebraucht werden, und wenn nicht gebraucht verachten sie leicht gegen die eigne innere Überlegenheit den äussern Glanz der Vornehmen, und beruhigen sich in stolzem Selbstgefühl. Wo hingegen blos die Klügsten zur Regierung kommen da entsteht für die Zurückbleibenden die empfindlichste aller Kränkungen, denn Nichtreichsein kann man weit eher verschmerzen als unverständig, ungeschickt, ungelenk. – Laßt also die Leute mit Ahnen und Gulden voranstehn, ihr könnt es leichter verschmerzen als wenn einer blos seiner Verdienste (auch zufälliger Naturgeschenke) wegen voransteht, und ihr immer geneigt seid, zu zweifeln, ob diese Verdienste wirklich statthaben.

Drum besser Bourbons mit all ihrer bourbe, als Liberté und Egalité, besser Ludwig XVIII als Napoleon.«

Ob er sein Huldigungsgedicht anbringt, verschweigt er im Tagebuch. Nach seinen monarchistischen Ausführungen dürfen wir daran aber nicht zweifeln. Bei der Abfahrt der Kaiserin Marie Luise und des Königs von Rom am nächsten Mittag kommt er den Majestäten doch ziemlich nahe. Und es überkommt ihn ein herzliches Mitleid. Man schreibt den 11. Mai 1814. Und es ist Frühling in Kempten.

»Von 11 bis 12 stund ich im Posthause, wo die Kaiserin mit dem Kinde abgestiegen war. Die Kutsche fuhr vor. General Kinsky kam die Treppe herab und legte eine Landkarte hinein. – Endlich kam Marie Luise mit der Herzogin Montebello. Einen weiß und blauen Hut hatte sie auf, blaß und eingefallen, und verweint schien sie mir. Ach, ist nicht ihr ganzer Lebensplan als Weib, als Mutter, als Herrscherin zertrümmert? Das ist eben Mensch sein!

Nach ihr kam der kleine König von Rom, den ich schon vorher am Fenster so hold mit einer großen Papiertüte voll Blumen hatte spielen sehen. Ein rundes Hütlein hatte er auf, die weißen zarten Haare waren (künstlich) geringelt. Das feingeschnittne Gesichtchen, dessen Unterteil an Napoleon Bildnisse erinnerte, die blauen unschuldig umherblickenden Augen entlockte allen Zuschauern besonders den weiblichen unwillkürliche laut liebkosende Töne. So herrlich über alle Verhältnisse erhaben, ist doch das rein Menschliche!

Ganz an mir trug den Kleinen seine Hofmamsell die Gräfin Montesquieu vorbei, er aß ganz unbefangen an einem Stückchen Brot fort, das er im ausgestreckten Händchen hatte. Bald kam er so ins Gedräng, besonders durch unsern ehrlichen Oberst Uechtriz (in National Uniform), der mit dem Rücken auf ihn zudrang, daß ihn ein östreichischer Major rettend auf den Arm nahm und der Kutsche zutrug. Mich erinnerte der Kleine viel an Wahrmund. – Es ist mir, seit sie fort – so öde, so wehmütig um's Herz, als ob ich Jahre mit ihr gelebt hätte!«

Etliche Tage später schon ist vom Auflösen des Jägerbataillons die Rede. »Freundlich ist der Gedanke an die Ruhe und die Geschäfte des Friedens«, setzt er hinzu, »ich denke wieder an meine Sprache.« Er arbeitet an einem Manuskript mit dem Titel: »Soll es eine allgemeine europäische Verhandlungssprache geben?« Und der Buchdrucker Dannheimer in Kempten druckt 1815 die Schrift auch. Es ist Schmellers erstes Werk, das gedruckt wird. Und er ist seinem Thema gerecht geworden. Nicht eine, viele Sprachen soll es geben in Europa, meint er, denn »Einheit ist ja der Tod ... die Sprache ist das von Geschlecht zu Geschlecht fortgeführte Selbstbewußtsein eines Volkes.«– Er will alle europäischen Sprachen und Mundarten gelten lassen, auch die kleinsten findet er wichtig und interessant. Aber diese kleineren Völker sollten eine größere europäische Nachbarsprache dazulernen. Vier solcher europäischer Hauptsprachen zählt er auf: Deutsch, Englisch, Französisch und Russisch.

Mit dem Landrichter Henne, dem Schulrat und dem Herrn Apotheker Fuchs von Kempten macht er eine »lustige Fahrt nach Memmingen«. Auf der nächtlichen Heimfahrt wird's noch lustiger, nachdem er vorher noch die »fußgehende Frau Postsekretär Kliebenschädel« kennengelernt hat. (Hab mir immer gedacht, Ludwig Ganghofer hat mit der Namensfindung des eigenstirnigen und originellen Försters Kluibenschädel in seinem Roman »Schweigen im Walde« etwas übertrieben, derweilen hat es in Memmingen anno 1814 wirklich eine Frau Kliebenschädel gegeben.)

Mit betroffener Neugierde studiert er die langen Zeitungsberichte über das Ausschiffen Kaiser Napoleons auf die Insel Elba. Gleich darauf muß er ein per Kutsche reisendes Paar Hochstapler, die sich überall als schwedische Gesandte ausgeben, stundenlang verhören. Er hat Mitleid mit den armen verkrachten Schauspielern aus Sachsen, die sich in der verworrenen Zeit, wo so vieles möglich war, etliche gute Monate angetan hatten. »Der Bettlmon als Graf.«

Es gibt diam a Gschloß, da is auf der »Bettleinkehr«, das Hauswesen ist ganz und gar heruntergekommen. Drum: »Besser bettlmannisch gfahrn wia edlmannisch ganga!« – Die angeblichen Diplomaten werden nach München überführt. Schmeller schenkt ihnen einen Sechser.

Charlotte, die Tochter des Landrichters, wird abgeholt, und er ist etwas verstimmt. Am 10. Juni nimmt ihn Oberst Üchtriz mit nach Memmingen, um den von Paris nach Wien zurückreisenden Kaiser Franz von Österreich zu erleben. Der Kaiser sollte in Memmingen über Nacht bleiben. Tags zuvor schon hatten zwei Jägeroffiziere für die sieben Herrn aus Kempten Quartier gemacht, denn in Memmingen war wegen des »Zuströmens« unendlich vieler nichts zu bekommen. Im *Gulden* nahm man ihn mit noch zwei Kameraden »aus Gefälligkeit« noch auf. Da hieß es, der Kaiser komme erst morgen. Gleich eilt er zur Frau Postsekretärin Kliebenschädel. Und er organisiert abends eine Theateraufführung der durchreisenden Komödiantengruppe des Herrn Cesar Heigl aus München mit Frau Gemahlin, die nach der Schweiz unterwegs waren.

»Ich wieder gleich zur Kliebenschädel, einem wackeren Weiblein, das ich nebst ein paar Bekanntinnen dann ins Schauspiel führte. Sie schmiegte sich bei mancher Stelle des Stückes recht inniglich an mich. Heigl gab mit seiner allerliebsten Liebsten den Schauspieler wider Willen, worin er als Appenzeller, Franzose, als Schwäbin, Baier, Jude unübertrefflich schien. Nachher kam die Beichte, besser als sie Vogel mit Frau in Basel gab.« (Und Andreas Schmeller ist ein Kenner. Er besuchte seit seiner Studentenzeit häufig Theateraufführungen und schrieb selber bereits mehrere Dramen, z. B. in Spanien noch den Versuch über »Spartakus«, dann den »Herostrat« oder »Die Epheser« und in der Schweiz dann den »Rudolf von Habsburg«.)

Am nächsten Abend gegen sieben Uhr endlich kam der Kaiser in Memmingen an. »Den ganzen Nachmittag wurde gebechert und gelärmt. Dann, in vollem Regen, gingen wir ins Haus des Baron Herrmann wo der Kaiser absteigen sollte (obschon ein Offizier vorangekommen, um ihn ausdrücklich in ein Wirtshaus einzubringen). Ein Bürger führte uns hinauf in den zweiten Stock, wo wir im Gang unter einem Haufen von Stern-Band-Kreuz- und Federhut-Männern hin und hergehend warteten ...«

Er ging mit Oberleutnant Morell und Mettingh in ein inneres Zimmer und sah zum Fenster hinaus auf die wartenden Menschen. Man schrieb den 8. Juni 1814.

»Volks unter allen Fenstern, auf Brunnen und auf die hohen Nasenvorsprünge der Kirche geklettert eine Menge. Es war sieben Uhr, als auf einmal die Glocken zu ertönen anfingen, die Bürger zu den Gewehren liefen und das Volk ein einstimmig wachsendes Rufen erhob, das mich mit schauerlicher Rührung ergriff. Nicht lange, so ertönte die Feldmusik, die Bürger präsentierten das Gewehr, Trompetengeschmetter und von daherfliegenden grünen Husaren umgeben stand des Kaisers Wagen vor dem Hause. Wir schnell hinab in den ersten Stock sahen von bairischen Edelknaben mit brennenden Fakkeln geleitet neben dem Bruder Ferdinand das lange, magere, freundlich lächelnde und sich verneigende Männlein Franz über den Gang in seine vorbestimmten Gemächer gehen. – Bald ging wieder die Tür auf, durch welche er verschwunden war und alles was im Gang stund, also auch wir Jäger, wogten ins innere Vorzimmer ...«

Als erster wurde der Fürst Zeil zur Audienz vom Grafen Wrbna ins Kabinett des Kaisers geführt, dann der Fürst Fugger, dann drei Geistliche vom Kreuzorden, »bei deren Vortreten der dicke Genie-General-Feldmarschall-Lieutenant Dedovich sagte: ›Die sollt man auf die Insel Elba schikken, net den Napoleon ...‹« Anschließend kamen noch ein paar württembergische Grafen und dann also, welch ein Glücksfall, durften auch die sieben bayerischen Jägeroffiziere mit ihrem Obersten Freiherrn von Üchtriz zum Kaiser. »Graf Wrbna trat ins Kabinett des Kaisers, kam wieder heraus und mit einer Verbeugung gegen den gefragten hielt er die Tür offen. So traten denn auch wir vor den vielbesprochenen Kaiser Franz, den Pacificateur de l'Europe, den Sieger, den der seine Vatergefühle der Regentenpflicht geopfert hatte ...« (Wegen der Vermählung seiner Tochter Marie Luise mit Napoleon anno 1809.)

Und nun schildert Schmeller in aller Ausführlichkeit den Ablauf der Audienz. Der bayerische Wörterbuchschreiber, mit seinem feinen Ohr für Sprache, Betonung und dialektischen Duktus, hat die Worte des Kaisers unmittelbar nach der Audienz niedergeschrieben. Dabei bediente er sich in seinem Tagebuch ein wenig auch schon seiner späteren eigenen Lautschrift, um die hellen und dunklen Vokale unterscheiden zu können. Kurzum, wir können sagen, dank dieser Schmellerschen Aufzeichnungen im Tagebuch besitzen wir von Kaiser Franz I. von Österreich, dem letzten Kaiser des Hl. Römischen Reiches, eine Tonbandaufzeichnung aus dem Jahre 1814. – Schmeller schreibt:

»Der Kaiser stund da, die hangenden Hände übereinandergelegt, mit Beinen, die gebogen und nicht feeststützend schienen, wie nur irgend ein sehr gutmütiger Mensch dastehen kann. Als Üchtriz sagte: ›Dies sind Offiziere von einem bairischen Bataillon freiwilliger Jäger, deren größter Schmerz es ist, nichts mehr für Deutschland tun gekonnt zu haben‹, sagte der Kaiser mit gutmütiger Stimme in Wienerton: ›Es ist guet, daß ma's nimmer braucht hat. – Boarn hobm se recht guet ghoiltn – es san aa vuil davon drauf ganga. – Es is schod, daß vorher sovuil Bluet für a fremde Sach gflossn is.‹ – Als Üchtritz bemerkte, daß S. M. so gut aussehe, sagte Franz: ›Wie kunnts anderst sein, es is ja über olle Erwartung guet gangen. Jetz sama do wieder Deutsche. San von der Sklaverei derlöst – und könne unser deutsch Brod mit Rueh essen. Mir hobn eahnes amol zeigt, und wenns wieder komme' wolltn, so bin i aa wieder do.‹

Nun sagte Üchtritz, wie er selbst 30 Jahre in Sr. Majestät

Diensten gestanden und noch wirklich zwei Söhne bei dem und dem Regiment habe, worauf der Kaiser einiges unbedeutende erwiderte. Wir verneigten uns und gingen ...«

Der Philologe und Oberleutnant beschließt das unvergeßliche Erlebnis mit der Bemerkung, die alles noch ins ganz und gar Exemplarische hebt: »Was mir bei Franzens Anblick am wunderbarsten vorkam ist, daß so ein Menschensohn dem Napoleon gegenüberstand, und daß Napoleon zu Fall gebracht wurde.«

Schmeller schreibt »bei seinem Anblick« – wahrscheinlich aber hat er mehr mit seinem phonetischen Auge gesehen, mit seinen Ohren.

Wie altbairisch damals das Wienerische noch geklungen hat! Und doch auch schon wieder etwas gehobener, eine Nuance vornehmer als aus dem Munde eines Kleinstadtbürgers oder eines Münchners, höfisch-leger halt.

Ewig fließend ist die Sprache. Man soll sich nicht zu sehr ereifern, ob diese oder jene Aussprache für diese oder jene Gegend die treffendere ist. Denn es sind oft mehrere Möglichkeiten heimisch geworden. Darum stellt Schmeller auch in seiner bayerischen Grammatik »Die Mundarten Bayerns grammatisch dargestellt, München 1821« auf Seite 427 über 60 Paragraphen zusammen, die »allen Dialekten Bayerns gemein« sind, also den schwäbischen und fränkischen geradeso wie den altbairischen! Wie etwa das beinah unbekannte Imperfekt zugunsten des Perfekts. Oder gar das immer brauchbare Präsens. Wie auch das Futur oft mit einem »auch wieder« – »so bin i aa wieder da« – oder einem »gen wieder da« mit dem Präsens umschrieben wird. »Weil halt das Präsens recht eigentlich auf die Anschauung verweiset, welche der Grund und Boden aller Sprachen ist.« (Der Vergangenheit und Zukunft.)

Die Auffahrt des Kaisers, dessen Reise von Paris bis Wien einem Triumphzuge geglichen hat, ergreift ihn sehr, trifft sein

Einwendiges. »Einwendig, einwenti, inwenti (leicht nasaliert zu sprechen) und innawenti.« Zwei oder drei der vier möglichen Formen sind vielenorts in den Städten gebräuchlich. – Einwendi und iwendi, Dirndl und Deandl, beides ist richtig, alle zwei sind liebe Worte. – Es ist tröstlich, das einmal auszusprechen, denn viele machen sich darüber ein Gewissen, ob sie nun das rechte Wort in Gebrauch haben oder nicht. – Manchmal sind es nur Observanzen zwischen benachbarten Tälern, örtliche Unterscheidungen, regionale Sprachgepflogenheiten. Auch ein einzelner origineller Mensch hat Idiotismen. Hat einmal eine Schöne von Landshut herüber gheiratet und hat allerweil gern von ihrem »einweni' drin« verzählt. Langsam haben es ihr einige nachgesagt. So steht das »i'wenti« bei uns jetzt neben dem »einwendi«.– Wer woaß'?

Zusätzlich sind einige gängige Redewendungen, die da und dort zu Hause sind, im Laufe der Jahrhunderte so sehr allgemein bekannt geworden, daß man die Heimat nicht mehr feststellen kann.

»Schöne Schwoagerin, du bist mein Freid
Wann i dös Küahl dir auf die Alma treib ...«

Der Duktus muaß stimma. Aber bei die Versl stimmt er net allweil, indem der Reim oft ein recht ein Sprachverhunzer ist. Er muß sich reimen und verdreht deswegen die Syntax oder natürliche Wortstellung. Und so was nimmt ma in Kauf wega dem bisserl Reimvergnügen? (Dann schon gleich ein Reimscherz wie im Schnaderhüpfel bzw. im englischen Limerick!) Es kommen einem tausend Gedanken beim Studium der Schmellerschen Grammatik.

»'s Almavieh tuat schön umagrasn,
Der Bauer möcht brav aussigrasn.
D'Schwoagerin setzt ihr Hörn'l on
Und blast'hn on den guatn Mon.«

Zu den Hypokorismen der Volkssprache gehören auch Redensarten, in denen Musikinstrumente benützt werden. So heißt es bei Schmeller im Wörterbuch: »Da geigt se was ... aber bei der Burgl geigt se fein nix!« Und die Schwegelpfeife wird einfach auch die Schwegel genannt. Auch die Orgl hat Schwegel oder Schwigl. Selbst die Speiseröhre wird manchmal so genannt. Und manchenorts sollen die Burschen nachts mit ihrer Schwegelpfeife vielsagend den Mädchen den Hof gemacht haben.

»Han i's Schwegerl vergessen,
denk i allerweil dran,
Tuat mas Deandl net auf,
bal i's Schwegerl net han.«

Solch derbe Verse hat Oberleutnant Schmeller im lustigsten Jahr seines Lebens, in der Garnison in Kempten, noch nicht gesammelt. Er macht sich viele Gedanken über den beginnenden Wiener Kongreß. Daß Straßburg französisch bleiben soll, schmerzt ihn am meisten, auch daß Spaniens König Ferdinand die Verfassung König Josefs wieder aufgehoben, findet er unwürdig. – Im Juli übernachtet der Westfalenkönig Jérôme in Kempten. Er will ihn erst gar nicht grüßen, geht aber dann doch mit Morell ins Postwirtshaus und wartet »oben an der Treppe. Jérôme kam herauf, seine dicke Catharina am Arm (Württembergische Prinzessin). Ich war entschlossen ihn auf keine Art zu grüßen, als er mich aber besonders fixierend begrüßte indem er einen ›guten Morgen‹ murmelte, konnt ich doch nicht umhin, etwas an den Tschako zu langen und mich zu verbeugen. – Die ganze Sippschaft, die von einem österreichischen Offizier, Graf Malsburg, begleitet war, nahm gleich ein Bad – doch keines mehr von edeln Weinen. – Gelb und dreist kam mir Mr. Jérômes Gesicht vor, etwas den Bildnissen seines Bruders ähnlich.« (Und doch sind die bekehrten Bonapartisten nicht mit den entnazifizierten Deutschen zu vergleichen. Charaktere und Situationen mögen sich ähneln, aber die Deutschen von 1814 sind nicht die Deutschen von 1945. Noch nicht.)

Freili, man soll d'Leut net mitm Vieh vergleicha, aber sie mirkan se selber dazua.

Auf einem Sommernachtsball, auf dem er mit der »niedlichen Fanny von Finser« Walzer tanzt, schwärmt er »von der schönen Übung der reinen Überlassenheit den unschuldigen Regungen der Geschlechtsverschiedenheiten. Durch sie kann jeder Mann jedes Weib ohne Nachreue auf eine Art genießen, die selbst dem höchsten Genuß vorzüglich – im gegenseitigen Hingegebensein und Halten und Fortgehobenwerden auf den Flügeln der Töne.« Und dann steht da noch: »Um halb vier Uhr morgens führt ich Fanny nach Hause ...«

»Das ist ein vornehm-nichtswürdiges Leben. Vorgestern Abend bei der Stadtkommandantin – gestern bei Frau von Üchtritz. Und dann auch noch Sekundant bei Kampf auf Pistolen zwischen Morell und Gruner.«

Es ging auf einem Ball um einen Sessel, auf den der Tänzer die Frau von Üchtritz hinplazieren wollte nach einem Tanze. Aber eine Frau Kraiser zog diesen Sessel weg, »indem er bereits zu ihrer Familie gehöre«. Der Herr konnte nicht umhin, »mit einem unmutigen Blick zu bemerken wie unartig das sei und er nicht gewohnt, sich so was begegnen zu lassen ...« Daraufhin folgte ein Briefwechsel und schließlich eine Forderung zu einem Duell. »Um vier Uhr morgens bei der Windmühle am Reigersberg.« Als sie sich dort aber trafen mit je zwei Sekundanten, zwei Zeugen und einem Arzt, beschimpften sich vor dem Schießen die Duellanten so grob und abscheulich, daß es zunächst zu keinem Schußwechsel kommen konnte. Es kam zu einem neuen Termin auf 18 Schritte und vier Kugeln mit neuen Sekundanten. Es kommt wieder zu Streitereien wegen der Frage, ob jeder vier oder jeder nur zwei Schüsse abgeben soll ... Endlich wird geladen, und auch der Dr. Bauer steht mit seinem Sanitäter bereit, die Duellanten sind bis auf Hemd und Hose ausgezogen. Auf eins, zwei, drei krachen zwei Schüsse. Die Duellanten stehen unversehrt da. Desgleichen beim zweiten Schußwechsel. Daraufhin fordern sie einen weiteren Waffengang, aber die Kampfrichter, die Sekundanten und der Militärarzt forderten, daß sich »die beiden die Hände zum Zeichen der Versöhnung reichten. Sie taten es nicht. Man ging auseinander und kam auf verschiedenen Wegen im Gasthaus Hartnagel wieder zusammen ... Hier wurde aber der eine Duellant von dem anderen mit einer Umarmung empfangen und dem herrlichen Wort: Laßt uns wieder Freunde sein! Alle küßten und umarmten sich, es wurden Gesundheiten getrunken bis es zwölf Uhr nachts war und die ganze Gesellschaft betrunken nach Hause fuhr ...«

Wie bezeichnend! Des Duellanten Morell junge Frau, eine geborene von Greierz von Bümplitz, ist tags zuvor aus Innsbruck angekommen. Schmeller besuchte die Dame seines Freundes »im Haubenschlößle, das Morell gemietet hatte«. Und er gerät sofort in helle Begeisterung, denn die geborene von Greierz von Bümplitz ist eine Schweizerin. Mit Genuß hört er aus ihrem Munde die Frau Maria Hopf sprechen. »Wie mich das Schweizerische neben dem Gebildeten ihres Redens und Benehmens so ganz hinriß. ›Hör doch!‹ sagte sie zu Morell, dem Liebkosenden. O welche Erinnerungen rief mir dies Wörtlein zurück!« – In diesen Tagen erhält er aus Zürich einen Brief, daß ihm in Aarau eine Lehrerstelle offengehalten würde. »Was tun?« Er will nun doch lieber bayerischer Oberleutnant bleiben und zugleich Sprachstudien treiben.

Eintragungen wie diese: »Mit Morell und dessen herzigen Frauelein auf dem Marienberg« mehren sich. Das Bataillon geht langsam der Auflösung entgegen. Die Vorarlberger werden entlassen oder entlassen sich selbst. Am Geburtstag der Königin von Bayern zelebriert man eine schöne Kirchenparade, und abends ist Ball im Landhaus. Auf diesem Ball tanzt er wieder mit Fanny von Finser und verbraucht statt 9 Batzen

4 Gulden. Die Offiziere haben es schön. Sie machen Bergtouren, eine führt sie ins Hintersteiner Tal (in dem später der Prinzregent über 60 Jahre lang so gern auf die Hirsch ansteht).

»Der Soldat allein ist der freie Mann«, politisiert er bei den Morells. »War Napoleon nicht ein neuer Messias, der das in bürgerlicher Bewegungslosigkeit hinbrütende Geschlecht aufrütteln ... und uns so wieder in den glücklichen Zustand des Nomadisierens, der Volkswanderungen, des eigentlichen Lebens zurückführen sollte? Und warum mißlang das große Erlösungswerk, als es eben am kräftigsten im Gange war? Schon viele haben die neue Seligkeit geschmeckt und können sie nimmer vergessen. Und laut ertönt im königlichen Frankreich das: Vive l'Empereur!«

Am 1. August 1814 zieht er um, »aus meinem Dichterstüblein bei der Hofkammer-Rätin Galler – in das schönere beim Baumeister Rauh. Dort zahl ich 4, hier 5 Gulden monatlich.«

Und er fühlt sich endlich einmal recht glücklich. »Führer von anderthalbhundert rüstigen Männern, geehrt von Höhern und Niedern ... Nur ist Maria, ist Wahrmund fern ... Neunundzwanzig bin ich alt, bin Mann und hab noch kein Weib. Soll ich je eines haben? Ach, mich beglückt doch nur das Schaffen von etwas Bleibendem! Ich liebe das Wandeln und Verändern so sehr, würde der eheliche Bann meinen Geist nicht lähmen? Und schon Richard und Dorothea und Wahrmund. Ach, ich muß lieben. Nur Liebe ist mir Leben.«

Das Exempel folgt in den kommenden Tagen. Immer öfters trieb es den bayerischen Wörterbuchschreiber nach Anwanden zur Frau Morell. Einmal ist der Freund in Memmingen, und er sitzt mit ihr im Salon und dichtet sie an. »O selten wonnevolle Stunde!« Sie zeichnet ein Vergißmeinnicht dazu. »... Ich saß ganz neben ihr. Einmal, ich weiß nicht wie es kam, schmiegt ich mich an ihren Hals ... Wie sind Sie so sonderbar – gehn Sie – kommen Sie morgen wieder!« – Etliche Tage später fällt einem in der Geschichte mit der einzigartigen Frau Morell diese Stelle auf: »Ich ging noch spät mit Morell nach Anwanden. Vor ihrem Bette wurde Tee getrunken.«

Und am 16. Oktober 1814 heißt es bereits: »Ein trüber Tag. Kösel will die Frage nicht drucken. Ein seliger Abend bei Frau Morell.«

Am 17. Oktober erklärt sich der Buchdrucker und Verleger Dannheimer bereit, Schmellers Aufsatz über die europäische Verständigungssprache zu drucken. Der junge Autor ist doppelt selig. Auf den nächsten Tag treffen die Freudenfeiern wegen der Befreiung Deutschlands. »Dies ist das Erste Allgemeine Deutsche Fest seit Jahrtausenden, und unanbefohlen!«

Während Morell das Feuer vorbereiten hilft, begleitet Schmeller dessen Frau zurück ins Haus, denn die Dame will sich umziehen. Dabei durfte er »ihn berühren, den rothen Mund so küssenswert vor Tausenden. Du sagte sie – und ich sagte Du! Atmets sich im Himmel wonniger? fragte ich an ihrem Busen ... Willst mich nicht vergessen? ... das verspreche ich dir nicht. – Ja, ich begreife dich – wir sind Untertanen der Zeiten und Umgebungen. Man kann bei der ungebrochensten Treue untreu sein. Unsinnig ists und unmenschlich etwas übermenschliches von einander zu fordern. Ich würde es nie vom Heißgeliebtesten. – Heller Schein leuchtet durchs Fenster. Mit einem Schrei sprang sie auf ...«

Morell kam mit Gruner, und man trank Tee. Anschließend gingen die Herrschaften wieder, um auch das Feuer auf Anwanden anzuzünden. Es war schon dunkel, und Frau Morell ließ sich von Schmeller führen, denn ihr Mann und Gruner entzündeten das Feuer. Am Abend schreibt er vielsagend in die Verschwiegenheit seines Tagebuches: »An einem Rain fielen wir zu Boden, denn es war dunkel, schon fing der Holz- und Strohhaufen an zu flackern ... Hofapotheker Fuchs brachte in seinem derben Deutsch als Sprecher des sogenannten Unterhauses allerlei Toasts ... der neue katholische Stadtpfarrer Venthur Baron von Branca brachte die

Armen in Erinnerung und sammelte ... Oberst Üchtritz, der mit Branca französisch sprach und die Franzosen über die Deutschen erhob, wäre bald hinausgeworfen worden ... Gegen Mitternacht nach Hause, in Gedanken an Sie eingeschlummert. Das gesamtdeutsche Freudenfeuer kostete 29 fl. mich kam das ganze Fest auf 3 fl.«

Im September bereits hatte er um einen Urlaub für eine Reise in die Schweiz eingegeben. Er wird ihm erst am 23. November gewährt. Er reist sogleich mit der Postkutsche über Lindau und weiter über St. Margarethen gegen Sankt Gallen, wo er sich über eine Woche lang aufhält und sich mit den gelehrten Patres Bibliothekaren der Klosterbibliothek anfreundet. Er besieht die altdeutschen Übersetzungen antiker Schriftsteller, z. B. des Boethius und des Aristoteles von Notker Labeo. Er ermuntert Professor Flügisthaler, den Sprachlehrer, das »Keronsche Glossar« herauszugeben. »Weib leitet der sehr glücklich von vio, winden, weben, wihib, geweiht, conjunx, uxor wie Weibel vincitor ab«, trägt er bereits ins Tagebuch ein. Er blättert in Konrad von Würzburgs Trojanischem Krieg, findet »ein Gedicht vom heiligen Gral (Parcifal) auf Pergament und das göttliche Nibelungenlied ...«

In Zürich hatte er dann – bei einem Aufenthalt, der sich über zehn Tage hinzog – beinahe die Frau seines Lebens gefunden, in der jungen verwaisten Tochter eines verstorbenen Turmwächters, die mit den Töchtern Reusner bei Frau Heuser wohnt. Sie heißt Jungfrau Weber. Er spielt mit den Damen häufig Pfänder, und »ich küßte am liebsten Jungfrau Weber mit der feinen griechischen Nase und dem griechischen Gesichtlchen. Sie setzte meiner schnurrbärtlichen Zudringlichkeit nichts entgegen und so zerküßte ich sie auf dem Ruhebettlein nach Herzenslust. Frau Heuser und die Jungfern Reusner setzten sich als Zuschauerinnen hin, um von der seltenen Letzge zu profitieren ... Solche Letzgen gab es jeden Abend und das Töchterlein ging mir fürwahr immer naher. Eines Abends führte sie mich auf St. Peters Thurm, wo ihr verstorbener Vater als Wächter amtiert hatte, um die schöne Übersicht der Stadt und Gegend zu genießen ... Das arme Kind, so schön und zart – im Waisenhaus erzogen und doch so innig und gebildet. Sie tut so unbefangen und unschuldvoll – sollte sie's auch sein? Frau Heuser stund gut dafür ...«

Er wohnt in Zürich beim Kollegen Singschulmeister Nägeli und erlebt ein großartiges Schülerinnenkonzert mit zehn schönen Harfnerinnen im Halbkreise, und der bunte Chor sang dazu »Lebt wohl ihr Matten, ihr sonnigen Weiden, der Senne muß scheiden, der Sommer ist hin ...« Ihm war, als sähe und hörte er den Chor der Engel im Himmel.

Über Kloten, den Heitersberg und Wohlenswyl ging er dann nach Lenzburg und blieb daselbst bei seinem Freund Dr. Fischer, dem Alkoholiker, dessen Frau nicht nur Freund Voitel, sondern auch Schmeller über die Maßen verehrt hat. Drei Tage übten sie sich in einem Pfänder-Geschicklichkeitsspiel, »nach welchem man mit einem Messer einen Bitz von einem an eine Gabel gesteckten Apfel abhauen mußte. Wer das letzte Stück von der Gabel abhieb, mußte dem Nachbar einen Kuß geben. Ich dehnte dieses Muß auch auf den Fall aus, wenn man den Apfel fehlte. Das Frauchen war meine Nachbarin, ich fehlte fast immer. So blieben wir sitzen bis zwei Uhr Morgens ...«

Und dann heißt es gleich im nächsten Abschnitt des Tagebuchs: »Beim Aufstehn als ich unversehens in ihr Zimmer kam, sagte sie: sie sei so erschrocken. Ich bin doch kein Geist, sagte ich. Ja freilich sind Sie kein Geist mehr, sagte sie boshaft! – Der Soldat kam ihr ebens anders vor als der Schulmeister.«

Den übernächsten Tag kutschierte Dr. Fischer Freund Schmeller nach Aargau zu Freund Zschokke, dessen »Frauelein wieder hoffend« gewesen. Er besucht eine Versammlung der Gesellschaft für vaterländische Kultur. »Zschokke hat einen blinden Enthusiasmus für die Schweiz, sein Schwager Evers einen griechischen für Deutschland.«

Über Olten, Arburg, Morgenthal (»wo mich die beiderseitigen Grenzhüter Aargaus und Berns jedoch höflich ansprachen«) und Langethal kam er endlich am Sonntag, dem 18. Dezember, über Winigen um ein Uhr mittags nach Burgdorf, dem eigentlichen Ziel seiner Urlaubsreise, zur Familie Hopf, zu Frau Maria, Freund Hopf und dem Söhnlein Wahrmund.

An dieser Stelle folgen im Tagebuch über Tage hinweg nur Gedichte, überwiegend in Schwyzer Mundart, über »süeße Anke u dicki Nydle druber y«. Es folgen Wiegenlieder und Kühreigen. Und einmal vermerkt er – bei einem ganz süßliederlichen Gesang übers »Chueli mit dem Stierli« – da schreibt er also dazu: »Von ihrer himmlischen Stimme mir dem Seligen vorgesungen.«

»Es bruucht e Ma ze sellige Sache«, singt Maria ihm also in der Küche vor, nachdem sie ihn zunächst sehr kühl empfangen hat, der »Frau Heuser Brief wegen der Jungfrau Weber in Zürich war Schuld daran. Mir gelang es jedoch bald den Unmuth zu bannen.« Den Weihnachtsabend feiert er selig beim Tee mit »Nidle, Anken- und Honigwabenschnitten«. Und am Christtag empfängt er mit Maria Hopf das Abendmahl »nach dem Brauche, den Calvin angeordnet«.

Er genießt mit ihr die »Burgdorfer Hühnersuppe« und tanzt »selig heilige Tänze«. Manche Merkwürdigkeit notiert er sich. Etwa: »Frau Pfeifer meint, in Deutschland sei das Gras nicht so grün als in der Schweiz.« Oder der Züricher Singschulrektor Nägeli vertraut ihm ein Geheimrezept an, daß nämlich, wer Bäume pflanze, an Gesundheit und Lebensdauer gewinne und es auch nicht gleichgültig sei, »auf todten Sand oder in lebendiges Gras zu pissen«. Auch glaube er, Nägeli, man könne durch gewisse Bewegungen mit den Augen und Fingern Leute bezaubern.

Auf dem Rückweg über Zürich bespricht er mit Freunden

die Gründung einer »deutschen Gesellschaft für Sprachreinigung«. Er wohnt wieder bei Nägeli, besucht auch die Familie Heuser, kann aber die Jungfer Weber nicht allein sprechen, schreibt er sich selbst ins Tagebuch.

Er reist nach Konstanz und zeigt sich auch der strengen Schuldirektorin Hartmann und ihren Schülerinnen als kgl. bay. Oberleutnant. Über Ravensburg und Wangen kommt er endlich am 3. Februar wieder zu seinem Jägerbataillon nach Kempten. Ein schöner, ein kgl. bay. Urlaub! Er schreibt ins Diarium:

»Heute vor einem Jahr wurde ich Soldat. So gemächlich hoffte ich damals nicht 1815 zu erleben.«

Aber schon am 11. Februar heißt es: »Auf meinem eben vom Schreiner gebrachten Stehpulte, das ich am heutigen Tag, an dem ich vor einem Jahr zuerst Uniform trug und in Kempten einzog mit Marias und Wahrmunds heiligen Namen und für sie feierlichst einweihe. Möge was Großes, Förderndes auf demselben erarbeitet werden!«

Er gründet mit Erlaubnis des Obersten und der Kollegen Offiziere eine Schule, um »ohngefähr 40 Soldaten und Unteroffiziere im Schreiben und Lesen und so fort zu unterrichten«. Er sammelt zur Anschaffung von Schreibmaterialien über 30 Gulden. Und er studiert am Stehpult von ein Uhr mittags bis elf Uhr abends. »Besonders seit das Wetter wieder so winterlich geworden ist. Der Norden ist die wahre Heimat der Gelehrsamkeit.« Er betreibt Astronomie und lernt mit Freund Mettingh die Sterne kennen.

Aber die Idylle geht rasch zu Ende. Am 15. März eilen die Herren Offiziere auf die Post, die Zeitungen zu lesen. Sie trauen ihren Augen nicht. »Napoleon Bonaparte ist als Rebell erklärt, weil er mit gewaffneter Hand im Vardepartement Frankreich betreten und Verschwörungen anzettle und die Regierung zu stürzen suche ...«

Eine gewisse Begeisterung für Napoleon ist nicht zu verkennen in Schmellers Tagebuch, ein »crescit eundo, schon soll er in Grenoble sein. Die alten Perücken hatten schon alles wieder auf den alten Fuß gesetzt ... In Wien Feste ohne Ende, wenig Arbeit, Ländergier, die Menschen wie Vieh vertauscht ... Napoleon wird das elende Gesindel wieder in seine Winkel verscheuchen ...«

Das Jägerbataillon bricht auf gen Augsburg zu einer großen Visitation durch den General Deroy. Und dann geht es gemütlich, manchmal auch in anstrengenden Tagesmärschen über Donauwörth und Öhringen in vierzehn Tagen bis nach Heidelberg, wo Schmeller natürlich Universität und altes Schloß besichtigt. Er kommt gegen Georgi nach Kaiserslautern und weiter nach Zweibrücken und Katzbach, wo man dann in pfälzischen Dörfern den ganzen Mai über bis Mitte Juni im Quartier liegt. Und den Leuten zur Last fällt. Schmeller befreundet sich mit Pfarrer Weber von Miesau und Pfarrer Engelmann von Steinweiler und borgt sich römische und griechische Klassiker aus, Ovid und Plato. Mundartliche Notizen mehren sich. »Welch ein Etymolog ist Plato! Pelops heißt kurzsichtig im Handeln, pelas heißt nahe. Säen ist das Stammwort von setzen. Pflanzen, säen und setzen. Samen, Saat und Satz ...«

Von den Zweibrücknern hört er sagen: »Ich han gebb«, von den Würzburgern, die nun auch im Jägerbataillon dienen, hört er »Ich muß gebb«. Und er bemerkt dazu: »Der eine wirft en im Supin, der andere im Infinitiv weg.« – Sein Hauptmann nennt ihn einen Stubengelehrten. Und die armen Weber, die auch Einquartierung erdulden müssen, tun ihm mit ihren blassen Kindern in der Seele weh.

Bei einem Nachtmahl im Pfarrhause Weber wird politisiert über das Recht, Frankreich wegen Bonaparte zu bekriegen. Schmeller meint dazu, es gebe gar kein Recht als das Recht des Stärkeren, »solange sich die Staaten im Stand der Wilden gegen einander befinden ... vollkommen wird die Menschheit erst sein, wenn es keinen Staat mehr gibt ... bis das Erben geregelt ist, bis keiner mehr durch den Zufall der Geburt arm oder reich wird, ist es mir gleich, ob mein Vaterland Monarchie oder Demokratie etc. ist.«

Da haben wir schon die typische bayerische politische Wurstigkeit: »Uns is' wurscht wer uns regiert. Steuerdruck bleibt Steuerdruck. Es is um koan Laus net besser ...« So jammern die Leut immer gleich.

»Die Wurst, Wurscht, Wurt, ahd. auch wurst, kommt vom gotischen vaurst, von vaurkjan, was werken heißt. Die Wurst ist also ein Werk, die Bratwurst. – Bist du a gscheite Wurst (naseweise). Das ist mir Wurst, das ist mir gleichgültig. Den Sack mit der Wurst binden, sich unnütze Mühe machen. Wurst wider Wurst scheint sich auf das nachbarliche Zusenden von Würsten, wenn man im Hause geschlachtet, zu beziehen. – Bei dem seit 1350 üblichen Schembartlaufen der Nürnberger Metzger (Schem = Maske) in der Faßnacht spielte die Hauptrolle eine Wurst. Die anno 1658 in der Stadt herumgetragen wurde, war 658 Ellen lang und 514 Pfund schwer ... Der Wurst-Hans, ein Fresser bei Hans Sachs. Und bei Abraham a Sancta Clara heißt es: Mit seiner Wurst und ledernen Scepter eilt der Fastnachtsnarr auf die Gassen. – Wurst heißt endlich auch der Wulst am Mieder. Aus Ludwig des Bayern Zeit noch im Ilmthal bewahrt.

›Sie hamt lange Kittln an, d'Wurscht is houch obn
Voran hands schön bauschat und is do alls derlogn.‹

Ganz früher hat man auch Wurst zum Bursch gesagt, von der Studentenbursa. Die Pariser Wurst in Ingolstadt, die Bursa academica Parisiorum zu Ingolstadt. (Landsmannschaftliche Wohnung von Studenten.) Auf der Wurscht herumreiten, d. h. schmarotzen (von bursa zu bursa ziehen und nicht bezahlen). Herumwurstln in etwas, etwas durcheinander wursteln ... Verwurschteln, verzehren. Der Wurstel aber ist ein spaßhafter Mensch, gar ein Hanswurst.«

Bei allem Exerzieren und Evolutionenmachen wursteln die damaligen Soldaten auch »so dahin« und »ins Frankreich hinein«. Im Mai haben sie in der Pfalz noch eine Schießübung. »Die Compagnien schießen zur Scheibe. Unter 374 Malen, die von den Leuten meiner Abteilung losgedruckt wurde, versagte es 48 Mal und brannte es 27 Mal ab. Von den übrigen 300 Schüssen trafen nur 114 in die acht Schuh hohe und 14 Schuh breite Bretterwand, auf welche aus den Entfernungen von 150–180 Schritten geschossen wurde. Wie viel weniger Schüsse werden erst den Feind treffen ... viel zuversichtiger würden unsre Bauern mit tüchtigen Mordsternen handtieren.«

Am 19. Juni endlich sammeln sie sich bei Landstuhl, und über Zweibrücken ziehen sie in Divisionsstärke bei Bliskirchen gen Frankreich. Da verbreitet sich schon das Gerücht, Wellington soll Bonaparten geschlagen haben. Über Saargemünd, Dieuze kommen sie, ohne auf Widerstand zu stoßen, durch teils verlassene Dörfer bis Nancy. Da schreibt man allerdings schon den 1. Juli. Bei Chalons fühlt er sich auf den »Catalaunischen Gefilden«, und von seiner Compagnie fallen ob des anstrengenden Marsches immer mehr um und bleiben erschöpft liegen. Nur 14 Mann von 120 erreichen das vorgeschriebene Bivouacq. Entwaffnete französische Soldaten erzählen ihm, »daß Blücher als vorgestern um 10 Uhr Paris mit dem Bajonett erobert«. Gegen Morgengrauen sind seine Leute wieder nachgekommen und »frisch und munter«. – In La Houssaye wohnt er mit allen Offizieren im Schlosse des Duc de Castiglione. Er genießt die Bequemlichkeit und macht sich etymologische Notizen. Das »Spracheln« ist ihm wichtiger als der ganze Feldzug. Aber er schreibt alle Ausschreitungen der deutschen Soldaten in sein Tagebuch und schämt sich über jede unnötige Härte. Am 13. Juli 1815 berichtet er:

»Herrlich lebt sichs nach 3 Wochen furchtbarer Märsche und Bivouacqs in Augereaus Zimmern mit roten gewichsten Böden von sechseckigen Ziegeln mit feinen weichen Betten, schönen meist schlüpfrigen Kupfern und Gemälden, kurz mit fürstlicher Einrichtung, in dem herrlichen Laubengang Allee

Adele und in der Allee Castiglione, deren Etiquette Morell mit vandalischem Eifer zerschlagen. Um 11 Uhr wird zu etlichen 16 Gedecken a la fourchette dejeunirt, und von 7 Uhr bis 12 Uhr abends zu Mittag gegessen. Gewöhnlicher Tischwein ist Burgunder, dann erscheint kräftiger Bordeaux und Champagner. Der Haushälter Mr. Louis weiß nicht mehr, wo ihm der Kopf steht, besonders wenn auch noch die Paar Dutzend Bedienten zu rumoren anfangen ...«

Und als Morell eine wertvolle alte Karte von der Wand reißt »über einem Canape an der Haupttreppe, die im Vertrauen auf die Redlichkeit der neuen Gäste aufgehangen geblieben war ...«, konnte Schmeller seine »Indignation nicht verhalten«.

Der zurückkehrende Marschall Augereau (in Zivil) brachte die Kunde, »Bonaparte sei in Rochefort erdrosselt« worden. Aber »er zog ganz den stolzen Franzosen hervor – quinze ans de gloire! Fünfzehn Ruhmesjahre hätte Frankreich gehabt. Und gewiß, Sie haben uns jetzt besiegt, aber ihr seid unsere Schüler ... Ein unendliches Selbstgefühl hat der Franzos! ... Man fährt von hier in fünf Stunden nach Paris. Ich kehre nicht wieder, ohne es gesehen zu haben. Aber noch ist's strenge untersagt ...«

Er kommt in viele Bauernhäuser, und es gefällt ihm die Art der Zimmerküche oder »Küchenzimmer«, und er findet die lustigen Kinder und die netten Weiber und Mädchen, »selbst als Bäuerinnen so geschmackvoll gekleidet. Kurz, mir gefällt das schöne Frankreich und seine Bewohnerinnen. Desto widriger ist mir die rohe Wut unserer Soldaten gegen alles Französische – und gar der ekelhafte Vandalismus einiger meiner Kameraden Morell, Hauser, Momm und besonders Meisner ...«

Und er muß immerzu »spracheln«. »Unweit Montmirail ist ein Flecken Tronay. Ob Hagens Troneg? Jemand verleiden d. h. angeben gehört wohl zu verlauten ...«

Er verliert sein Portepee »in den Reben« und findet es

durch ein »seltenes Glück wieder« ... Sie werden verlegt, und er ist nun bei einem Bürgermeister einquartiert, aber die Preußen und die Russen sind schon dagewesen, und im Hause ist nicht mehr viel an Hausgerät. Trotzdem macht ihm der »ehrwürdige Greis Compagnon und besonders die nette aus Meaux hierher geflüchtete Victoire das Quartier in l'Etang zu einem meiner angenehmsten«.

Dann wieder vergleicht er seitenweise französische Wortwurzeln mit deutschen, spanischen, griechischen u. a. Stammsilben ... »auberge – albergue, aussi – auch, autre – alter, um petit brin – ein Bischen, geindre – weinen, ecraserschreißen, fleau – Flegel – fligo – Schlegel ...« usw. Er sprachelt unermüdlich.

Er hat aber nicht nur die Ohren, er hat auch die Augen offen. »Das Heu wird in Haufen (meules – Meiler) gesammelt, dann werden aus Heu mit einem fuseau Bänder (liens) gedreht und alles in Bündel (bottes) gebunden und so aufbewahrt. Nachahmenswert! Alles hat Sabots, selbst Dauphins schöne Adelaide hat ihre sockenbedeckte Füßchen in herzigen Holzschuhen stecken. Wahrlich bezaubernd ...«

»Nicht Wein sondern Cider ist das gewöhnliche Getränk eines großen Teiles von Frankreich ... Hühner werden Herden weise von kleinen Knaben und Mädchen auf den Feldern geweidet. Auch ein helfender Hund fehlt nicht ...«

Er findet eine Bibliothek und ein Buch »Monde primitif ou origine du langage«, über den Ursprung der Sprache und ist hingerissen. Er macht sich Aufzeichnungen über die mundartlichen Verschiedenheiten wenigstens der Aussprache des Französischen ...

»Mettingh und ich wohnen bei M. de Tarade, der eine hübsche Tochter hat ...« Aber er muß wieder umziehen, diesmal nach Courtenay, und er wohnt etliche Tage im Geburtshaus des Grafen Mirabeau. Er wird mit französischen Gelehrten bekannt und bekommt das etymologische Wörterbuch Menages geliehen ... Er gibt um Urlaub ein, um

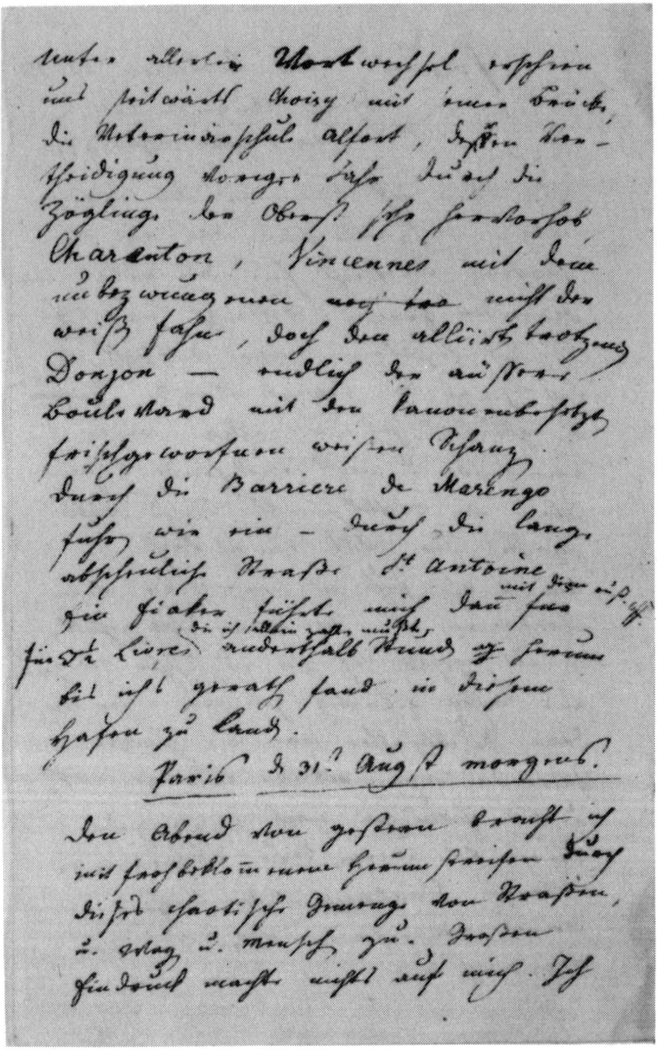

Eintrag im Tagebuch Schmellers vom 31. August 1815

hatte von allem schon Ähnliches gesehen
Als schreckliche Pulsschläge der, Unsterblichkeit
oder der zerstörenden Zeit, D. Anblick
des Menschheitlebens zittern Mauer-
siebe hinter Vorhängen am Triumph-
bogen des Carrousel – des Welteroberers
stolze Basreliefs ab. Flach wird
alles, was an napoleonische od. Repu-
blikanische Namen u. Thaten erinnert.
Wie die preußischen Gardemänner so
selbstzufrieden herumstehen u. herum-
streifen – wie bescheiden die, sich natür-
lich hängen lassenden, rothröckigen
Engländer mit ihren kleinen Säbeln
u. Hütchen. Ein ehrenhafter Berg-
schotte mit schwarzem Knie stand
am Kai des Louvre, ohne daß
er für jemand mehr eine Merkwür-
digkeit gewesen wäre.
Der Louvre hat frisch abgekratzt ein
schönes Ansehen. Die Tuillerien
sind noch schwarz u. rußig, u. mach
einen weniger freundlich Eindruck.
An den Kais gewährt Paris
einen prächtigen Eindruck

endlich nach Paris zu kommen. Andere Offiziere sind bereits in Zivilkleidern dorthin gereist und ohne Erlaubnis. »Ich fragte den Major, ob er's nicht wissen wollte, wenn auch ich krank würde und nach Paris ginge? Er versicherte: er wolle nichts davon wissen, aber alle Folgen kämen auch ganz auf meine Rechnung. Ich will sie tragen ...«

Er wohnt in einem kleinen Hotel für täglich 2 Franken und studiert eine gute Woche lang die Metropole Europas.

»Paris, den 31. August 1815 morgens

Den Abend von gestern brachte ich mit frohbeklommenem Herumstreifen durch dieses chaotische Gemenge von Straßen und Wagen und Menschen zu. Großen Eindruck machte nichts auf mich. Ich hatte von allem schon Ähnliches gesehen. Als schreckliche Pulsschläge der, Unsterblichkeit jeder Art zerstörenden Zeit, oder vielmehr des Menschheitslebens pickten Maurerhiebe hinter Vorhängen am Triumphbogen des Carusell – des Weltbeherrschers stolze Basreliefs ab. Flach wird alles, was an Napoleonische oder Republikanische Namen und Taten erinnert. Wie die preußischen Garde-Männer so selbstzufrieden herumstehen und herumstreifen – wie bescheiden die, sich natürlich hängen lassenden, rotröckigen Engländer mit ihren kleinen Kasken und Hütchen. Ein ohnehosiger Bergschotte mit schwarzem Bein stund am Kai des Louvre, ohne daß er für jemand mehr eine Merkwürdigkeit gewesen wäre.

Der Louvre frisch abgekratzt ein schönes Viereck. Die Tuillerien sind noch schwarz und rußig, und machen einen weniger freundlichen Eindruck. An den Kais gewährt Paris einen prächtigen Eindruck.

Le journal du soir! Voilà le Messager! Quarante-sept Regiments de Cavallerie! un sol!

Welch ein Gewimmel Abends im Palais Royal – welche prächtig beleuchtete Buden in den Gallerien! Und die Nymphen wie sie herumtrotten. Voulez-vous venir avec moi dans ma petite maison – oder je vous montrerai quelque de bien beau. – Wie sich Pärchen zusammentun, und nach jenen hin und wieder beleuchteten Dachstübchen verschwinden, oder im Dunkeln auf Sesseln sich einander was erzählen. –

Schön auf dem herrlich beleuchteten Boulevard de Coblentz das Gewoge hin und her. Hier zeigen sich die bessern Bewohner von Paris, besonders schöne Frauen, die mit Männern auf beiden Seiten auf Sesseln sitzend die in der Mitte rechts hin, links her spazierenden mustern und von diesen gemustert werden.

Die Cafe's und Restaurateurs zu beiden Seiten geben Erfrischungen ... Auf dem Platz der Tuillerien beguckte ich die Wachparade der silberbehelmten Gardes du Corps – der massiven Grenadiere Cent Suisses – ging dann im Fluge durch die Säle voll Wunder in der Gallerie des Louvre – ging ungerührt an den Erscheinungen der Kunst vorüber, um nicht zu versäumen eine Erscheinung des Lebens: Wie Ludwig der Vielbedrängte aus der Messe kommend sich dem ›vive le Roi, vive le bon Roi‹ rufenden und die Arme ausstreckenden Volke des Gartens der Tuillerien – daherwatschelnd vom Balkon zeigt und mit Hand und Geberde herzlich grüßt. Es war ½1 Uhr. Von da ging ich auf den Platz Vendôme, und bestieg mit einer Laterne versehen das großartige Denkmal, die Säule, welche Napoleon seiner ruhmschaffenden Armee errichtet. 130 Fuß hoch. Welch eine unermeßliche Aussicht über dieses Paris!«

Er besucht das Théâtre français und erlebt das Drama »Iphigenie« von Racine. Auch das Hôtel des Invalides muß er sehen und die vorsorglichen Dienste dieses Hauses bewundern, das 3500 verstümmelte Krieger gut verpflegt und betreut. Jeder Schritt erinnere an den großen Napoleon, dessen Bild an manchem Palast nur mit Mühe wegzuschaffen ist. Nach dem Theater kühlte er sich noch ein wenig im Palais Royal ab, einem Tanzpalast, wo aber die Nymphen sich ihm zu unverschämt anboten. Eine Dunkelhaarige erinnerte ihn an die Landrichterstochter auf dem Kemptener Garnisonsball. Er besucht Museen und Gärten und natürlich auch die Bibliothek, wo er den jungen Schlichtegroll trifft und andere Offiziere. Vielleicht auch die nach Märchen forschenden Brüder Grimm? – Im Louvre steht er lange Zeit vor der Königin der Gemälde, der Transfiguration. Nebenher die Belle jardinière und die Madonna de la sedia. Vieles ist nach dem heimatlichen Berlin und Wien zurückgegangen. »Mit Betrüben sehen die Franzosen diese Wanderungen. Mir selbst tat es weh, dieses schöne Ganze, das in einem so herrlichen Lokal, mit so viel Liberalität den Beschauern offen steht, zerstört und zerstückelt zu sehen ...«

Auf jeder Seite dieses Pariser Tagebuches glimmt sein Bonapartismus aus früheren Tagen auf. Warum nicht? Viele junge Deutsche haben damals auf zwei Schultern tragen können. Freilich nacheinander. Denn man fließt mit dem Strom. Als Beamter und Soldat gleich gar.

Auf dem Montmartre sieht er englischen Regimentern beim Einrücken vom Exerzieren zu, und es fällt ihm auf, daß sie die Gewehre waagrecht in der ausgestreckten Hand tragen. Er bewundert die von Napoleon rings um die Stadt angelegten riesigen Schlachthäuser und den Garten des Tivoli. Er begibt sich wieder auf die Bibliothek, wo er bedauern muß, wie dort ebenfalls von den »Reichtümern des gelehrten Schatzes«, die Napoleon für ganz Europa in einer Zentralbibliothek aufbewahren wollte, »nun auch vieles nach Wien und München zurückwandert«.

Am 4. September reist er in wehmütiger Stimmung »von meinem Paris« ab. In der Diligence sitzen auch französische Marinesoldaten, die über nichts anderes sprechen können als über den Kaiser Napoleon. Er kommt wieder in seiner Garnison an, und es passiert ihm nichts, während sein Kollege Oberleutnant Morell arretiert worden ist.

Sein frankophiler Enthusiasmus widerspricht der Sehnsucht nach deutschen Lauten, denen er auf dem Heimmarsch im Lothringischen von Dorf zu Dorf schon begegnen möchte. Aber das ist nur die Ungeduld des nach Sprachgrenzen forschenden Philologen. Mitte November nächtigt er bereits beim »filzigen Holzhändler Garnier père in Herschbach«. Aber niemand will Deutsch sprechen. »Wie heißt dies Dorf, fragte ich, deutscher Antwort triumphierend entgegen sehend, einen Bauern. Der schüttelt den Kopf. Man spricht hier, wo doch die Wasser schon dem Rheine zufließen, noch nicht deutsch. Selbst im Neste Schirmeck, in den deutschbenannten Dörfern Wackenau, Wackenbach, Schwarzbach, Steinbach, Hersbach herrscht ausschließend Lothringens Patois.«

Und doch trauert er der französischen Küche, der einfachen Glutpfanne, dem gedeckten Tisch auch in der einfachsten Hütte, den guten französischen Betten, den umgänglichen eleganteren Frauen und »so vielen hübschen Mädchengesichtern« aufrichtig nach. Durch die Rheinpfalz über Odenheim, Sulzfeld, Stammheim, Stuttgart, Schnaidt, wo er im Hause des Herrn Amtmannes Stierlin wohnt und bemerkt, daß Stuttgart eher ein klein- als großstädtisches Ansehen habe – und wo auch ein Fräulein Caroline zum Klavier spielte und tanzte und koste ... über Geislingen-Eislingen kommt er am 3. Dezember nach Röfingen ins Quartier beim Revierförster Martin. Er besichtigt Günzburg und kommt auch auf das Schloß der Frau von Greyerz, wo er die Bemerkung macht: »Ein allerliebstes aber abstoßendes Weib ist die Frau von Herder ...«

Über Augsburg kommt er am 17. Dezember endlich nach München und wird auf der Bibliothek durch seinen Freund Scherer gleich Zeuge, »wie eben aus Paris mehrere Bücherschätze eintreffen, z. B. eine sehr schöne Handschrift des Livius, mehrere prächtige Bibeln etc.« Und dann kommt ihm da auch gleich eine ahnende Zeile aus der Feder: »Scherer erfüllte mich mit Planen und Hoffnungen. Ich werde suchen

Urlaub hierher zu bekommen um einmal recht zu arbeiten.«

General Maillot lehnt aber sein Urlaubsgesuch ab. Schmeller muß zu seiner Einheit, die nach Salzburg garnisoniert wird.

Auf dem Weg nächtigt er in Rosenheim beim Zollnerbräu und trifft auch den Landrichter von Klöckl und den Aktuar Doppelmaier. Man unterhält sich über die Etymologie »Rosenheim«. Schmeller gibt sofort Auskunft: Rosenheim komme natürlich nicht von Rosen, sondern von Rosse und hieß ursprünglich Rossenheim: Gegend, wo man Pferde züchtet.

Unterm Datum des Heiligen Abend 1815 schreibt er ins Tagebuch:

»Eben von der großen Aufwartung beim wiederangelangten Kronprinzen aus dem Mirabell zurück. Der Offiziere war eine Unzahl. Der Prinz drängte sich herum mit vielen ein Wörtlein wechselnd. Der dicke Cuirassier Oberst mit der gewaltigen Stimme mahnte mich an Szenen von Wallensteins Lager.

Nun ist's entschieden, wer von den beiden Bataillons Commandanten uns haben soll. Der gediente, aber wiederausgetretene würdige, gemäßigte Major Lindheimer ist dem Major Graf Preising vorgezogen worden. Ich habe, bei Keßler, zufällig neben Lindheimer zu Mittag gegessen. Er scheint ein lieber Mann.

Diesen Nachmittag führte mich der Leutnant und Commandantschafts-Adjudant Julius Zerff, an den ich von Docen einen im Münchner Unterhaltungsblatt abgedruckten Aufsatz der 14jährigen Tochter des Stadt-Kommandanten Epplin mitgebracht hatte, zu einem gewissen Direktor v. Weissenbach, der als Verfasser des ›Brautkranzes und der Teutonia‹ einen starken poetischen Namen haben soll. Ich kam eben recht zu einem Gläslein Rüdesheimer, womit der joviale Alte ein Paar besuchende fremde Gäste bewirtete. Er soll den Baiern zu viel von Wien erzählen …

Um Mitternacht vom gewaltigen Klang aller Salzburger Glocken geweckt stand ich auf und ging in die Domkirche zur Mette. Mir war mehr leichtfertig als andächtig zu Mut. Ach Goldforelle ...

Ich habe den in Arreststande befindlichen Freund Morell nun einmal dem endlich ausgemittelten Bataillons-Commandanten übergeben können. Acht Compagnien sollen werden – dazu finden sich 68 Offiziere. Es ist wunderlich so einen nach dem andern kennen zu lernen.

Ich habe hier schreckliche Langeweile. So einzig schön die Gegend ist, kann sie mich nicht befriedigen. Die Weiber sind im Durchschnitt recht, recht hübsch, und so zutraulich! Ach Goldforelle ...!

Ich bin so verlassen auf meinem übrigens braven Zimmer. Das hat man auch in den vermaledeiten Gasthäusern. Ich hasse sie. Das Zahlen für die Bedürfnisse des Magens ist mir seit 9 Monaten ungewöhnt geworden und tut mir weh. Ich greife nun zum einsamen Abendbrot die große Salami-Wurst an, die ich im April in Augsburg gekauft und vom Feldzug unversehrt wieder heimgebracht habe ...«

Er bewundert des Fürsterzbischofs Sigismund von Schrattenbach durch den Felsen gehauenes 160 Schritt langes »Neues Tor« (te saxa loquuntur) und die Mosaikböden eines Fundamentes, das ehedem in einer römischen Villa gewesen.

Ganz besonders freundet er sich mit dem Bibliothekar des Stiftes von Sankt Peter an, mit P. Franz. Und da er auf seine Versetzung oder Beurlaubung nach München wartet, um an der Kgl. Bibliothek oder Akademie eine Anstellung zu finden, scheint ihm plötzlich das ewige Uniformtragen zu monoton (die teure Jägeruniform auch schon etwas zu abgetragen), und er greift die vom Sold gemachten Ersparnisse an und läßt sich beim Schneidermeister Gasparotti für 14 fl. und 30 Kreuzer einen prächtigen Zivilanzug machen. Beim Tuchhändler Stick erwirbt er dazu für über 33 fl. 3⅓ Ellen blaues

Tuch zu einem Überrock und 1⅓ Ellen hellgraues Tuch zu Pantalons zu noch mal 15 fl. und 30 kr. Dazu auch noch für 4 fl. 30 kr. Westenzeug; für insgesamt also über 53 fl. Tuch. Dagegen verlangt der Schneider nur 14 fl. 48 kr. Macherlohn, kaum den dritten Teil des Stoffpreises. Heute ist's grad umgekehrt! – Damals konnten die Weber und Tuchhändler noch einen Profit machen! – Ein Paar neue Schuh haben den Herrn Oberleutnant 1816 in Salzburg 8 Gulden geradeaus gekostet. Und für die Hemdkragenhalsbinde »von meiner Erfindung« zahlte er 1 fl. und 12 kr. Für den runden Hut 7 fl. 12 kr. und für das Wenden des grünen Uniformfrackes noch mal 6 fl. und 23 kr. Mit drei Hemden und Unterhosen und neuer Uniformhose extra kostete ihn die neue Ausstaffierung 106 fl. und 7 kr. Und 300 fl. hatte er sich von dem nach dem Frankreichfeldzug ausbezahlten Gehalt zurückgelegt. Er muß sich beinahe vermögend vorgekommen sein. Hat auch nach Aufzehrung seiner Salami wieder in den Gasthäusern gegessen.

Er macht Ausflüge, besichtigt den Steinbruch am Untersberg und empfindet ein Mitleid mit den dortigen Steinhauern, die nur einen Taglohn von 24 kr. haben. (Der Gulden immer zu 60 Kreuzern gerechnet, müssen sie also fast 3 Tage arbeiten für den Gulden! – Wo wir wieder bei einem heutigen – 1985 – zu vergleichenden Kurs des kgl. bay. Gulden von ungefährer Kaufkraft von 75 Mark wären. Ein schwieriges Rechnen bei der damaligen Billigkeit der menschlichen Arbeit ...)

Schmeller verläßt Ende Januar 1816 Salzburg in sehr angenehmer Erinnerung. Sein Schulfreund Stölzl betreibt in Bergen eine Schmelzhütte. Er kommt gerade recht zu einer Katastrophe, denn 8000 Fuder Kohlen sind dem Freund abgebrannt. Er hilft die Nacht über, die arbeitende Menge »mit in Ordnung zu halten«, und geht dann nach Traunstein, um am 24. Januar in Stein den Postwagen nach München zu erwarten. Und nun ereignet sich eine bezaubernde Liebesgeschichte in dieser Postkutsche ... Schmeller vertraut das süße Geheimnis der Verschwiegenheit seines Tagebuches an, als kräftigendes Erlebnis zum bleibenden Gedenken für spätere Jahre. (Er hat als Sechzigjähriger gern seine alten Diarien nachgelesen!)

Er steigt in die Münchner Kutsche, und niemand sitzt darinnen als ein »junges, hübsches Mädchen, das Nanny Weigand heißt und aus ihrer Heimat bei Schweinfurt dem Lieutnant von Delling vom 2. Regiment nach Salzburg nachgezogen und nun, wer weiß wie, wieder abgedankt ist. Ich konnte nicht umhin mit dem Donnersmädel etwas leichtfertig zu sein, und so weit ists gekommen, daß sie nun auf meinem Zimmer und nicht mehr von mir fortzubringen ist. Was mich das in die Klemme bringt! – Die im Hause zeigen noch recht auffallend, daß sie Unrat merken ...«

In Wasserburg nächtigten sie bereits in einem Zimmer. In München stieg der Herr Oberleutnant »mit Gepäck«, wie damals auch manche Kavaliere sich in die Fremdenbücher einzutragen beliebten, beim Filserbräu ab, dann im »Goldenen Kreuz«, wo er täglich 36 kr. bezahlte. Schließlich fand er durch Inserat ein Zimmer bei der jungen Witwe des »ausgezeichneten Porzellan Malers Auer von Nymphenburg, der erst im 20.sten Jahr vom Metzgergesellen die Kunst zu lernen angefangen. Im Hause Nr. 243 im 3. Stock auf dem Platze ...«

Aber die Witwe Auer duldete das Schweinfurter Frauenzimmer nicht in ihrer Wohnung. Schmeller konnte die Nanny »bei der Hoboisten Witwe Führerin in der Sendlinger-Gasse« unterbringen. Das Verhältnis ging noch eine Weile dahin, bis sich die junge und etwas energische Frau Julie Auer, Mutter zweier kleiner Buben, des vierjährigen Franzl und des zweijährigen Max, in eigener Person mit dem literarischen Oberleutnant enger vertraut macht. Bald darf Schmeller die Nanny Weigand überhaupt nicht mehr sehen. Noch nach Jahren wirft er das seiner Hausfrau Julie vor und will sie nicht heiraten. Weil sie eben ihn, den Unerfahrenen, so intrigant von der vielleicht doch herzensbesseren Nanny getrennt hat, ja beim Kaffee bezirzt hätte ... Und auch nachdem sie ihm das Töchterchen Emma geboren, seinen Augapfel, mag er sie noch lange nicht zur Frau Schmeller machen, denn er ahnt, nicht zuletzt wegen ihres unleidsamen und bösen Betragens seinerzeit zu dem Schweinfurter Mädchen, das Abgründige ihres berechnenden Herzens.

Aber in diesen Februartagen des Jahres 1816 hat er viele Gänge zu machen. Sein alter Freund, der Bibliothekar Scherer, der »sich recht biedersinnig verwendend mir den Vorschlag machte, geradezu ein ostensibles Zeichen meines Strebens, ein baierisches Idiotikon vorzunehmen«, führt ihn auch in die Akademie ein. Aber zu alldem braucht er einen »unbestimmten Urlaub hierher nach München mit Beibehaltung der ganzen Gage«. – Und Schmeller hat wieder Glück. Der Kronprinz Ludwig hat dem Unternehmen seine Hilfe zugesagt. Die Herren Akademiker, allen voran ihr Vorsitzender Schlichtegroll, nehmen den Wörterbuchschreiber als Hilfsarbeiter in ihre Reihen auf, können freilich noch kein Gehalt zulegen. General Raglovich zeigt sich von der verständigsten Seite, da er ihm freundlich zu verstehen gibt, die Beurlaubung zum Zwecke der Erstellung eines baierischen Idiotikons unter Beibehaltung des monatlichen Oberleutnantsgehalts von 41 fl. könne bewilligt werden, »denn es ist besser, daß Sie dem Staat auf diese Weise nützen, als daß Sie rechts- und linksum machen«.

Der quieszierte Oberleutnant stürzt sich nun gleich mit Begeisterung in das »Sprachsammeln«. – Er wird zunächst an den alten Freiherrn von Pallhausen verwiesen, der mit seiner jungen Frau in Schönfeld ein beschauliches Leben führt und über die Herkunft der Baiern forscht, ja alle Erkenntnis seiner fixen Idee opfere, »daß nämlich die Baiern von den gallischen Bojen abstammten, und den Ableitungen bairischer Ortsnamen aus dem Keltischen und überhaupt der geschichtlichen

Verherrlichung der Baiern vor allen Völkern Deutschlands – gegen die Beeinträchtigung von Lang und Mannert – seine kränkliche Muße weiht. Ein gerader, derber, wackerer Mann!«

Gern »sprachelt« er mit Freund Scherer. Manchmal von 6 Uhr abends bis 11 Uhr. Wobei der Jugendfreund aber meist von seiner Liebslingsarbeit redet, von den »letzten Dingen und vom ewigen Juden«. Er trifft sich mit anderen Klassenkameraden in dem alten, von uns »vor 13 Jahren besuchten Kaffeehaus«. Es sind schon alle Themen vorhanden, die romantisch-deutschen und die häßlich-nationalen!

Um die Zeit, er steht schon ganz unter dem Einfluß der Frau Auer, glaubt er sich von der Nanny mit einer Krankheit beschenkt, er nennt sie »Sarna« – das soll damals eine Art harmloser Ausschlag an unaussprechlicher Stelle gewesen sein. Der Philologus heilt diese »Sarna«, indem er auf die Bibliothek eilt und in »Kürnitz Encyclopädie Band Kl, dann Kraut – und endlich ungeduldig, mich fast verratend, Kraus bringen lassen und über den Punkt nachgelesen. Ein Töpfchen Bergamott-Pomade – weißer Vitriol auf Schwefelblumen«.

Ein königliches Reskript beurlaubt ihn endlich unter Beibehaltung seiner vollen Gage und kommandiert ihn ab zum bayerischen Wörterbuchschreiben. Und schon am 17. März empfängt ihn der Kronprinz zur Aufwartung.

Er befindet sich in bester Gesellschaft. Am Fastnachtstag wird er zur maskierten Akademie eingeladen. Er schaut sich behaglich die Königin mit ihren sechs Töchtern in der Loge »gleich montirt wie Orgelpfeifen sitzend« an und bewundert auch »die herrliche Augusta in ihrer schönsten weiblichen Würde am Spieltisch«. Während ihr Mann, der Vizekönig, mit allen Frauenzimmern herumschäkert. Kronprinz Ludwig aber in seinem Domino wird von Oberleutnant Schmeller sofort erkannt, denn dieser Domino steigt »durch die Menge, bald da bald dort einem was ins Ohr zischelnd. Der König setzte sich hinter seine Töchterchen ... Abends ging ich ins Hoftheater auf den Maskenball. Walzer von so einem Orchester abgedonnert sind was Herrliches. Ich beschaute vorzüglich wieder die herrliche Augusta ...«

Am Sonntag, den 17. März 1816 empfing ihn dann der Kronprinz persönlich, um ihn in seinem Amte als kgl. bay. Sprachforscher geradezu zu bestätigen. Schmeller berichtet über diese »Aufwartung« recht ausführlich.

»Diesen Abend war ich zur Aufwartung bei'm Kronprinzen. Es befanden sich da mehrere Generäle, Hofschranzen etc. Ich hatte unterm Tschako, was der sorgende, wackere Scherer mir zu diesem Zweck gestern auf der Bibliothek mitgegeben – Kanne's Verwandtschaft des Griechischen und Deutschen und dann einen versiegelten, vom Kronprinzen zu unterschreibenden Aufsatz, wodurch Er mir erklärt, zur Bearbeitung eines Werkes über die Sprache der Baiern zwei Jahre lang jedes Jahr 500 Fl. Zulage zu geben, und wodurch er die Mitglieder der Akademie Direktor Schelling, Ritter Koch-Sternfeld und Bibliothekar Scherer mit einem nach jedem halben Jahr zu erstattenden Bericht über meine Arbeit beaufträgt. – Bei'm Herumgehn an den einzelnen Aufwartenden kam er auch zu mir, der bescheiden zunächst der Türe stund. Wie heißt der Oberleutnant? Schmeller! sagt' ich mit lauter Stimme. Ah Sie! sagte Er. Ich übergab ihm die Sachen. Er fragte verschiedenes, unter andern: wo ich her sey? Aus der Oberpfalz, königliche Hoheit! – Ah die Oberpfälzer sind durchtriebene Leute, sagte er, sich zu meinem Nachbarn verfügend. Am Ende kam er nochmals zu mir – fragte, was ich vorher (er schloß aus der freiwilligen Jäger-Uniform auf kurze Dienstzeit:) gewesen? – Erzieher – Ah Sie waren in Spanien, und in der Schweiz! – Ja, ich hatte das Glück, vor zwei Jahren aus der Schweiz kommend Ew. k. H. mich vorzustellen. Ja wohl, ich besinne mich. Die Uniform hat Sie mir unkenntlich gemacht. Hat die Schweiz ein Idiotikon? – Ja, ein sehr gutes von Stalder. Hat

Schwaben eins? – Ein Schmid in Ulm hat eines fertig, ich weiß nicht, aus welchem Grunde er's noch nicht dem Druck übergeben. – Kennen Sie die verschiedenen Dialekte? – K. Hoheit, sie waren seit Jahren mein Lieblingsstudium. – Hat also Baiern noch kein solches Werk? – Baiern hat eines, das von Zaupser, aber es ist sehr unvollständig. – Nun, Sie werden schon wissen, vom April an! –

Ich verneigte mich. Er begrüßte die Gesellschaft und begab sich mit einem der Bebänderten zu besonderm Gespräch in ein inneres Gemach. –

So wäre ich nun ein Mann von 900 Fl. jährlicher Besoldung! Sie verdienen sey meine dringendste Sorge. O Gott nun kann ich meinen Lieben zu Rimberg und Burgdorf mit dankbarer Hilfe erscheinen. – Was wäre ich aber ohne Scherer? – Jour habender Oberleutnant im ersten Jägerbataillon ...«

Schmeller hat in seiner Widmung dem König von Bayern nicht geschmeichelt, wenn er formuliert: »Seiner Majestät, dem König Ludwig von Bayern, dem großsinnigen Veranlasser dieses Versuches über Sprache, Art und Sitte seines Volkes, in tiefer Ehrfurcht und Dankbarkeit gewidmet.« Wenn auch der mäzenatische Geist des Königs der Schmellerschen Beurteilung manchmal schier unbegreiflich wird, der König bleibt dem Wörterbuchschreiber gewogen.

Andrel, dein Gschäft is nix

Dös is a Freud, du moanst aus is', es ist eine übergroße, eine entsetzliche Freude. Dem Routn'Rel sein Herzenswunsch ist in Erfüllung gegangen, er darf nun als ein Berufener »sprachen«. Auch mit dem Einkommen müßte es jetzt stimmen. In der Titulatur muß er sich zwar noch mit dem Oberlieutenant begnügen, aber deszweng werds na schon aa net glei aus sein, deswegen ist es nicht gefehlt. Und er hat schon viel vorgearbeitet, kennt die meisten Glossarien und gedruckten Idiotiken, sogar solche, die noch nicht gedruckt sind. An Andrel derwischt koan anderner Wörterbuachschreiber nimmer, er is schon über neun Berg aus.

Schon drei Jahre später, noch ehe die Mundarten Bayerns, grammatisch dargestellt, erscheinen, vermerkt er in seinem Tagebuch, daß er im großen und ganzen das Wörterbuch schon fertig habe und daß er von nun an die einzelnen Artikel nur noch mit Beispielen anreichern brauche, aus Urkunden und alten Dichtern gezogen.

Er macht sich auf die Wege, durchstreift sein Vaterland nach der Kreuz und nach der Quer, reist ins Oberland, ins Gebirg, bis Berchtesgaden und Salzburg, nach Tölz und Lenggries, Mittenwald und Garmisch, kehrt bei Förstern und Pfarrern ein, unterhält sich mit Kellnerinnen und Handwerkern, mit besonders lustigen Hochzeitsladern und mit bekannten Schnaderhüpfelsängern. Er notiert sich Tausende von Redensarten, erklärt dieselben schriftdeutsch, nach der Art der Philologen, was den mit unserer Sprache Vertrauten manchmal geradezu zum Lächeln bringt. »Es geht auswarts, es geht gegen den Frühling! der Auswarts, das Frühjahr. Is no lang hin bis an Auswarts, d'Fuaderaschi muaß mar antragn!, sagt der Bauer um Lichtmeß mahnend zu seinen Dienstboten ...«

»Aiss-gehn, ausgehen, spazieren ... sollte sich im Oberpfälzischen huzzn-gejn das alte uzzan (außen) bewahrt haben? Ähnlich wäre dann das hoßen-gehn der Unter-Donau und die Austreib-Partikel: huß, huß ...«

Wo man es aufschlägt, wird man fündig: Es und der alte Dualis iz! Das ist überhaupt ein eigenes Kapitel in seiner grammatischen Darstellung, daß er zur Einzahl und Mehrzahl auch noch die Zweizahl kennt, zum Singular und Plural auch noch den Dualis. Mir statt wir hört man da noch oft zu Schmellers Zeit. Und auch »tir statt ihr« trifft er, wie er in seiner Grammatik im Paragraph 721 angibt. (Und auch an vielen Stellen des Wörterbuches.) Mich, den Zusammensteller dieses Büchleins, wundert das nicht, denn diese Redensarten haben sich auf dem Land noch bis in die Gegenwart erhalten. »Mir mögn nimmer«, sagt ein Bauer zum Advokaten, der ihn etwa ermuntert, den Prozeß jetzt doch noch weiterzuführen wegen der Beleidigung seiner Bäuerin. Er schüttelt den Kopf und sagt: »Na, mir mögn nimmer«, wir beide, meine Frau und ich, wir mögen nicht mehr prozessieren ...

»So, ös mögts nimmer?« Solche Dualisformen sind noch lebendig, auch wenn sie als Suffixe, als Anhängsl, an Pronomina und Konjunktionen hängen. »Wißt's was? – wißt ihr, was? (Hört zu, ihr zwei.) Enkan Prozeß mögt's nimmer führn? – Na kinnt's mi gern habn ...«

Auch im Isländischen komme der Dualis noch vor mit ir und iz, mit eß und tiz und enks ... Dazu bemerkt Schmeller in den Mundarten Bayerns, daß es eine merkwürdige Tatsache sei, wie sich diese uralten Dualisformen gerade in einem der nördlichsten und in einem der südlichsten Teile des germanischen Sprachgebietes noch so lebendig erhalten haben. Freilich würde die alte Dualisform bei uns jetzt meistens als gewöhnlicher Plural gebraucht. »Mir habn an neiha Pfarrer« etwa. Aber das mache nichts, meint Schmeller, denn im Griechischen sei es nicht anders. Ebensowenig zu verwundern sei es, daß ink, eigentlich ein Dativ oder Akkusativ, an der Nab etwa auch als Nominativ gebraucht würde und der Nominativ inks als Dativ vorkomme ... Schaamts ink dent, ös Rotzpiepna, ös derpunztn!

Und was mir an der Schmellerschen Grammatik am besten gefällt, das ist das weibliche Pronomen der dritten Person, das is. »Is waar koan Grobe«, sie is keine Häßliche, »is is a geldige gwen, die nei Bäurin«, sie ist eine reiche gewesen, die neue Bäuerin. Oder: »Er gang ja, aber is!« Er, der Mann, sei ja ein recht gutmütiger Mensch, aber sie, die Frau Gemahlin, ist halt ein Mistvieh! – »Eahm kriagert ma schon uma, aber is halt, is macht üns an Strich durch d'Rechnung.« Mit ihm könnten wir das Geschäft zum Abschluß bringen, aber sie wird es zu verhindern wissen. Wegen dieses altmodischen Pronomens der dritten Person weiblich ist mein Großvater schon ausgelacht worden. »Is, dein Wei, d'Groußmouter, is ja schon gstarbn, Groußvater! Was hast denn allweil mit deiner ›is‹!«

Darum freut mich dieses »ostlechische is« in der Schmellerschen Grammatik ungemein. Und er führt die eigene weibliche Form auch im Plural auf: is, d'Weiber ... Und im Akkusativ kann man sogar noch das Suffix 's anhängen. Etwa in dem Beispiel: »Er nimmt se's«, er nimmt sie zur Frau (die Ehefrau wäre da bereits im Suffix enthalten).

Das waren persönliche Anmerkungen über die süße Vorzüglichkeit von Schmellers erstem Teil seines Wörterbuches, der bereits 1821 im Druck erscheint unter dem Titel »Die Mundarten Bayerns grammatisch dargestellt«.

Und hätte diese bayerische Grammatik auch schon 1819 erscheinen können, wie die vielzitierte deutsche Grammatik Grimms, wenn der Verleger Schmellers, Karl Thienemann, und sein Setzer und Drucker, Herr Rosa in Augsburg, nicht gar so lange gebraucht hätten! Schmeller ist darob schier verzweifelt und verbrachte mehrere Monate in Augsburg, um den schwierigen Satz stets überprüfen zu können, er hat es gar durchgesetzt, daß eigene Buchstaben und Schriftzeichen gegossen worden sind. Und immer wieder entdeckte er Fehler, reiste wieder und wieder nach Augsburg ... Die Worte waren ihm wirklich Grund und Boden. Er ließ keinen Quadratzentimeter dieses Sprachbodens verunstalten. (Zum Trost hat er in Augsburg wenigstens schöne Faschingstage verbracht, wo er die ehemalige Königin Hortensia getroffen.)

Es hat so sein müssen, daß die großen Wörterbücher in der ersten Hälfte des vergangenen Jahrhunderts geschrieben worden sind. Heute wäre es zu spät. Die Sprachen sind zwar im Fluß, sagt man, doch mittlerweile ist aus diesem Sprachfluß ein alles verheerender Kauderwelsch-Strom geworden. So ist es kein Zufall, daß die Wörterbuchkommission bei der Bayerischen Akademie der Wissenschaften an einer Fortsetzung der Schmellerschen Arbeit nun schon über siebzig Jahre arbeitet und sich dabei schwertut, all die eifrig gesammelten Wörtergüter in einer entsprechenden Endfassung darzustellen. Welche Worte sind noch am Leben? Welche sind wann und wo neu aufgekommen? Welche davon sind schon wieder unmodern geworden? Wie mißtönend verderbend stinkt es in der alltäglichen Massen-Journaille! Wie noch schlimmer in Wissenschaft und Bürokratie!

Zu Schmellers Zeit war das Volk sich noch nicht bewußt, daß es schön geredet hat. Da hat no a jeder a so gredt wiar er denkt hat. Aa wenn er glogn hat, hat mas eahm onkennt. Und a jeds Wartl hat a Gfuihl ghabt.

> »Frisch aufi auf d'Alma, gschwind eini as Gwent
> Und daß mi mein Dirndl am Juchezn kennt!«

Ist so ein jagerisches Almaliadl nicht von einer ähnlich drängenden, ja ungestümen Sehnsucht wie jenes berühmte Goethesche Liebeslied auf Friederike von Sesenheim: »Es schlug mein Herz, geschwind zu Pferde! Es war getan, fast eh gedacht ...«? – Nicht nur auf d'Alm aufi, noch höher hinaus, glei' eini as Gwent stürmt der verliebte Schütz. Und die zweite Zeile vertraut darauf felsenfest und raffiniert zärtlich hoffend zugleich, geliebt zu werden: »... und daß mi mein Dirndl am Juchezn kennt!« Und das, das heißt soviel wie »wetten daß' mi kennt?«.

Wenn man zwei so schöne Verse hört, tut es einem leid, daß jener angedeutete Plan Schmellers – niedergelegt in dem Aufsatz an Kronprinz Ludwig »Gedanken über ein zu bearbeitendes Bairisches Idiotikon« vom Februar 1816 –, nämlich die bairische Sprache in den Rang einer selbständigen Landessprache zu erheben, damals halt doch nicht verwirklicht wurde. Damals hat Schmeller vorübergehend daran gedacht, aus den verschiedenen Mundarten Bayerns, aus den schwäbischen, pfälzischen, fränkischen und altbairischen Dialekten eine einheitliche bayerische Sprache zu schaffen. Man bräuchte dazu nur ein Wörterbuch und eine Grammatik in den Schulen einzuführen!

In jenen Gedanken legt Schmeller wörtlich dar: »Man ist gewöhnt, auf jede Mundart, die nicht mit der einmal angenommenen Schriftsprache übereinstimmt, mit Verachtung herabzusehen. Darin geht das Streben nach Einheit wahrlich zu weit. Was in Vergleichung mit einem angenommenen Muster abweichend und fehlerhaft ist, kann auch für sich selbst bestehend und als einzig rechtmäßiges Muster gedacht werden. Es braucht weiter nichts, als daß der Wörtervorrat unserer Mundart gesammelt, ihre Regeln wissenschaftlich aufgestellt, und in ihr geschrieben und gedruckt werde, um sie selbständig in die Reihe der Sprachen zu setzen, wie wir es z. B. an der portugiesischen hinsichtlich der spanischen sehen, ein wenig auch am Schwyzer Dytsch, und besonders an der holländischen, die sich stolz neben die hochdeutsche Stammhalterin hinstellt. Solch eine gänzliche Abtrünnigkeit und Selbständigmachung der bairischen Sprache tritt aber andererseits dem Streben nach der Einheit der Deutschen in den Weg ...« So Schmeller im Februar 1816. Wäre man dem Streben nach der Einheit der Deutschen bereits damals in den

Weg getreten, wieviel wäre den Völkern der Welt vielleicht erspart geblieben!

»Kleine« Sprachen, also Sprachen, die von wenigen gesprochen werden, können sich ohnehin reiner erhalten. Das Gesamtbairische wäre, unter Berücksichtigung des Schwäbischen und Fränkischen, eine wohlklingende oberdeutsche Mundart geworden.

Mit des Königs vertrautem Bibliotheksdirektor Lichtenthaler, mit den Akademikern Schlichtegroll und mit seinem Freunde Scherer hat der bayerische Wörterbuchschreiber – wie obige Stelle beweist – solche Gedanken besprochen. Daß man das Gesamtbairische dann doch nicht verwirklicht hat? – Vielleicht nicht nur wegen der gesamtdeutschen Höhenflüge der romantischen Seelen. Wahrscheinlich auch, weil Schmeller einmal zu bedenken gibt, daß dieses Gesamtbairische dann etwa so ähnlich klänge wie eine Art Nürnbergisch. A Sprach für Ferschtn und Meistersinger.

Daß unsere bayerische Mundart eine Landessprache abgegeben hätte, ist außer Zweifel. Unser Wortschatz ist umfangreich genug, das beweist Schmellers Wörterbuch. Und unsere Grammatik kennt mehr Regeln und Ausnahmen wie die deutsche Sprachlehre. – Weil wir halt immer schon zugleich auch gute Deutsche gewesen sind, ist es gottlob leider nicht soweit gekommen!

Das Bairische ist und bleibt eine Mundart. Nicht irgendein Dialekt, dem nur durch Aussprache und Tonfall, durch »regelwidriges« Verwechseln langer und kurzer, heller und dunkler Vokale, durch Verschlucken von Konsonanten, durch Nasalieren und Moussieren, eine geringe Eigenwilligkeit zukäme, nein, das Bairische ist von Haus aus eine Mundart mit dem Charakter einer selbständigen Sprache. Aus politischer Bescheidung beansprucht sie nur den Rang einer Mundart. Es ist ein Zeichen ihres Verfalles, wenn sie zum bloßen Dialekt herabsinkt. Ist dieser Verfall nicht mehr aufzuhalten? Innerhalb der letzten hundert Jahre ist mindestens ein Drittel, wenn nicht gar die Hälfte des bayerischen Wortschatzes vergessen worden. Dieses Vergessen geschieht ohne Schuld, wenn wir von jenen Eltern absehen, die ihre Kinder vor jeder Berührung mit dem Dialekt ängstlich bewahren und für jedes »ordinäre« bajuwarische Wort, das sie heimbringen, eher strafen als loben.

Es ist allerdings eine Gegenströmung zu spüren. Zahlreiche Leut bemühen sich wieder um gute, alte, klangvolle bayerische Worte, meiden die dummen Entgleisungen der Massen-Journaille. Ich kenne Vereine, die von ihren Mitgliedern Geld für die Vereinskasse verlangen, wenn etwa ein »Spitze« gerufen wird.

Vielleicht reden eines Tages gar die Zugereisten bayerisch? Und die vier originelleren Bände Schmellers verweisen die 32 Bände des Grimmschen Wörterbuches der Deutschen Sprache auf den zweiten Platz, auf dem sie, nicht nur der Priorität nach, ohnehin stehen.

Freilich sind es die Dinge selbst, welche die Sprache ändern. Redewendungen wie: »Dös bsuffa Wagnscheitl dös!« oder »Der lüagt wiar a Bot« können heute kaum mehr verstanden werden. Denn das Wagenscheit ist unnütz geworden, und der Beruf des Boten, der mit Roß und Wagen vom Dorf her in die Stadt fährt und eine Art kleiner Fuhrunternehmer war, wird nicht mehr ausgeübt. Heut müßte es heißen: »Der fahrt ja, wia wenn er zwoa Promill im Bluat hätt!« Oder: »Der lüagt wiar a Kandidat im Wahlkampf.« Mit den Sachen schwinden die Worte. Technik und Handel bringen neue Namen und Benennungen. Wer kennt no' an Deichslarm und wer an Roßkammet? Wer an Schwoafream und wer die Bruach?

Gerade die Bruach wäre es wert, daß sie wieder in die Umgangssprache eingeführt würde. »Geh, Weibi, bring mar a frische Bruach!« Um einen Deut uriger, lustiger und freudiger wäre die Sprache ob dieses einzigen Wortes, das leicht wieder lebendig gemacht werden könnte. Es bräuchten die

Kaufhäuser und eleganten Wäschegeschäfte nur wieder »Bruach« schreiben, und sogar im Werbefernsehen könnte man reizende Damen-Brüach vorführen ...

Schlagen wir in Schmellers Wörterbuch nach: Bruach ... Es steht eine ganze Seite über die Bruach darinnen. Man muß die Seite nur finden. Denn der praktische und hochgelehrte Philologe Professor Dr. Johann Andreas Schmeller hat die Worte nach einer eigenen alphabetischen Ordnung zusammengestellt. Nicht gleich mutlos werden und am Ende des zweiten Bandes das schriftdeutsche Verzeichnis benützen! Zwischen hartem P und weichem B unterscheidet er nicht. Für ihn gilt der zweite und manchmal erst der dritte Buchstabe. Suchen Sie also die Bruach (oder die Brüech) nicht unter der Ba-Abteilung, auch noch nicht unter Bra ..., Bre ... oder Bri ...! Natürlich auch nicht unter Bla ... und Blu ... Da finden Sie noch nicht die gewünschte Stammsilbe des gesuchten Wortes.

Nicht nervös werden, das Suchen und Nachschlagen anhand dieser etymologischen und historisch-phonetischen Ordnung bildet sehr, macht Sie schon zu einem halben Germanisten der älteren Abteilung. Zumal man sich zwischendurch den Blick immer wieder ablenken läßt durch zufällig in die Augen springende interessante Glossen. Wie etwa Bluet, ahd. pluot, mhd. bluot – und er bringt gleich die uns nicht mehr geläufige Redensart »'s Bluat rinnt zsamm, hat der Schneider gsagt und hat an Goaßbock in der Mueltern abgstocha«, was sagen will, daß Verwandte sich einander nicht verlassen, wenn man auch nur so verwandt ist wie Schneider und Geißbock. Ein spitzbübischer Spruch, denn er kann auch heißen: Auf die Verwandtschaft ist doch auch wieder kein richtiger Verlaß, denn die uns unbekannte »Muelton« ist nichts anderes als die fleischige Mulde, die Krumpe des Bocks bzw. auch dessen Weichteil; und das Stechen in diese Muelton (oder Multern) ist zwar gefährlich, aber nicht gleich tödlich. Der aufgeregte Schneider, der schon vom »Bluetrinna« spricht, hat also den Bock nicht richtig getötet. Etwa aus Mitleid?

Die Sprüche der Alten erlauben viele Deutungen und sind doch genau. Der »heili' Bluetstag« war einmal der Fronleichnamstag ... Man vergißt fast die Bruach, die wir ja eigentlich suchen wollen. Man blättert weiter. Endlich geht sie her. Zwischen »sich brüchig heben« und einem »brüchign Land«, einem schlechten Ackerboden, und der »Brächsn« oder »Bracksn«, einer Handhacke, findet man eineinhalb Spalten über die »Bruech« oder »Bruach«.

Also die Bruach, das ist von Haus aus eine Hose, eine leinerne Unterhose gar. Das Wort ist verwandt mit den englischen vornehmen Breeches-Hosen. Von der Vornehmheit merkt man im Bairischen wenig. »Je größer der Arsch«, zitiert Schmeller in der nächsten Zeile als Beispiel aus einem alten Predigtbuch, »je größer der Arsch, desto größer die Bruach.« Oder wie es auch in einer katholischen Predigt aus der Lutherzeit heißt, etwas bös wegen der fleißigen Verehelichung so vieler Prädikanten: »Die neuen Apostel wollen mit Kindermachen in den Himmel kommen, sie habn eahna Evangelium im Maul, den Teufl im Herzen und den Geist in der Bruach.« Ein Pater von Kloster Seeon schreibt in einem Predigtmärl: »Weil du die Schueh geputzet hast mit der Bruach ist dein Einwendiges dreckiger wie deine glitzernde Livree!«

»Hemd und Bruach sollen sein rupfen Tuach«, heißts in einer uralten Kleiderordnung. »Er läßt liegen auf der Frauen Bett sein Bruach«, führt er aus einer anderen peinlichen Liebesgeschichte an. Manche Beispiele sind noch derber. »Der Pfaff stund da und hätt kein Bruech nit an.« Bei Hans Sachs aus Nürnberg findet er in den Fastnachtspielen: »Nun ich dein Bruech gewunnen han ...« Und Martin Luther sagt in einer Predigt gar einmal zum Teufel: »Ich hab in die Bruch geschissen, hängs an Hals und wisch's Maul dran!« Man kann solche Zitate kaum alle lesen, so kräftig klingen sie. Die

Sprache der Alten war halt allerweil treffend und direkt gewesen.

Aber dem gebürtigen Tirschenreuther Kürbenzainersohn, dem Herrn Professor Schmeller, macht das Wortesammeln eine Mordsfreud. Und das ist sein ganz besonderes Verdienst, er hat die derben Worte und die feuchten Sprüch der alten Bauernknechte und Mägde, der Wildschützen und Jäger, der Handwerker und Soldaten, der jungen und der alten Weiber, er hat ihre urwüchsigen und unverfrorenen Worte hoffähig gemacht, hat sie in den Bereich der germanistischen Wissenschaft gehoben, hat sie in die Bibliotheken und Universitäten hineingetragen. Und heut noch haben wir eine Freud an den »Unanständigkeiten« des Bayerischen Wörterbuches, an den »Hypokorismen der Volkssprache«, wie er diese lustigen Derbheiten nennt, diese freudigen Unkeuschheiten der gesprochenen Mundart.

Es ist wirklich schad, daß wir heut zur Bruech so keusch und sittsam Unterhosen sagen! Was steht da noch? Um Gottes willen: »Zuck den Zers aus der Bruech!« Wo hat er denn das aufgeschnappt? Gewiß nicht bei einer Sennerin vom Schliersee? In Hausham gebürtig? »Hat dein Weib die Bruech, wird dir Hagel und Fluach!« Unbedenklich liest sich eine Stelle aus einer Spitalregel: »Sieben Ellen zu Hemd und zu Bruech, das sollen sein rupfen Tuech ...« Der Brüchler ist früher als Leinwandhändler von Haus zu Haus gegangen. Auch die Hemden- und Unterhosenschneider haben damals Briechler geheißen.

Erst am Ende des langen Bruach-Artikels schreibt er dann noch: »Die Bruach heißt man auch das Riemenwerk über den Hinterteil eines Zugpferdes ...«, dessen Zugstrang mit einem Haken oder Ring, mit der Bruach-Bretzn, am Roßkummet eingehängt wird. Diese Bruach wird mit dem Bauchriemen befestigt, und auf dem Rücken des Zugpferdes liegt der »Schwoafream«, der Schweifriemen. Von diesem Rückgeschirr kenn ich die Bruach.

Dieses »Spracheln« im Schmeller seinem Wörterbuch, ist das nicht interessant? Is man net wieder a weng gscheiter wordn? Schön gescheiter und ohne Computer.

»Dirndl hopsasa, ja wenn der Godan net waa, na waar der Godan net vür, na gang i eini zu dir!« Der Godan, das ist ein Lattentürl, eine Türe aus Latten genagelt, eigentlich also leicht zu öffnen, kein ernsthaftes Hindernis. Und doch tut das lustige »Schnatterhüpfel« (wie Schmeller gern schreibt), als ob der Godan ein Mordshemmnis wär. Er bedeutet halt metaphorisch, daß es schwerfällt, eine Sünde allzu leichtfertig zu begehen. Oder so ähnlich Hochpoetisches.

Im Unterschied zum Lattentürl ist der Lattürl ein »Latinulus«, ein recht hinterwäldlerischer Bursch, der noch ladinisch redet und no net amal boarisch versteht. Meinen viele. »Du werst a so a Lattiarl sein, du!« Bei Schmeller heißt es: »Der Lattidl oder Lattirl ist ein einfältiger Mensch, siehe Didel!« Man muß fast tausend Spalten zurückblättern in die Da-etc.-Abteilung, wo er zwischen D und T keinen Unterschied macht. Endlich, nach »dedeln, deideln«, was soviel heißt wie feucht machen, anfeuchten von durch Trockenheit rinnenden Bottichen oder Schaffeln, kommt das gesuchte »Didel«. Der Didel oder Dil kommt nur in Compositis vor, also in Zusammensetzungen wie in Latidel oder Hoppadil (auch Houperl genannt). »Du werst a so a Houperl sein, du!«

Der ... Dil ist immer ein verstandloser und deswegen unbesonnener oder schläfrig sich benehmender Mensch. Ungefähr so etwas wie ein Lätschnbeni. Es gibt verschiedene Dil, z. B. den Dideltapp und im Niedersächsischen sogar den Dudeldop. (Wahrscheinlich ist der Till Eulenspiegel mit ihm verwandt.) Bei uns werden's Houperl und der Latial noch manchmal gebraucht. Und es steckt im Lattierl wahrscheinlich eher die Latte drin als das Lateinische. Denn nach einem alten Rechtsbuch aus dem Jahre 1332 findet Schmeller den Eintrag eines sehr merkwürdig beschriebenen Strafmaßes, daß nämlich »ein Mann seinen Knecht oder seine Dirn nur mit einer Summerlatten schlagen darf, also mit einer Latten, die in einem Jahr gewachsen ist«! Ein mit einer Sommerlatten von seinem Herrn abgestrafter Knecht ist demnach ein dummer Mensch, ein ungeschickter jedenfalls, ein Lattirl. – Mit dem Schmellerschen »Spracheln« kommt man vom Hundertsten ins Tausendste.

»Bal man koan Roß net hat, kann man net loatn,
bald man koan Geld net hat, muaß der Wirt boatn.«

In dem Vers heißt es nicht wegen des Reimes boatn statt wartn. Denn boatn oder biaten hieß bis vor gut hundert Jahren bei uns wirklich noch warten – und zwar besonders erwarten, also Geld erwarten. »I boat und boat und er heiret an anderne!« Heute ist daraus geworden: »Hat er mi boatn laßn, boatzn laßn.« Loatn oder laiten sei die transitive Form von leiden, meint Schmeller. Das Zugvieh mit dem Laitsail umwenden, eben laiten. Holz laiten. »Es war die Leich geleit.« Laiten heißt also durchaus nicht ein Auto mit dem Lenkrad lenken. Dieses Lenken wäre eine zu genaue Sache. Loatn is ebbas Handsamers! Man sagt ja auch ein »laitsamer Mensch«. Es laßt se vuil loatn, amal hinum und amal herum ...

Schaun wir noch mal nach der Latten. Da nimmt er Bezug auf die Lattn, die einer auf der Wirtshaustafel angekreidet hat. »Der hat a so a Lattn beinand!« Er ist schon viele Glas Bier schuldig. Die stehen als Kreidestriche auf der Tafel hinter der Schenke. »A Lattn Bier« gilt auch als eine Art Freibier, die gespendet werden kann. Der Münchner Wörterbuchschreiber weiß oft ein sittenbeschreibendes Exempel dazu. Da zitiert er in der Lattenglosse: »Einem a Lattn zahlen, d. h. eine Zeche. Z. B. Der Auftritt, wenn der Improvisator Schneeberger, genannt Kukein, im Baltheo mit Kron und Zepter erscheint, verdient allein schon einen Laib Streichkäse und eine Latten Augustinerbier. (Brief Nagels v. 1785)« Und der Schmarotzer heißt im alten München der »Lattenhauer«.

(Also einer, der es immer wieder versteht, sich eine Latten herauszuhauen.)

Je mehr man herumblättert, desto mehr spürt man, wie so vieles von unserer Sprach bereits »verkemma is«, abgekommen, zugrunde gegangen. Wenns a so weitergeht, kimmts no um und um, gehts noch dem Ende zu.

»Er macht vuil aus eahm, aber wenns umad um geht, is nix dahinter.« Ja sogar soviel wie sterben kann es heißen: »Der Mensch verkimmt no ganz, so mager is er wordn.« Wenn man so einen alten Freund wiedersieht, abgemagert und schwach, nachand sagt man: »I bin dra derkemma, daß i koan Tropfa Bluat gebn hätt.«

Und dazwischen steht dann wieder ein schneidiges Schnaderhüpfel, wie etwa dieses Jagerische, das Schmeller von seiner Wortklauberreise ins Gebirg mitgebracht hat:

»Gamsjagern tuar i net, fallt mar in Stanz
I schois mar a weißfuaßets Hedal bein Tanz.«

Was bedeutet jetzt wieder das »weißfuaßerte Hedal«? Die Hett oder die Hettel heißt eigentlich die Ziege, wird aber auch als Schmeichelwort für ein kleines Dirndl gebraucht. Du Hederl, du kloans! Hedln sagt man auch für lachen und kichern, erklärt Schmeller, der sich ja in allen deutschen Mundarten auskennt. »Die alt Hedl da, die hedlt in oan' Trumm furt.« – »An Hedler toan, hellauf und mutwillig lachen.« – »Dös kost mi sched an Hedler, es ist mir ein Kinderspiel.«

Es freut einen, wenn man wieder auf ein altes, fast noch bekanntes Wort stößt: »Beim Heiretn derfst net auf die Tuchet schaun, sondern auf die Tugend«, sagt Abraham a Sancta Clara, den er häufig zitiert. Da haben wir die guate alte Duckat aus der Großmutterzeit, das Deckbett mit den Federn und Flaumen. »Heb die Duckert auf und las di einschmiern!«

Auf einmal bringt der gute Routn' Rel von Rimberg wieder

einen ganz groben Hypokorismus der derbsten Volkssprache, der obendrein noch dazu unkeusch ist! Das ist halt bayerische Philologie.

Dagegen kann man nichts machen, das ist eine Wissenschaft wie eine andere Sprachlehre auch. Mit etymologischer Erlaubnis zitiere ich aus dem Schmellerschen Wörterbuch den Artikel über das Laschl. Schriftdeutsch »die Laschen oder die Lasche, die Tasche oder das Täschchen. Bei Rindern der weibliche, äußere Geschlechtsteil, in Werdenfels auch die Hündin. Verächtlich auch eine Weibsperson.« Und dann singt er gleich ein Schnaderhüpfel, das vielleicht ein ganz böser Bursch einmal auf einer Hochzeit gesungen hat, wo die Braut noch sehr, sehr jung gewesen:

»Hat die Lasch gheiret, is dreizehn Jahr alt,
kann 's Kitzeln net leidn, weils heiret so bald!«

Und Pater Abraham ruft in einer Predigt aus: »Es wäre manche keine Lose, wenn die Laschi net wär'!« Aber, meint Schmeller, da die Laschi im Scherz auch das Geld heißt und vielleicht dann auch von dem französischen l'argent herstammen könnte, wäre so eine Redensart wie »Bauer, richt Laschi und zahl mi aus, i geh ...« etymologisch doch noch nicht ganz ausgedeutet.

»Man muaß diam aar a bisserl an Luasam habn«, man muß manchmal auch die Muse zum Lusen haben, zum Zuhören, zum Verschnaufen und Hören ... Die Lusung oder der Luesam, die Ruhezeit oder die Ergötzung (im Kloster die Rekreation).

Liest man wohlbekannte Worte, wie etwa die Frau Bas, das Basl, die verwandte Frauensperson, die Cousine, auch die weitschichtig verwandte angeheiratete Person, so kann man schon fast vom »anbaseln« reden, ja gar von einem »Kniebasl«. Und a »Kniabasei« ist nichts anderes wie eine »Geliebte« (kein Gelübde!).

»D'Vögerl fliagn und hupfan zsamm,
kraupert und verrupft
und baseln se und putzn se,
bis' alls auf gleich habn zupft«

zitiert Schmeller Johann Gabriel Seidl, einen zeitgenössischen niederösterreichischen Mundartdichter.

Manchmal kommt es zu Zwischenfällen, wenn Schmeller durch die Lande zieht, um Worte und Redensarten zu sammeln. So wird er in Gräfenberg, das er von Nürnberg kommend über Schnaitach am 9. Juni 1817 erreicht, von einem Gendarm vor den Assessor des Landrichters gebracht, denn sein Paß, ausgestellt »in sämtliche Kreise des Königreichs«, wurde mit Mißtrauen studiert. »Dieser Paß gilt nicht«, sagte der Assessor, »warum ist er nirgends vidimiert? Warum hat er kein Signalement?«

Der zum Sprachforschen abkommandierte Oberleutnant in Zivil antwortet aber mit stolzer Herausforderung: »Ich brauche ihn nicht vidimiren zu lassen.« Lebhaft schildert Schmeller die Auseinandersetzung:

»›Das wollen wir sehen, ob Sie's nicht brauchen!‹ Das werd ich auch sehen. Er steht auf, will hinaus, ich folge dem Assessor, mir der Gendarme. ›Bleiben Sie!‹ – Ich folge Ihnen! ›Gendarme!‹ – Sie unterstehen sich, mich anzurühren! – Indem kommt zum Glück ein kleines Männlein, der Landrichter, die Treppe herab. Hört den Fall. Der Assessor wütet noch immer. Ich zeige dem Landrichter mein zweites Schreiben von Seite der Akademie. Er setzt keinen weiteren Zweifel darein, daß ich der sey, für den ich mich ausgebe. Er wird ungemein höflich. Will mir morgen, um ähnliche Fälle zu vermeiden, einen förmlichen Paß geben. Den könne ich dann vorzeigen oder nicht. Wegen der ›Pöschelianer‹ (herumvagierende Dienstboten und Gelegenheitsarbeiter?) habe er die strengsten Aufträge. – In mir ließ die Indignation über die Landkönige allerley Plane und Rachegedanken aufsteigen bis ichs am Ende – gut seyn ließ. Und nachdem ich den Dekan Witschel, wegen dessen ich eigentlich hieher gekommen war, gesehen hatte, meinen Stab weitersetzte.«

Über Tirschenreuth, wo die Bauern »Röthel« graben und der Pfarrer ein artiger Mann sei, nächtigt er auf einer Bank. Dann besucht er den Freund und Förster Mettingh in Kirchenthumbach und verlebt ein paar herrliche Stunden. Im Diarium läßt der nur zweizeilige Eintrag vom 13. Juni 1817 die doch überwiegend fröhliche Ergiebigkeit der philologischen Expedition durch das Königreich Bayern erahnen. Es heißt da: »Mit Mettingh nach Vilseck zum Oberförster Huber. Die drei Mädchen! Die Schniderhipfel-Sängerin am Klavier. Pfarrer in Vilseck.« Dann wandert er mit dem Schullehrer nach dem ehemaligen Kloster Speinshart und dem Barbaraberg.

Am 20. Juni kommt er über Creußen nach Bayreuth. Er logiert im Gasthof zur Sonne und besucht den berühmten Dichter Jean Paul, der ihn im Schlafrock empfängt. Der große Poet macht Schmeller ausführlich auf die Worte »Gezifer« und »Hafela« aufmerksam. – Zwei Jahre später gibt die Akademie zu Ehren von Jean Paul in München eine Festsitzung und ein Essen. »Mit Jean Paul wechselte ich nur wenige Worte. Er erinnerte sich noch meines ihm in Bayreuth gemachten Besuches, sogar bemerkte er, daß er mich damals auf das Wort: Gezifer aufmerksam gemacht. Etwas unheimlich war mir, als er von seinen Witzarbeiten als dringenden Geschäften sprach ...« (Schmeller spielt an auf das Werk »Über die Ästhetik des Witzes«.)

Alles hat der gescheite Sprachforscher eben auch nicht verstanden. – Aber schlagen wir bei dieser Gelegenheit unter dem Stichwort »Gezifer« nach. Zifen, zifeln heißt in Franken »im Wachstum zurückbleiben«. Dann geht's gleich weiter: »Das Zifer, Gezifer heißt in der Oberpfalz, 6 Ämter, nach mündlicher Versicherung Jean Pauls, Federvieh. In verächtlichem Scherz wird allgemeiner unter Zifer oder Ziferl, auch ein von Natur federloses Gänschen verstanden.« Und dann zitiert er Abraham a Sancta Clara: »Die Secretärsfrau, das lateinisch Zifer, will uns gleich seyn.« Er fügt noch hinzu: »Ein stehender Witz ist Frauenzifer statt Frauenzimmer.« Und er bringt noch eine Stelle von dem bayerischen Barockprediger Marcellinus Sturm: »Das Frauenzifer ist aufgeschwanzt wie's Rössel am Palmsonntag«; ansonsten bedeute das Unzifer dasselbe wie hochdeutsch das Ungeziefer, kleines, unansehnliches Getier. »Vil Unzifers, als edechsen, krotten und schlangen«, schreibe Hans Sachs.

Es hat alles seine Richtigkeit bei Johann Andreas Schmeller. Was im Tagebuch angedeutet, kann man im Wörterbuch nachprüfen. Hört er in einem Dorf die Leut s und ß nicht aussprechen, untersucht er die Aussprache von s und ß in allen Provinzen des bayerischen Königreiches und stellt dann in seiner Grammatik genaue Regeln auf. Da bekommt man vor dieser Sprachlehre schon einen Respekt, wenn es im Paragraph 654 zu den Mundarten Bayerns heißt: »s lautet wie sch vor p und t – und zwar nach jedem Laut – Agnscht, bischt, hascht, ischt, kanscht, Kunscht, luschtig, Mischt und sagscht etc. von der Ober-Isar bis an die Vogesen ...«

Während an der Rezat, am Main und Mittelrhein nur nach r am Silbenende s wie sch gesprochen würde, wie des Brudersch oder unsersch statt unsers ... Aber vor k, p und t am Wortanfang werde s immer und überall in Bayern wie sch gesprochen, also statt stehn schtehn und statt Sklave der Schklav. Ost- und westlechisch heiße es aber die Ferschn statt die Ferse. Auch nach r und vor t würde doch fast überall sch gezischelt. Also allgemein sage man nicht Durst, sondern Durscht und Fürscht und Gerschtn.

So gibt er denn dem Grammatikbuch eine geographische Übersichtskarte der Mundarten Bayerns bei. Er unterscheidet »Nordländische Dialekte Bayerns« an der Rhön, am Mittelrhein und am Main, an der Rezat, Pegnitz, Naab, ja teilweise sogar noch am Regen! Und er belegt seine Grammatik mit zahlreichen Mundartproben. Er sammelt sie aus »Oggersheim, sprich Owarscham« und um Aschaffenburg, sprich »Ascheborgh«, um Miltenberg, »Milderborgh« und in der Rhön: »Bann a Fremar in de Stube geht, so soll er sich satz, sonst nemt her de Schlaf mit.«

Am schnellsten kommt man den Mundarten näher, wenn man die Aussprache der Ortsnamen studiert. Schmeller gibt davon zahlreiche Proben in seinen Mundartbeispielen. Zu Winheim sagen sie »Winnem«, zu Prichsenstadt »Priaste«, zu Neuses »Naisi«, zu Birkach »Birege«, zu Bamberg »Bammare«, zu Schwarzach »Schwazi«, zu Würzburg »Wierzbegh«, zu Schweinfurt »Schweinfert«, zu Volkach »Voleki« ...

Ganze Geschichten erzählt Schmeller in verschiedenen Mundarten Bayerns. So auch die Geschichte von dem Frankfurter Kaufmann, der nach dreijähriger Abwesenheit bei seiner Frau daheim ein weißhaariges Kind vorfindet. Und die Frau ihm erklärt, daß sie dieses Kind durch Lutschen eines Eiszapfens bekommen habe. Und sie den Buben deswegen auch »Eiszapf« genannt habe. Und wie ihn der Handelsmann akzeptiert und später auf die Reise mitnimmt und an die holländischen Seelenverkäufer abgibt. Wieder daheim, sagt er der Frau: »... be mei amal offam Meer fuahrn, da wars ganz uisserordentlich woarm, on ich hans em noch verboda, er soll sich net barhaup in s Schiff satz. Aber bar net folgt, das woar ar ...«

Aus Prölsdorf gibt er etliche Stückler. »Stückchen, Stücklher, Stücklich, Stücklen oder Stückaln, das ist der Name, unter welchen diese poetischen Ergüsse aus dem Stegreife, in allen unseren Gegenden bekannt sind. Wenn sie hie und da auch anders z. B. Schandliedchen, Schamperliedchen, Schelmaliadlan, Schnatterhüpfl, Schnättergängl, Schnatterhagken etc. betitelt werden ... Sie fehlen auch den wein- und ackertreibenden Bezirken am Mayn nicht ...« (Und er vergleicht sie mit den »Coplas de repente« der Spanier.) Am Obermain bei Gefrees, sag Gfres, hat er sich solche Stückchen vorsingen lassen.

»Kraut und Nudl iß ich gern
Und mein Muder kocht se gern
Und mein Vader sihts net an
Daß' mein Muder kochng kann.«

Folgende Geschichte spielt in der Hoferer Gegend an der Sächsischen Saale. Ein Bauer hat einen Knecht eingestellt, der gar nichts recht macht. Er findet den neuen Knecht schlafend. »No, sagt er, su is' schee! Du bist meiner Seel a rarer Hecht. – Itzt gibt er in an tüchtinge Trid – vor dem erwacht er niat ...«

»Itzt leit der Kerl da und schleft
Den halbm Tagh schan hait,
Du Fligl bist was Gott niat wert,
Daß dich die Sunn anscheint.«

Das sagt der Knecht darauf:

»Drum hab ich mich vor ihr versteckt
Und ha mich her in Schattn glegt,
Und is's aich asue niet recht,
So dint an andern Knecht.«

In Erlangen läßt Schmeller die Soldatenbraut singen:

»Mai Schatz is Soldat
Bey der bairischn Gaad.
Er werd schon wieder kumma,
Wenn der Kriag an End hat.

Fresch über und über,
Was baierisch is,
Main Schatz i ma liber
Als 's Geld aufm Tisch.«

Und natürlich pflückt sich der Sprach-Sammler in jeder Gegend einen schönen Strauß von Sprichwörtern, am liebsten sind ihm die abergläubischen Sprüch. »Wenn mar in Himlfahrtstagh flickn tut, so schleght das Gwidder ein ...«

Oder: »Wenn mar aus an Glas trinkng tut, wo an Sprung hat, da werd man Steinstechng krigng.« Und natürlich fehlt auch der nicht, der früher überall bekannt war: »Wenn a Mannsbild auf an Bam nauf sicht, wu a Weissbild drobm is, so werd er blind.« Aber die meistn Burschn riskieren dann wenigstens ein Auge.

»Der Klapper Michel zu Neukirchen« ist eine gruselige Ballade. Ein Mädchen muß bei einem Pfänderspiel den Totenschädel des Klappermichl, der eben ausgegraben worden, aus dem Beinhaus in die Stube tragen. Sie tut's. Alle haben Respekt und beten anschließend für den Toten, dessen Kopf auf dem Tische liegt. Nur die alte Muader nicht. Man will sie dazu zwingen, doch da enthüllt sie Peinliches.

»Du alte Kappm, bed aa dazou
Und sag: Herr, gib im die eiwi Rou!
Mirkts auf, sagt die Alt, für was der waizt
Dear is af eiwi verlarn
Er haut mi verfeiet und haut mi voraizt
Und haut ma san Kind agscharn.
Es glabts wul neamads, wei wej ain gschiaht
Und drüm verzei i'n ma Letta' niat.«

Der Anhang mit den Mundartproben allein ist es schon wert, daß man die »Mundarten Bayerns, grammatisch dargestellt« einmal zur Hand nimmt. Freilich sagt man sich heut, gar so lautmalerisch akkurat hätte er sich nicht abmühen brauchen, schreibt er doch selber im Vorwort, daß man durch eine zu lautmalerische Orthographie das Schriftbild zu stark verfremdet. Man habe eben zu wissen, wie »der« und »die«, wie »ihm« und »ihr« in der jeweiligen Mundart auszusprechen ist.

Der arme Setzer Rosa von Augsburg! Aber no, d'Wissenschaft muaß allweil a weng a Kriwaskrawas sein. Auch bei der Volkspoesie.

»An almarischs Gradal
Wachst ausser bein Stoan
Und an almarischs Deanal
Hat sovuil feins Toan.«

In den ländlichen Gegenden des Ost- und Westlechischen würden in einigen wenigen Fällen s und ß nicht ausgesprochen werden. Und so was, meint er, klinge ganz urig. (Man kann es gar heut noch hören:) »Wo bist denn gwen?« statt gewesen. Oder: »Laß mi au'i« statt laß mi aussi. Am Mittelmain sagen sie gar statt ist manchmal »i't«, an der Naab und Pegnitz »un'er« statt unser, an Ilm und Paar »Dur't« statt Durscht als eine zu merkende Ausnahme. Auch »er't« statt erscht. Zwischen Ammer und Isar und im Freisinger-Dachauer Hinterland heißen die Ortsnamen auf -hausen nur: Massnhau'n, Sinz'aun statt Sünzhausen etc.

An der Naab, meint der Sprachforscher, würde man gar das »daß« manchmal seines ß berauben. Und man könne etwa hören: »... da'n denn deia Lait niat oarbetn? – Daß denn diese Leute nicht arbeiten?« Uralt sei auch la'n statt lassen oder westlechisch »lau'en« oder gar nur »lau«. Östlich des Lechs sei die Weglassung dieses ß aber nur in einigen »Personenformen« üblich, so z. B. in der Wendung: »La' mi gehn!« Laß mich gehn!

Heute noch gebräuchlich ist weiß ohne ß und muß ohne desgleichen. Das hört sich dann schon recht bäurisch echt an: »I mua', er mua', mir müa'n, es müa'ts, sie müa'nt« – ich muß, er muß etc.

»I woa' net, wo'r er wuill – ich weiß nicht, was er will.« (Auch das ist noch hier und da im Gebrauch alter Zungen. Wenigstens hab ich es noch in den fünfziger-sechziger Jahren zwischen Erding und Mühldorf gehört.)

Schmeller meint im Kapitel über die Schärfung und Nichtschärfung der Konsonanten, das seien halt »Provinzialismen«. Und solche Provinzialismen meidet ein Gebildeter.

Aber gerade das noble Schriftdeutsche begeht seinerseits solche Provinzialismen, wenn es durch Konsonantenverdoppelung viele Vokale, die in den natürlichen Worten ihres Vorkommens lang ausgesprochen würden, amtlich als kurz zu sprechen gebietet. Statt Muader sagen die feinen Hochdeutschen völlig verdreht (pervers) infolge der Willkür der strammen Schulmeister in ihrem militärisch scharfen Ton: »Mutter«. (Den Vater, der ja als Vater der Kompanie etwas milder gedacht wird, schreiben sie Gott sei Dank nur mit einem t.) Auch die giftige Natter heißt von Haus aus eigentlich d'Nadern. Ebenso wie das Futter fürs liebe Vieh d'Fuaderei is'. In den Metropolen wohnen Provinzler und sprechen hochdeutsche Provinzialismen ...

Am Ende seiner Anmerkungen über dieses Konsonantenverdoppelungs-Unwesen führt der bayerische Sprachforscher noch an: »Im Spanischen, dessen Orthographie in der neuesten Zeit so vereinfacht worden ist, wie wohl die keiner andern jetzigen europäischen Sprache, hat man die Verdoppelung der Consonanten fast ganz ausgemerzt.«

Seine Grammatik ist eine Fundgrube, nicht weniger wie das Wörterbuch. Und er hätte sie eigentlich bereits 1819 im Drucke erscheinen lassen können. So ist ihm Jakob Grimm zuvorgekommen. (Aber nur mit der Grammatik, nicht mit dem Wörterbuch!) Und was ist Grimms deutsche Grammatik, verglichen mit Schmellers »Die Mundarten Bayerns, grammatisch dargestellt«? – Eine ausführliche Formen- und Satzlehre, auf lateinischer Gelehrsamkeit fußend, gegen eine bauernfreudige Wortfündigkeit zwischen Spessart und Karwendel.

Und doch gefällt es dem Kürbenzainer-Vater von Rimberg nicht besonders, dem Andrel sein Geschäft. In den Jahren, da er Bayern durchreist, nach der Kreuz und nach der Quer, kommt er selbstverständlich wiederholt nach Rimberg und nächtigt in der lieben alten Hütten mit der warmen Stuben. Einmal sitzen sie beisammen, und der Andrel hilft dem Vater den Kranz der Kürben flechten. Dabei muß er dem Vater seine Arbeit einmal gründlich auseinandersetzen. Er tut es ausführlich und spart auch nicht mit den Aufmerksamkeiten seiner gelehrten Freunde von der Akademie. Der Vater sagt und sagt lange nichts. Endlich gibt er das knappe, kritische Urteil ab, vielleicht mit einem kleinen Lächeln, aber halt doch stellvertretend für alle Landbewohner des Vaterlandes. Er sagt ihm ins Gesicht: »Andrel, dein Gschäft is nix.« – (Auch mit »Andrel, dein Gschäft taugt nix« überliefert.)

Eine ähnliche knappe Vortrefflichkeit hat erst Ludwig Thoma in dem Einakter »Gelähmte Schwingen« den Metzgermeister und Dichterschwiegervater wieder sagen lassen, nach der durchgefallenen Premiere der schwiegersöhnlichen Dichtung: »... Hätts an Schecker Pauli gheiret! – Na stands drin in der erstn Metzgerei ... und waar was und hätt was – und nix Geistigs waar's net ...«

Aber das Schmellersche »Andrel, dein Gschäft is nix« ist noch treffender.

Und trotz der gar nicht so seltenen schweren Stunden, wo er ob der ewigen Worteklauberei aus der Haut fahren möchte, kann er sich immer wieder aufraffen, hält er durch, erlebt er die Vollendung des Druckes aller vier Bände seines Bayerischen Wörterbuches.

Lange findet sich kein Verleger. Zwar verspricht Herr Thienemann, der Verleger der Grammatik, daß unmittelbar nach den Mundarten Bayerns das Bayerische Wörterbuch im Drucke folgen werde. Aber Thienemann verkauft seinen Verlag an einen gewissen Herrn Finsterlin, und der ist nicht der Mann, der etwas wagt »oder wagen kann«, wie sich Schmeller ausdrückt. Mit dem Subskriptionsbettel komme man auch nicht voran. Und die Akademie will nur das zuschießen, »was mit dem Haussieren nicht zusammengebracht werden wird«. Insgesamt werden aber nur 139 Exemplare vorausbestellt. Und das nicht zuletzt »durch die wohlwollende und thätige« Überredungskunst des Herrn Professors Thiersch, der die Subskription den verschiedenen Ministerien aufreden kann.

Viele Akademiker aber zeigen wenig Interesse an Schmellers Arbeit. Einmal, am 15. Mai 1824, er ist nun schon ordentliches Mitglied der Akademie (seit 7. Februar 1824– »electus wie Papst Leo, non desideriis hominum«, schrieb er damals ins Tagebuch), am 15. Mai also sollte er vor den hochgelehrten Herren der Akademie seinen ersten Vortrag halten und vorzeigen, wie vollendet und wie gediegen das bayerische Wörterbuch geworden sei. Die Sitzung begann um vier Uhr nachmittags. Schmeller hatte zehn Faszikel des Buchstabens P im Busen bereit und legte die Sachen dann vor seinen Stuhl auf die Tafel hin. Aber die Sitzung hatte sich zuerst um andere Themen zu kümmern. Es ging um die Anträge von Neuaufzunehmenden, vor allem um jene des kgl. Ministerialraths Freiherr von Freiberg, Verfasser einer Geschichte von Tegernsee. Dann folgte ein Vortrag von Professor Johann Georg von Feßmair, Ordinarius für bay. Staatsrecht und Ministerialrat im Finanzministerium, ein gebürtiger Oberpfälzer Bauernsohn. Er wird wahrscheinlich über sein Lieblingsthema referiert haben: »Finanz- und Gerichtswesen in den Munizipalverfassungen.« Es ging schon auf sechs Uhr, als Professor Thiersch das Wort ergriff und die Aufmerksamkeit auf Herrn Schmeller richtete. Wer ihm zuhören wollte, konnte noch dableiben. Im Tagebuch hat er am nächsten Tag seinen Auftritt so beschrieben:

»Nach Aufhebung der Session blieb mir nur ein kleines Auditorium. Ich las Pablatschen (Bühne, Schaugerüst aus Brettern, Britsche im Gefängnis) Peikel und Pfaff, wo Herr Oberkonsistorialrath von Heinz ganz im Ernste aus Urkunden die Etymologie ›pastor fidelis animarum fidelium‹ erhoben wissen wollte und Herr von Feßmair bemerkte, daß es in Rußland bei Strafe verboten sei, einen Geistlichen Popen zu nennen. Herr von Fink bat sich mir recht zum Troste noch den Artikel Pfait (Hemd) aus. Beym Artikel Pfennig, den ich noch zum Besten geben wollte, sah ich mich nur noch mit Herrn Oberkirchenrath Wismayr, der sich wahrhaft freundschaftlich neben mich gesetzt hatte, und Hofbibliotheks-Custos Docen allein. – Beschämt über diese erste Probe steckt ich nun meinen Pappendeckel ganz sachte wieder in den Busen.«

Am 4. Juni gedenkt er jedesmal des Tages, an dem er 1804 »verlassen im Vaterlande von aller Hülfe ... von München fort in die noch aussichtslosere weite Fremde« gegangen ist. Überhaupt, der Seufzer sind viele, die er, je erfolgreicher er wird, rückblickend tut. Er trägt sogar ins Tagebuch ein, wenn er in alten Heften seines Diariums nachliest, manchmal sogar vorliest. Mehrmals liest er in Gesellschaft gegen Ende seines Lebens beispielsweise seine Aufzeichnungen über den Theaterbrand des Jahres 1823 vor. Erinnerung ist ihm halt Poesie.

Und rückblickend gilt ihm die Zeit, in der er »verschiedene Dörfer nach Volksworten durchgefragt« hat, als die schönste. Zwar ist er förmlich als »Wortklauber ausgerufen worden« in der Zeitschrift für »Bayern und die angrenzenden Länder«, aber der Kronprinz hatte es ja »so gewollt, daß von seiner Unterstützung sobald als möglich öffentlich geredet würde«.

Er macht sich Notizen über »mancherley Gegenstände der Landwirtschaft ...« in Weilheim und Schwaig Anger – und Schongau. In Weilheim lernt er im Gattinger Bräu den Landrichter Thoma kennen, der seiner »Idiotikographie« einigen Geschmack abgewinnen kann. (Das war wahrscheinlich der Förster Thoma, der spätere höchste bayerische Forstbeamte, der Großvater Ludwig Thomas.)

Oft kehrt er im Pfarrhof zu und bleibt dort auch nicht selten über Nacht, »wenn die Einladung freundlich genug ausfällt«. – Bei Ingolstadt weiß er in einem Pfarrhof gar ein Frauengesicht mit überaus schönen Augen. Es muß sich um des Pfarrers Nichte handeln. Und er kehrt wegen dieser schönen Augen dort öfters ein.

Auf seinen Wanderungen hat er einen Blick für die schönen

Barockkirchen, die doch in seiner Generation nicht mehr viel gelten. Er kommt im Tagebuch über die einmalige Großartigkeit Ottobeurens ins Schwärmen. Er benennt die Maler und Stukkateure und Schnitzer von Ettal und Rottenbuch. Er beschreibt römische Gedenksteine und besucht Gräberfunde. Und wo immer er alte Urkunden sehen kann, macht er sich Notizen. Erlebnisreich sind diese sprachforschenden Expeditionen, voller menschlicher und geistiger Abenteuer und Entdeckungen – wie auch sein Wörterbuch eine Fundgrube für Volkskundige, Historiker aller Abteilungen, für Juristen und Mediziner, für Theologen und Apotheker, für Förster und Bierbrauer, Handwerker und Kaufleut ist.

Anfangs reist er gern in seiner Oberleutnantsuniform, »in militärischen Pontificalibus«. Über Landshut und Neumarkt kommt er auch nach Mühldorf und Altötting, wo er Tillys Grab besucht und seinen Arm schüttelt. In Burghausen verbringt er eine feuchte Nacht mit seinen ehemaligen Regimentskameraden, denen es ziemlich langweilig ist.

In Ruhpolding trifft er sich mit dem Maler und Oberförster Cantius Dillis und wandert mit ihm durch das Miesenbachtal. Er hört auf dem Königssee das siebenfache Echo und schaut »in Bartholomäus Capelle und Jagdschloß«. Mit dem Grafen Firmian und den Gräfinnen Clam-Gallaz fährt er in das Salzbergwerk ein ...

Und überall beobachtet er die Misthaufen, ob sie auch sorgfältig geschichtet sind. War er doch in Burgdorf schon einmal Instruktor einer landwirtschaftlichen Schule gewesen. Er hat einen Blick für Obstbäume und für den Futterbau.

Von der Diessener (Andechs = Ant-Diessa?) Klosterkirche notiert er: »... sie ist ausserordentlich schön. Nirgends findet das Aug eine Leere und doch überall eine so wohltuende Geräumigkeit.«

In Rosenheim kommt er auf politische Gedanken, wie die Bayern zwar stolz auf ihren Namen seien, aber doch unter der Herrschaft von lauter Fremden stehen. Daraus könne nichts

Gutes erwachsen. Was seit Karl Theodor geschehen, hätte alles nur die Oberfläche des Volkes berührt. »Das wahre Streben der Bayern hätte in den siebenziger Jahren schon den rechten Gang genommen. Welch originelle freimüthige Schriften erschienen von 1770 bis 1780, von lauter Kernbayern, die ihr Volk kannten und von ihrem Volk gekannt waren! Auf jenem Wege fortfahrend, was hätten die Bayern werden müssen? ... Wenn ich manchmal die Leut beobachte, die mit so tiefer Verachtung oder Bemitleidung auf unser gutes Volk herabsehen als groß die Besoldungen sind, die sie beziehen, und als gering die Kenntnis ist, die sie von dessen Bedürfnissen und Eigentümlichkeiten in Denkart, Sitt' und Sprache haben, so kann ich mir immer besser jenes kaum zu beseitigende Anstreben der wahren Bayern besonders gegen die Norddeutschen erklären.« (Geschrieben am 27. Juli 1816.)

In Schliersee singt ihm die berühmte Fischerliesl etliche Schnaderhüpfel vor. Und er läßt sich Liebesgeschichten erzählen. Auf dem Weg von Bayrischzell nach Oberaudorf kehrt er bei einer jungen, hübschen und unschuldigen Sennerin zu, die ihm ihren »Kreister« zum Nachtlager zurichtet, aber selber nicht bei ihm, sondern in der Nachbaralm nächtigt.

Endlich werden aus Augsburg die ersten Exemplare der Mundarten Bayerns ausgeliefert. Schmeller ist glücklich. Am 15. September 1821 offerieren die Buchhändler das Werk mit dieser treffenden Beschreibung:

Von dem bereits angekündigten Werke: Die Mund-Arten Bayerns von J. A. Schmeller, ist nunmehr die erste Abteilung, die Grammatik erschienen. Sie stellt in ihrem ersten Abschnitte dasjenige dar, was in den Dialekten am meisten auffällt, die besondere Aussprache in ihren verschiedenen Verzweigungen und Abkränzungen nach rein geographischen Bestimmungen. Zu diesem Behuf ist dem Werke eine eigene Dialekt-Karte beigegeben. Der zweite Abschnitt enthält die Conjugation,

Declination etc. der im Königreich vorkommenden Dialekte mit stetem Hinblick auf das, was ältere Schriften und Urkunden als früher Übliches aufweisen, kurz eine deutsche Formen-Lehre, wie sie sich aus der Zugrundlegung aller der verschiedenen zum Teil in's graue Altertum zurückgreifenden Eigenheiten ergiebt, um deren willen diese Dialekte die Aufmerksamkeit nicht blos des eigentlichen Sprachforschers, sondern auch eines Jeden, der für das Historische in der Sprache Sinn hat, und sie nicht als lebenloses Mittel betrachtet, in hohem Grade verdienen. Den Schluß der Grammatik macht eine Sammlung von ausgewählten, im Dialekte verschiedener Gegenden niedergeschriebenen Sprichwörtern und Redensarten, Erzählungen und Liedern.

Unmittelbar folgen wird, in der zweiten Abteilung, das Wörterbuch, welches sich vorzugsweise über die in Alt-Bayern, in der obern Pfalz, und im östlichen Franken übliche Mund-Art ausbreitet. Es wird nicht blos das sein, was man gewöhnlich Idiotikon nennt, sondern zugleich auch Glossarium. Es umfaßt also nicht nur die heutzutage unter dem Volke vorkommenden in der Schriftsprache unbekannten Ausdrücke, Formen und Wendungen, sondern auch Alles, was die zahlreichen, vom Verfasser durchgegangenen ältern inländischen Schriften und Urkunden in Bezug auf Sprache Eigenes darboten. Das Nähere darüber wird bei seinem Erscheinen bekannt gemacht werden.

Auf dem Grund vollgiltiger Urteile über dieses Werk, glaubt sich der Verleger berechtigt, dasselbe in mehr als einer Beziehung dem Publikum zu empfehlen. Vor allem dürfte es wohl den Beobachtern und Lehrern der vaterländischen Sprache in allen Gauen deutscher Zunge willkommen sein, in dem Länderbezirk aber, auf welchen es zunächst berechnet ist, muß es unstreitig vielfachen praktischen Nutzen gewähren, weshalb es vorzüglich Justiz-, Polizei- und Militär-Behörden, Geistlichen, Ärzten, Gemeinde-Vorstehern, Schullehrern, und Allen, die in ihrem Beruf in unmittelbarer Beziehung zu dem baierischen Volke stehen, ein unentbehrliches Hilfsbuch sein muß.

Der Preis für die Grammatik (37 Bogen groß 8 und 1 Dialekt-Karte) ist 3 Fl. 36 Kr. oder 2 Thlr.

München im September 1821 *Karl Thienemann*

Mittlerweile hat ihm die Auerin, seine Hausfrau, am 4. Juni 1816 ein Mädchen geboren. »Nachdem ich eben ihr Rückgrat haltend mit Schrecken gehört hatte: ›Schmidin, laß mi' gehn! I kann dös Kind net bringa!‹ – Emma, was ist das für eine Heilige? fragt der Täufer. Dann fragt er: Emma Wallburga willst du getauft werden?«

Die Wohnung am Platzl wird nun zu klein. Am 4. Oktober 1821 zieht die Familie um.

»Heute habe ich mit Madame Auer das neugemietete Quartier am Rindermarkt im Haslingerhause No. 641 über nicht mehr als 4 Stiegen bezogen. Es tut mir wohl, zwei eigene Zimmer, eines zum Arbeiten und eines zum Schlafen zu haben, und besonders im Arbeitszimmer mich so abgesondert zu wissen, daß mich kein Laut der Mitbewohner störend erreicht.

Schönes Oktoberfest nach einem wenigversprechenden, regnerischen Vorabend. Der König von Württemberg verherrlichte es durch seine Gegenwart an der Seite des unsrigen. Am Abend ward die Oper Tancredi aufgeführt, worin die Vespermann beinahe die Borgondio vergessen machte. Der König von Württemberg war allein mit Herren seines Gefolgs in der K. Loge. Niemand von unsrer Königsfamilie war zu sehen.«

Es ist ein Auf und Nieder in den Beziehungen zu seiner Hausfrau Julie Auer. In seinem Kämmerlein, bei »meinen Skapulierfleckeln (seiner Wörterkartei) und bei meiner Alten war mir behaglicher als draussen unter dem Pfeilwurf messender Blicke«, schreibt er einmal. Und dann wieder vertraut er herzerschütternde Seufzer seinem Tagebuch an, wie etwa den am 11. März 1817, den er ausdrücklich als einen seiner schwersten Tage bezeichnet. Denn »meine treue Hausfrau wurde durch ein übel angebrachtes Wörtlein (des Wortesammlers) dem Sterben nahe gebracht! Gottlob es ist überstanden. Am morgen noch scherzten und schäkerten wir mit Mettingh, der auf meinem Kanape übernachtet hatte. Ich fühlte, an die Leidende geschmiegt, innig genug die Wahrheit des Schillerischen: Das Unglück schreitet schnell – und – wer nie sein Brot in Thränen aß, wer nie die kummervollen Nächte auf seinem Lager weinend saß, der kennt euch nicht, ihr himmlischen Mächte!«

Dann wieder denkt er, die Julie zu verlassen und vielleicht doch noch eine andere zu ehelichen. Aber es kommt nie soweit. Obwohl er zweimal auszieht und sich sogar einmal im Hause des Botanikprofessors Martius eine Zweizimmerwohnung mietet und möbliert. Schon den ersten Abend, da er etwas später aus der Gesellschaft der Harmonie heimkommt, sitzt die Frau Auer mit der kleinen Emma auf der Treppe und wartet weinend auf den sprachforschenden Oberleutnant. »Welch eine Erziehung!« – Emma weiß nicht, ob sie lachen oder mit der Mutter weinen soll. – Er verspricht Julie eine hohe Abfindungssumme, Freund Mettingh streckt sie ihm vor, und auch regelmäßige Alimentationszahlung. Aber das ist noch nicht genug. Den andern Morgen kommt Sohn Franz mit der Mitteilung, Emma sei schwer erkrankt. So gibt Schmeller bald auf und zieht mit der Familie wieder zusammen – in eine noch größere Wohnung in die Theresienstraße.

Es hat halt das wunderschöne, spitzwegische Münchner Biedermeier auch seine Vorkommnisse gekannt. Etwas von dem »Ewigen Hochzeiter«, wie ihn Spitzweg gemalt, hat Professor Schmeller an sich gehabt, trotz seiner eleganten Kleidung, trotz seiner enormen Sprachenbegabung. Und auch viel von Spitzwegs Bücherwurm finden wir im Bibliothekar mit seiner Weltvergessenheit. Ganz in seinem Inneren drängt es ihn oft noch nach Anwanden und Burgdorf ins Berner Land, zur einzigen Frau, die ihm unvergessen, die es kein zweites Mal gibt, zur Frau seines Freundes Samuel Hopf, zu Maria.

ihm die Grammatik der Mundarten Bayerns zu dediciren, mit Vergnügen genehmige.

Ich gestehe mir, daß ich seit dem Briefe an Seinsheim nicht mehr recht weiß, was ich von diesem Prinzen denken soll. – Doch – ich bin Dank schuldig und will diesen Dank öffentlich bezeugen.«

So schwankt Ludwigs Bild in Schmellers Tagebuch. Aber das ist bei dem kritischen und oft deprimierten Philologen nicht zu verwundern. Es überwiegen die strahlenden, heiteren Eindrücke.

Bei Hoffesten drängt sich der Oberleutnant in die Gänge der Residenz, um die hohen und höchsten Herrschaften wenigstens für ein paar Sekunden vorbeiziehen zu sehen. Bei der Auffahrt des Königs zur Eröffnung der Kammer fehlt er selten unter den Spalierstehenden. Einmal redet er einen »die Mütze auf dem Kopfe behaltenden Rüpel« bei diesem patriotischen Ereignis grob an. Er ist nicht unempfänglich gegenüber vaterländischen und königstreuen Worten. Als sein Freund Scherer zum 25jährigen Regierungsjubiläum Maximilians im Ton »der innersten Rührung« bei der Sitzung der Akademie die Rede halten darf, empfindet er eine wahre Freude. Die Rede habe »eine bei akademischen Vorträgen ungewöhnliche Sensation gemacht«, bemerkt er.

Mindestens zwanzigmal wird er von seinem König zur Aufwartung oder gar zur Audienz vorgelassen, darf er mit ihm sprechen. Und jedesmal muß er bekennen, daß er vor Respekt wieder zu schüchtern gewesen und der König aber zu ihm überaus freundlich.

Bei der procurmäßigen Trauung der Prinzessin Charlotte mit dem »Kaiser des Osterreiches« schreibt er gleich drei Seiten lang ins Tagebuch. Ist mit der Braut traurig, weil das Hochzeitskleid aus Paris immer noch nicht eingetroffen. »Wenn der künftigen Kaiserin die gute Prinzessin Auguste nicht mit einem ihrigen ausgeholfen hätte, so hätte die procurmäßige Trauung mit dem stellvertretenden Fürsten

Schwarzenberg, heute noch nicht statthaben können. So wiederholen sich dieselben kleinlichen Verlegenheiten in den tiefsten wie in den höchsten Regionen der Gesellschaft.« Er vergißt nicht den imponierenden Eindruck der »dreihundert wetterleuchtenden Canonenschüsse im Momente der Einsegnung und die große Frauenglocke mit allen ihren Münchner Schwestern«. Und auch nicht, wie sich die Herren Professoren wegen des lateinischen Distichons streiten, das über dem Gebäude der Akademie prangte, weil ein »Toto« zuviel drauf gedichtet sei. »Welch dummes Epithetum ›toto‹, wir wissen schon, daß der Apollo ganz ist.« Er begleitet die abreisende Kaiserin bis auf den Gasteig. Und dann findet er den Satz: »Ich sah die neue Kaiserin. Wenn sie gut ist, so muß sie höchst gut sein, weil sie nicht schön ist.«

Die wichtigste Audienz, die ihm König Ludwig I. gewährt, findet am 11. Februar 1826 statt. Er will den König um eine Anstellung an der von Landshut nach München umziehenden Universität ersuchen.

»... Meinem Helfer und Gönner Ludwig, nun auch, seit er König ist, zu begrüßen hatt' ich mir schon lange als geziemend gedacht. Anfangs wollt ich's nicht, weil es scheinen konnte, als hätte ich die Meinung, er werde als König nun gleich auf dem Stühlerl dasitzen und mich aus Nichts zu Etwas machen. Jetzt aber sind die Hauptfundamente der neuen Regierung gelegt, es darf der Herr auch an Kleinigkeiten erinnert werden.

Ich ging vorgestern ins Vorzimmer und bat den diensttuenden Adjudanten (Fürst Taxis) bei Sr. M. um eine Stunde für mich anzufragen, und ob ich wohl in der alten Ordonanz erscheinen dürfe. Gestern sagte mir der Fürst, der König habe 6 Uhr Abends bestimmt, und daß ich immerhin in der alten Ordonanz kommen könnte.

Es war schlecht Wetter, ich bestellte einen Fiaker, und fuhr beim großen Steine Herzog Christophs an.

Mit mir stunden im Vorzimmer der General Pappenheim,

ein Minister, den ich, da ich weislich meine Brillen in der Tasche behielt, nicht näher unterscheiden konnte, und die seit gestern neu ernannte Regierung des Isarkreises, eine zierlich aufgeputzte Herde, ihren stattlichen Widder an der Spitze.

Es wurde die Flügeltür aufgetan, und es ging von der Tafel kommend, die Gemahlin am Arm führend, der König durch nach den innern Gemächern. Er hat nemlich noch dieselbe Wohnung inne, in der er als Kronprinz sein Absteigquartier hatte. Der schöne nördliche Teil des Schlosses, wo König Max und Caroline gehaust, ist wie ein Heiligtum unberührt und verschlossen.

Nachdem der General, dann der Minister, dann die Regierung vorgekommen waren, wurde der Ober-Leutnant Schmeller hineingerufen.

Was macht die Sprachforschung? sagte der König. Ich brachte gleich die Meldung an, daß nun auch der größer Teil des Werkes, das S. M. so huldvoll unterstützt, in Balde erscheinen werde, indem Cotta den Verlag übernommen habe. ›Ha, Cotta, der übernimmt nichts Schlechtes, das freut mich!‹ Ich bat nun, diesen Teil wie den frühern Sr. M. widmen zu dürfen.

Der König genehmigte sehr huldvoll.

Sie sind bei der Akademie? fragte er. Ja, Majestät sagt' ich, ich bin ihr so quasi zugeteilt. Ich weiß, ich weiß, sagte Er schnell abbrechend. Mit was beschäftigen Sie sich gegenwärtig?

Noch immer mit dem Wörterbuch, ich verbessere, ergänze und feile unaufhörlich daran, und würde, wenn es auf mich ankäme, vor meines Lebens Ende damit nicht fertig werden.

›Ha, sagte Er, mit dem vielen Feilen feilt man oft das Gute wieder weg. Man muß einmal abschließen.‹

Es trat nun eine Pause ein, in der ich nichts sagte und Er nichts sagte, aber in einer Art von Verlegenheit vor mir stand, als ob er nicht wisse, womit das Gespräch fortzusetzen sei. Vielleicht erwartete Er von meiner Seite irgend eine Bitte. Ich war aber in solcher Absicht gar nicht gekommen. – Endlich fragte Er, Sie haben doch mit Cotta eine solche Übereinkunft getroffen, daß Ihnen für Ihre lange und große Mühe der gehörige Lohn wird?

Auf eine solche Frage war ich durchaus nicht gefaßt. Statt bestimmt zu sagen, daß alles sehr kümmerlich und eventuell gestellt sei, war ich schafmäßig genug, die Sache im Allgemeinen zu bejahen.

Sagen Sie, Herr Leutnant, wo sind Sie her? Von Türschenreut, M. Ah, das kenn ich wohl ... Was gedenken Sie ins Künftige vorzunehmen?

Jetzt wäre Platz gewesen, meine Wünsche, wegen eines Wirkens als Professor der deutschen Sprache und Literatur, wegen Unterstützung zur Herausgabe deutscher Sprachmonumente und drgl. an den Mann zu bringen. Aber ich stak nun einmal in der Rolle des Zufriedenen fest: Jetzt, sagte ich, nachdem ich die heutige Sprache und die der letzten Jahrhunderte durchmustert, werde ich mich an die älteste Sprache machen ...

Ich wäre vielleicht in diesem Zuge doch noch auf das was Not tut, gekommen, hätte er mich nicht durch die Bemerkung aus dem Geleise gebracht: Nicht wahr, die alte Sprache war so wohlklingend gegen die jetzige?

Ich sagte unter anderm, daß sich die neue Sprache zur alten ohngefähr wie das Französische zum Latein verhalte, und daß dieses Abschleifen ein allen Sprachen gemeines Schicksal sei. Ich hatte dabei aber mehr an das Zugrundegehen der grammatischen Form, als an den blos äussern Wohllaut gedacht, und fand es nötig, da er blos den letztern im Auge haben konnte, mich selbst zu corrigieren, indem ich sagte, daß die italienische Sprache in diesem Stücke eine Ausnahme mache. Da fiel er bejahend ein; ist es nicht wunderbar, daß aus der Verbindung der lateinischen mit andern barbarischen Sprachen eine so wohlklingende wie die italienische hervorgehen konnte. Jetzt war der Augenblick da, wo er sich gnädig neigte, daß es Ihn sehr gefreut habe mich zu sehen etc. und Adieu Herr Oberleutnant.«

Neugierig verfolgt Schmeller das Wachsen der Schönheitsgalerie. Er kennt viele der Schönen und ist mit dem Geschmack des Königs nicht immer einverstanden. Am Neujahrstag 1826 schildert er, wie der König zu Pferd dem Fräulein Borzaga, der Tochter des Leihhausverwalters, »der Schönsten von Münchens Schönen«, eine fast zu große Ehre antut. Als nämlich die Maximiliane und ihre Begleiterinnen, die alle nicht ganz so hübsch sind wie sie, am König vorbeigehen und von ihm zunächst nicht bemerkt werden oder nicht frühzeitig bemerkt werden, reißt Seine Majestät plötzlich das Pferd herum und reitet auf das Fräulein Borzaga zu, »um ihr einige Schönheiten zu sagen«.

»O Deanal, dein Schön
de werd aa bal' vergehn!«

Später nimmt Schmeller dem König seine liebeglühenden Gedichte an die Königin Therese übel. Was will er mit diesen Versen, meint er, »die schönste von allen bist doch du, o Therese«, wo man es doch anders wisse? Es soll ein Liedchen zirkulieren, schreibt er ins Tagebuch am Ostersonntag 1827, das die Münchner als Schnaderhüpfel singen.

»Die Borzaga, die Strobl und die Hagn
die habn den Beharrlichen fest beym Kragn.«

»Fest und beharrlich«, das war ja Ludwigs I. königlicher Wahlspruch. Aber für Ludwigs Hang zu den Schönen hat der Wörterbuchschreiber ein Verständnis, und er entschuldigt ihn wiederholt. Auch füge das Malen der Schönheitsgalerie der Kgl. Majestät keine Einbuße zu. Wörtlich steht im Diarium: »Wenn König Ludwig wirklich in großen Dingen, wie es auch allen Anschein hat, mit festem Willen wirkt, so kann er solche kleinen Schwächen ohne Nachteil dem Medisierbedürfnis der Menge preisgeben.«

Am meisten von allen gefällt ihm Stielers Bildnis von der Marchesa Fiorenze. Er versteht es, daß diese schöne Muse den »kunstsinnigen deutschen König nach Colombella ziehe«. Er würde sich von so einem himmlischen Gesichte bis ans Ende der Welt ziehen lassen.

Schon im nächsten Satz kann er es kaum glauben, wie der König den Franziskanern im Lehel wieder ein Kloster errichten hilft. Er hätte es im Gedenken an die Treue der Minoriten gegen Kaiser Ludwig den Bayern getan, die diesen vom Papste Gebannten nicht verlassen hätten.

Er freut sich im Februar 1827, da er auf dem Maskenball im Zug der Narren sehen darf, wie sein Schüler, Prinz August von Leuchtenberg, der Sohn der bayerischen Prinzessin Augusta, die Königin als »Wansor verkleidet« am Arm führen darf. Gerade dieser zur kgl. Familie gehörige Prinz verschafft ihm auch Zutritt zu Stielers Arbeitssaal in der Residenz, wo er alle die aufgestellten Stielerschen Porträts der anerkannten kgl. bayerischen Schönheiten ansehen kann. »Die schalkhaft lächelnde Strobl und die Borzaga im schwarzen Putz« sprechen ihn wenig an. Desto mehr die »leidend aussehende Marchesa Fiorenze, die jedes Jahr »sobald die ersten Lerchen schwirren nach ihrem Colombella zieht unsern Apoll«!

Dann wieder hört er plötzlich die türkische Musik, und die schöne Häuserreihe des Rindermarktes erhellt sich. »Der König fährt vorbei an der Spitze einer langen Reihe von Schlitten, deren jedem ein paar Fackelreiter vorreiten. Gruppen von Zuschauern schreien Ho-Ho-Hoch! König Ludwig nickt freundlich sein ›Du kriagst nix, du kriagst nix und du kriagst aa nix!‹, wie eine boshafte Hermeneutik dieses freundliche Nicken des Königs nach allen Seiten, auslegt.« Diese Beobachtung macht er am 20. Februar 1827. Er ist jetzt Professor für Latein und Deutsch beim kgl. bay. Kadettenkorps. Und er hält auch schon Vorlesungen an der Universität.

Man spürt aus den Zeilen jener biedermeierlichen zwanziger Jahre einen manchmal fast glücklichen Schmeller herauslächeln, trotz der gelegentlichen Seufzer, die zu seinem Wesen gehören. Trotz einer gewissen Bescheidenheit des täglichen Lebens muß es eine schöne Zeit gewesen sein, voller Romantik und Herzensergießungen.

Vom »überall aufräumenden Ludovicus Aedificator aus langer, sorgloser Ruhe aufgescheucht« fühlt sich ein alter Münchner. Doch die Stadt wächst, und die Leute verdienen durch des Königs Bauten. Nicht wenige werden vermögend.

Brodelnder sind die vierziger Jahre. Und gefährlich aufregend wird es in den Revolutionsjahren 47/48. – Der deutschnationale Schmeller will freilich brav weißblau bleiben. Er zweifelt gar an der politischen Ersprießlichkeit eines geeinten deutschen Staates. Gleichmacherei bedeutet ihm den Tod der bürgerlichen Freiheit. Er bewundert den König und fordert doch mehr Konstitutionsfreiheit. Als Münchner ist er halt doch a bißl ein Zerrissener. Aber wer von den Zeitgenossen kennt sich in der eigenen Zeit schon immer gut aus? Gewiß nicht die »Zeitung-Schreiber«.

Die unruhigen Wochen der Münchner Revolution muß Schmeller wegen seines Unfalls auf dem Jauffenpaß im Bett verbringen. Bei den großen Krawallen ist er nicht dabei, er muß sich alles von seinen Stiefsöhnen Franz und Max Auer erzählen lassen. Professor Lasaulx wird entlassen, Kollegen treten zurück, die Universität wird geschlossen. Der König entläßt seine Minister. Die Bürgerwehr beginnt zu exerzieren, weigert sich aber, in der Schellingstraße vor Lolas Haus Wache zu stehen. Lola Montez, die Maitresse des Königs, bewohnt Schmellers Nachbarhaus. Da kann er selbst einiges erleben, Vorkommnisse, »die dem Ansehen der Majestät Schaden zufügen«. Auch gefällt ihm die schöne Spanierin nicht allzusehr. Sie ist ihm zu ehrgeizig und hart.

Einmal hört er Betrunkene lärmen. Er schleppt sich ans Fenster und sieht, wie eine Volksmenge die Gräfin Landsfeld, also die Lola, mit üblen Schimpfworten heimtreibt, mit

»Hur« und »Schnalln« und mit noch gehässigeren Worten. Das Schimpfen und Schreien vor ihrem Hause geht weiter. Aber die mutige »Spanierin« zeigt sich am Fenster und winkt der aufgebrachten Menge zu. Da kommt der König zu Fuß. Es wird für Augenblicke still. Dann schwenken plötzlich die Leut die Hüte und rufen »Hur aa!«. Der bettlägerige Sprachforscher hat dies ganz deutlich gehört. »Hur aa«, hätten die Witzigen gerufen. Die ausländischen Zeitungen irren sich, wenn sie schreiben, die revolutionäre Stimmung der Münchner hätte beim Erscheinen des Königs spontan umgeschwenkt in ein lautes Hurrah. Er, Schmeller, jedenfalls habe deutlich das Hur aa! gehört, die Imperativform, die sie dem König entgegengerufen.

»Ich will der Frauen nimmer geschonen, daß sie mich also betrogen hat«, liest man im Wörterbuch. Der Kini hat d'Lola nimmer »verschaun« könna, er mußte sie schließlich des Landes verweisen. – Zum erstenmal war Schmeller der schönen Andalusierin in der Staatsbibliothek begegnet:

27. May. 47

Auf der Bibliothek erzählte mir Lichtenthaler, wie ihm schon morgens der König begegnet sei ganz heiter gestimmt, sagend wie bald ein 4ter Band seiner Gedichte, und eine illustrirte Ausgabe der Walhallagenossen erscheinen werde, und daß er wünsche, daß überall solche Ordnung herrschen möchte wie auf der Bibliothek.

Nach 1 Uhr öffnet Schupp diensteifrig die beiden Türen meines Zimmers; hastig eilen zwei Damen durch, Lichtenthaler ihnen nach und wieder hinaus in die Richtung des Cimeliensaales. Es ist die Lola, sagt Schupp, der zurückkommt, in Eile das Fremdenbuch zu holen. Nach einer Weile kommen die Damen und hinterher der Direktor abermals durch mein Zimmer. Lola, immer wie Wichtiges hastig parlirend, reißt ein bei mir stehendes auffallend gebundenes Buch (Wrigh's Po-

ems of Walther Mapes) auf – und sofort, ohne nur mich anzusehen weiter nach Lichtenthalers Zimmern. Endlich abermals zurück in den Saal der französischen Belleslettres. Vous voudrez des Romans sagte Lichtenthaler. Ich hörte nicht mehr, was sie mit gellender Stimme erwiederte. Sie muß von da nach dem Flügel geführt worden sein, wo unter Anderm Krenners Erotica unter Lichtenthaler's besonderm Verschlusse stehen. Wo sollte sie sich sonst so lange aufgehalten haben, da ich sie erst um 2 Uhr, als ich selber ging, mit ihrer Begleiterin die Bibliothek verlassen sah? Hätte den Morgen der König auch diesfalls eine Weisung gegeben, wie er schon früher eigenhändig befohlen hat, der ›Senora Montez‹ von Seiten der Bibliothek alles verabfolgen zu lassen, was sie verlangen würde?

Übrigens sind diese von König Max angekauften Erotica und Obscena dem Jugendfreund und Bibliothekskollegen Scherer gefährlich worden. Nach Schmellers Meinung haben diese unkeuschen, in der Bibliothek stets unter Verschluß gehaltenen Bücher den Freund in den erotomanen Wahnsinn getrieben. Man habe freilich erst nach der Katastrophe erfahren, daß Scherer es verstanden habe, diese Erotica sich tagelang anzusehen. So mußte der Junggeselle verrückt werden und plötzlich mit fast vierzig Jahren sich so weibstoll aufführen, daß ihn schließlich die Polizei ins Krankenhaus hat abschieben müssen. Vergebens hat sich Schmeller um den Jugendfreund gekümmert. Er ging im Wahnsinn zugrunde wie vordem sein Schulkamerad Weiß.

Als Schmeller nach der Revolution wieder in die Bibliothek kommt, bereits unter der Regierung des streng nach der Konstitution regierenden Königs Maximilian II., führt ihn ein jüngerer Kollege die Prunktreppe hinauf, die vordem nur allerhöchsten Stiefeln zu betreten erlaubt war. Das seien halt die errungenen bürgerlichen Freiheiten in München, spottet er ... Aber wenig später hat er gleich wieder ein empörendes

Erlebnis. Wegen seines schlecht verheilten Knochenbruches rastet er auf den Stufen des Max-Josef-Denkmals. Ein Polizist geht auf ihn zu und sagt: »Auf den Stufen der alten Majestät darf niemand sitzen!« Unwillkürlich denkt er an den guten, bürgernahen König Max, der seinen Eltern zur goldenen Hochzeit eine Gedenkmünze geschenkt hat. Freili, Kini sein is aa net leicht. Und beim Kartln sticht d'Sau gar an Kini.

Doktor und Professor

Seit dem Erscheinen der »Mundarten Bayerns« und deren lobender Besprechungen in den Zeitungen – vor allem die anerkennenden Worte Grimms aus Kassel tun ihm wohl – geht es mit Johann Andreas Schmellers Ansehen aufwärts. Die Einladungen häufen sich. Sicher, auch bisher haben ihn schon etliche Herren Akademiker zu Tisch geladen, vor allem Thiersch und Schlichtegroll, Scherer und Mettingh, manchmal auch der alte Lorenz Westenrieder – und er wurde sogar von Ministern und Generalen vorgelassen, ja durfte selbst dem Kronprinzen die Aufwartung machen (anläßlich seines Aufsatzes über den schmucklosen Bauerngrabhügel im Südlichen Friedhof, der noch kein Monument, hat ihm sogar der Kronprinz einen lobenden Brief geschrieben). Doch jetzt kümmert sich die noble Gesellschaft der Residenzstadt auffällig mehr um den merkwürdigen Sprachforscher. Einer der ersten, der ihm nun eine besondere Aufmerksamkeit schenkt, ist des Königs großer Baumeister Klenze, der ihn persönlich durch die Glyptothek führt. »Wohl taten mir die schönen Frescogemälde nach Cornelius Cartons und zum Theil von ihm selbst ausgeführt.«

Er läßt die Bemerkung fallen, daß dieser herrliche Bau für die künftig sich wahrscheinlich mehrenden z. B. äginetischen Kunstwerke zu klein werden könnte. »Das kann nie der Fall sein«, antwortet Klenze. Da glaubt Schmeller, etwas Dummes gesagt zu haben. Er wird auf die sechs Stufen aufmerksam gemacht, die in den großen, für Roms Kunstwerke bestimmten Saal hinunterführen. Diese störende Tieferlegung moniert Schmeller ebenfalls. Klenze hat sie erst später vorgenommen, als er gesehen, »daß der lange Saal bey der geringen Höhe, welche ihm nach dem ursprünglichen Plane geworden wäre, einen üblen architektonischen Effekt machen würde ...«

Er bekommt vom Verleger Thienemann 54 fl. »auf Abschlag«. Die Monatsabrechnungen mit Madame Auer trägt er genau ins Tagebuch. So heißt es in der Novemberabrechnung des Jahres 1821: Mittagskost 9 fl. Abendbrot mit Bier 3 fl. 19 kr. Frühstück 2 fl. 30 kr. Holz 3 fl. 22 kr. Wasch 1 fl. 12 kr. Magd 1 fl. 12 kr. Logis 11 fl. (!) und Max Hocheneicher 1 fl. 12 kr. (Hocheneicher war wahrscheinlich der Hausmeister und Besorger.) In Summa 32 fl. 47 kr. Allerdings fügt Schmeller der Rechnung die Bemerkung bei: »Die elf Gulden Logis hat Madame bei mir deponirt.« Er, der Haupternährer der Auerfamilie, hatte bei ihr auch Kredit.

Tage später wird er beim Chemiker Vogel »zum Thee« geladen. Er findet eine bunte Gesellschaft vor. Aber »Klenzes Frau, eine liebliche Französin« erscheint ihm »die Krone aller«. Ähnliche Teegesellschaften häufen sich nun bei Schlichtegroll und bei Freiherrn von Kerstorf u. a. Dazu kommen Einladungen auf Redouten und Bälle.

»Auf meinem Kanapee sitzend und meine Tagebücher durchblätternd vergaß ich ganz des Balles auf der Harmonie und schlief ruhig den Übergang des freyheitzerstörenden und freyheitgebenden Jahres 1821 in das Jahr 1822 hinüber.« Ähnliche Eintragungen, das Blättern in den Tagebüchern, das Stöbern in der eigenen Lebensvergangenheit fallen einem beim Lesen der Schmellerschen Diarien etliche Male auf, besonders an den Silvestertagen. Für Schmeller selber sind diese Aufzeichnungen ja auch getan worden, zur eigenen Ergötzlichkeit, zum Trost in schlimmen Tagen, wo es einem doch schon noch schlimmer ergangen. Manchmal seufzt er, daß ihm alle Lust an der Wortklauberei vergangen, »daß ich mich durchaus nicht mehr dazubringen kann, etwas für das Wörterbuch zu tun«.

Vor Langeweile und Lebensüberdruß stellt er seine Grammatiken der Reihe nach vor sich in Reih und Glied, Grammatiken der Sprachen Sanskrit, Persisch, Arabisch, Hebräisch, Madyarisch, Griechisch (alt und neu), Latein, Italienisch,

Portugiesisch, Spanisch, Französisch, Russisch, Böhmisch, Polnisch, Englisch, Dänisch und Holländisch. Insgesamt sind es 18 verschiedene Grammatiken. Und er nimmt jeden Tag eine andere und studiert sie eifrig. Er ist die Sprachkapazität Münchens. Auch Ministerien benötigen ihn manchmal als Übersetzer.

Am 1. Januar 1822 unterwirft er sich, da er nun doch auch zur Prominenz gehört, zum erstenmal dem Brauch, Glückwunschbillets in den vornehmeren Häusern abzugeben. Er klingelt bei Ministerialrat Wismayr und bei Direktor Koch an, bei Thiersch, Professor Vogel und bei Schlichtegroll. Jugendfreund Streber hielt mit Stab und Mitra in der Hofkapelle das Hochamt. Bei Ritter von Martius ißt er Schnecken und trinkt portugiesischen Rotwein.

Am 26. Januar 1822 schreibt er – und wir sehen, wie auch schon das Biedermeierleben die Grippe gekannt hat – »wo ich aus dem dampfenden Lesezimmer der Harmonie im Schneegestöber nach der Prannergasse lief, um den König ins Ständehaus fahren zu sehen, muß ich mich erkältet haben. Es war mir den 27. und 28. fieberlich und hatte sich eine starke Halsentzündung eingestellt. Madame Auer machte mich brav schwitzen. Es ist nun wieder besser.« Wegen der Dult bekommt die Magd einen doppelten Monatslohn. Dann ist wieder notiert: »Kost. Hocheneicher, Wasch, Magd, Holz, Frühstück und Abendbrod etc. 22 fl. Nur um etliche Kreuzer weniger als im Januar ...«

Am nächsten steht ihm Freund Scherer, der kgl. Bibliothekar, der sich auch gern in der Staatsbibliothek verkriecht und eifrig mit ihm »sprachelt«.

Der Starnberger Förster Mettingh, sein vermögender Studienkamerad, heiratet am 30. März, und Schmeller schickt ihm ein Gratulationsgedicht, ein recht klassisch-kräftiges, in dem es heißt:

»... Weiß so meisterhaft
den Pinsel Potters Sie zu führen
So zeige Deine Meisterschaft
Du ihr im Porträtieren.
Ans Werk, obs Ihr, ob Dir wird gleichen,
Das soll sich in neun Monden zeigen!«

Aber zwischendrin steht da immer wieder: »... vom schon fertigen Wörterbuch am Buchstaben L nachgearbeitet. Das ganze Wörterbuch ist nun – vorläufig fertig.«

Gedruckt wird es immer noch nicht. Und nur selten kann er jemandem einige Artikel vorlesen. Und doch wird dann daraus immer ein Erlebnis. Grammatikalisch richtig wäre z. B. nach Schmeller etwa die altbairische Aussprache des Satzes: »Ich weiß nicht, daß ich nichts mehr weiß« auf folgende provinzialistische Art: »I woa' net, da' i nix mehr woa.« Der Seufzer eines alten Herrn, den die Vergeßlichkeit plagt. Und er fügt hinzu: »... mua' i den't do' amal zon Boda gehn.« Der Bader, meint er, müsse ihn nun doch einmal zur Ader lassen.

Natürlich versteht man heut vieles nicht mehr. Weil der Brauch abgekommen. Wie etwa die Schar oder die Scharwerk, der alte Frondienst für die Obrigkeit. Hand- und Spanndienste für Schloß- oder Kirchenbau. Das war halt auch eine Steuer gewesen. »Müa' ma in d'Scharwa einspanna, dös is an Arbet umasüst ...«

Aber auf einmal geht wieder ein schöner, wohltuender Artikel her, eine bezaubernde Wörterbuchglosse, die einen beim bloßen Lesen heut noch ein wenig glücklich machen kann, nämlich die zweite Schar-Bedeutung. Die erste Schar stand für den Heerhaufen und für die Engelscharen, für die himmlische Heerschar, für den Scharführer, den auch Schmeller schon kennt, wenn er Konrad von Megenberg zitiert: »Der erst an der Schar führt die andern.« Auch »a Schar Antn oder Vögl oder Gäns« ghörn da dazua. – Die dritte Scharglosse befaßt sich rechtsgeschichtlich mit dem ganzen Scharwerk, welches der gemeine Mann und der Bauer der Obrigkeit schuldet ... Aber die mittlere Scharglosse meint die Tanzschar. Da heißt es:

»Die Schar, die Reihe oder mit dem deutsch-französischen Ausdruck die Tour (le tour), nach welcher mehrere, sich einander ablösend, irgend etwas vornehmen. (Ähnlich wie in der Schicht.) – Im Oberland bedeutet es namentlich die Tanztour, den Raihen. ›A Schar a zwu tanzen mit dir, drei Scharn glei'!‹ wünscht sich der Bursch. A Schar aufmacha heißt zu einer Tanztour aufspielen.

Es gilt daselbst die schöne Sitte, daß bei jeder Schar, nachdem sie an die Musikanten gewöhnlich zu 12 Kreuzer bezahlt ist, in der Regel nicht über vier Paare tanzen dürfen. – Ist die Schar zu Ende, so zahlen und tanzen andere vier – oder auch nur drei, gar zwei, ja nur ein Pärchen. – Und so mögen die genügsamen Tänzer alle nacheinander an die Reihe kommen. Für Ungenügsame, in welchen jede Schar nur neue Lust nach einer gleich nachfolgenden zweyten, dritten u.s.f. entzündet, ist, und zwar mit Recht (!) bei steigender Taxe das Nachzahlen Rechtens.« (Wie sehr hatten die Alten recht, da sie die Musik nicht geschenkt haben mochten, am allerwenigsten die Tanzmusik!)

Schmeller erzählt weiter: »Auf solche Art recht viele Schar, während welchen Andre die ungeduldigen, neidischen Zuschauer spielen müssen, mit seinem Deanal allein zu tanzen, gehört mit unter die heftigsten Wünsche des ländlichen Ehrgeizes. Was a steifer Bua is, schwingt sein Beutl in der Luft, und schnellt a paar Vierazwanzgerl, wenn's aa Taler waarn, unter die durschtinga Geiger, daß' a Freid is. Dann beginnt das Drehen und Takttreten, Händeklatschen und Jauchzen und Singen, da' d'Leut in vierzehn Tagng no z'vozähln habm, wia der Kreil si' aufgführt hat a'm Gmunder Kirdan!«

Und es bedeuten die Scharn auch die Vorschüsse der Dächer, aneinandergefügte und mit Schindeln belegte Bretter. Heut Vordach genannt, früher aber die Schar oder die Scharn geheißen. Dazu kennt er ein Schnaderhüpfel.

»Wia brummeln de Glockn, wia tropfant de Scha'n!
Es juchezt der Bua zu der Hüttn herzua.«

Lange wollte es niemand drucken, das Wörterbuch, niemand verlegen. Da mußte schon ein König an die Regierung kommen, ein Kronprinz hätte es auch nicht gekonnt. Und fleißig, als am 13. Oktober 1825 König Maximilian I. nach seiner Namenstagsfeier beim russischen Gesandten, vom Schlag getroffen, tot im Bette lag und Kronprinz Ludwig als König Ludwig I. von Bayern (mit y, was schon am ersten Tag ein Aufsehen erregte) den Thron bestieg, bedeutete dieser Thronwechsel auch für Schmeller eine Hoffnung. Der Verleger Cotta, der wußte, Schmellers Wörterbuch sei nur auf Veranlassung des jetzt regierenden Königs unternommen worden, schickte dem Autor gleich einen Vertrag, ja zahlte ihm im April 1826, bei Druckbeginn, gleich 300 Gulden aus. Das heißt, ausbezahlt hat ihm den Betrag der Münchner Kaufmann Erich auf eine schon im Februar abgegangene Anweisung auf die Cottasche Buchhandlung. Und der Kaufmann hat für die verspätete Auszahlung an Schmeller auch noch 3 fl. und 36 kr. »Mühewaltung« abgezogen. Dennoch steht im Tagebuch am 10. Mai 1826 der modern klingende stolze Satz: »In Gottes Namen den ersten Bogen des Wörterbuches hingegeben der Gewalt des Dampfes.«

In diesen Tagen besucht ihn der Berliner Germanist Eberhard Graff, später der Verfasser eines althochdeutschen Wörterbuches, ein Spezialist für altdeutsche Präpositionen. Sie plaudern von den Befreiungskriegen. Graff erzählt ihm vom damaligen Patriotismus der adeligen Schlesier, der viel zu wünschen übriggelassen habe. Und anno 1813 hätte man ihn, Graff, zu Goethe nach Weimar geschickt, um den großen Dichter der Deutschen zur Abfassung eines nationaldeutschen, patriotischen Aufrufes zu veranlassen. Aber Goethe habe nur den Kopf geschüttelt und gesagt: »Nein, mein lieber Freund. Lieber zehn Szenen zum Faust als ein einziges Wort für diese Sache. Die Leute stecken sich das Dach über'm Kopf an und wissen nicht, wo sie bleiben sollen.«

Und immer wieder erfährt man Neuigkeiten aus dem romantischen München der Biedermeierzeit und der Schönheitsgalerie. So ist Schmeller Trauzeuge bei der Trauung seines Jugendfreundes Professor Desberger mit Maria Huber, »die nun«, wundert er sich, »aus der von der früheren Braut eingestellten Magd zur Gemahlin des guten Herrn Professors geworden ist«.

Ein andermal besucht er auf seiner Wanderung von Augsburg kommend in Straßberg einen Herrn von Schöppler, trifft ihn aber nicht an. »Indessen war von einer ältlichen Frau, die in der Küche das Regiment zu führen schien, ein jüngeres, allerliebstes Weibsbild mir zur Führerin gegeben nach den oberen Gemächern, von wo aus die gerühmte Aussicht eingenommen zu werden pflege. Sie öffnete mit zarter Hand die Fenster und Läden. Ich sah hinaus – und wenn auch statt des trüben Horizonts ein Panorama, dreimal schöner als das von Weltenburg sich dargestellt hätte, ich würde dennoch die Einsicht in die reinen himmlischen Augen meiner Führerin vorgezogen haben.«

Er selbst bleibt noch lange der Herr Oberleutnant und heiratet seine Julie nicht. In diesen Jahren versucht er sich wieder als Dramatiker. Er will über den Wittelsbacher Stammvater Luitpold ein visionäres historisches Festspiel schreiben. Zum silbernen Regierungsjubiläum König Maximilians I. Weil Schmeller dem Hause nicht schmeicheln will, soll Luitpold gerade die Schreckensszenen seines Hauses voraussehen und im Traum erleben, etwa den Mord Ludwigs des Strengen an seiner Gattin Maria von Brabant. Die Intendanz lehnt das Stück ab. Schmeller will es mit Ballettszenen anreichern und geht studienhalber in die Oper. Man schreibt den 15. Januar 1823.

»… Die Oper hatte begonnen. Stich, der Theater-Intendant, nach dem als ehemaligem Kameraden ich mich gerne umzusehen pflege, saß gravitätisch in seiner Loge, und strich sich selbstgefällig die Haare in die Höhe …

Man war im zweiten Akt, der Rittmeister eben als Ritter Bayard angetan, um dem Maler als Modell zu dienen. Es trat die Mündel ein, um ihrerseits als Modell der Dame zu dienen, vor welcher knieend der Ritter ohne Furcht und Tadel gemalt werden soll. Löhle als Farbenreiber sang, um ihr Winke zu geben, ohne Worte die Melodie ihrer im ersten Akt aus dem Hause gehörten Arie – und ich freute mich recht, sie nun selbst wieder zu hören – da ging mit einem Male hinter der Leinwand, die den Hintergrund des Zimmers vorstellte, eine sonderbare Helle auf. Feuer, Feuer! schrie alles im Haus. Ich teils unglaubig, teils an das gerühmte Reservoir denkend, durch welches man die Bühne im Augenblick unter einen dichten Platzregen setzen könne – sah zu, was denn aus dem Ding werden würde. Bald war ich mit einigen wenigen noch allein im Saale. Der Rauch drang hervor, ich hörte alle Türen zu schlagen – und dachte nun auch ans Gehen. Die Luft zog mit Gewalt durch die Türe und ich blieb, als ich außen war, einige Zeit stehen, um sie fest zu zu halten. Als ich auf den Platz kam, war alles taghell erleuchtet. Ich half einige Sachen, Baßgeigen, Piano's und drgl. wegtragen, besann mich aber, daß ich vor Allen die Meinigen, die wußten, daß ich im Theater war, zu beruhigen, und mich, da ich nur den einzigen guten Rock und Hut habe, anders anzukleiden hätte. Nur auf meine feste Erklärung, daß ich nach Hause müsse, ließ mich die Wache durch. Ein grausiger rötlicher Tag durch die ganze Stadt, an allen Fenstern unbewegliche Zuschauern. Von meiner Wohnung sah man das ganze Balkengerippe des über alle andern hervorragenden Dachstuhls – einen ungeheuern glühenden Rost. Man war meinetwegen in großer Angst gewesen. ›Ich will nicht mehr zündeln‹, sagte Emma, die durch das seltsame Schauspiel aus dem Schlafe gebracht worden war, und in das Feuer sah.

Umgekleidet ging ich mit Max nach dem Brandplatze, um, wo wir konnten, doch auch unser Scherflein beizutragen. Lange arbeiteten wir an der Spitze, die beim Hinterteile des Theaters das gegenüberstehende zum Zeughaus gehörige Gebeude vor dem Brandfassen sichern sollte. Das Wasser, das unaufhörlich in meine schlechten Stiefel eindrang, legte sich eisig um meine gegen die Kälte so empfindlichen Füße. Ich hielt es für Pflicht gegen mich selbst, nach Hause zu gehen, um eine bessere Fußbekleidung anzuziehen. Allein wir wurden von den Soldaten auf eine sehr derbe Art zurückgewiesen – und auf eine noch derbere, ja mit gegen uns erhobenem Kolben von einem Garde-Corporal in den Brunnenhof der Residenz getrieben, wo wir Wasserkübel reichen halfen, bis ich des gar zu mechanischen Tuns müde, mich hinauf in das alte Theater begab bis an die Stellen, wo man arbeitete, die Communication des Feuers, mit diesem und der Residenz zu unterbrechen. Hier selbst schienen mir die Anstalten am schlechtesten; mancher Löschpunkt war einzelnen Soldaten uberlassen, es fehlte auf den schlüpfrigen Treppen und Brettern unterm Dachwerk zum Teil an Laternen, das Herreichen der vollen und Zurückschaffen der leeren Kübel stockte unaufhörlich. Alles kommandierte, schimpfte, fluchte und man wußte nicht wer denn eigentlich zu dem allen ein Recht hatte. Hier konnt ich manches ordnen und fördern. Minister Lerchenfeld, Klenze, verschiedne Generäle stiegen auf und ab. Baurat Baumgärtner sah im obersten Dachfach dem Walten des bärtigen, wie er mir sagte sehr geschickten und verständigen, und wie es mir schien, etwas benebelten Pionier Heß zu. Es war 6 Uhr Morgens. Der Tag sollte, dacht' ich, nun auch andre Helfer bringen. Strotzend von Eise wollte ich nach Hause gehn. Ein Kürassier ritt mir den Weg, und mahnte mich, dieser sehr manierlich, wieder umzukehren. Ich kehrte um und arbeitete noch bis zum hellen Tag an einem der

Mistwälle, womit man die Öffnungen der Feuermauer, die das Gebäude des alten Theaters vom neuen trennt, zu versperren gesucht hatte. Auch jetzt wäre es mir nach den weisen Anordnungen der Löschbehörden nicht vergönnt gewesen, nach Hause zu kommen, wenn mir nicht die Eiszapfen an meinem Rock und Käppchen als Paßport durchgeholfen hätten. ›Der ist sicher dabei gewesen‹ sagten die Grenadiers und lachten.

Max war früher und ganz benebelt heimgekommen. Der gute Junge hatte, um sich zu erwärmen, mit einen Schluck vom Schnaps genommen, den man in großen Krügen an die löschenden, in ihren bloßen Westen ohne Chemise herausgejagten Soldaten nebst Broden herumgehen ließ.

Man sah unter den löschenden wenige nichtmilitärische Personen, und unter diesen meistens junge Leute von der Kunst-Akademie und Fremde. Es hatten vermutlich viele, wie ich schon vor ein paar Jahren beim Brand des Holzes zum Dachstuhl desselben Theaters im Zeughaushofe, die bittere Erfahrung gemacht, daß jeder, der frei und menschlich dem Rufe seines Innern folgend, in solchen Fällen zu helfen herbeieilt, da, sei er hoch oder niedrich, kränklich oder gesund, robust oder schwächlich, seine persönliche Freiheit verliert, sich dem rohen Commando und selbst dem Stocke von Corporälen heimgefallen und seine aus freiem Pflichtgefühl dargebotene Handleistung in eine gezwungene Frohne verwandelt sieht.

Wie viele solche traurige Szenen wird es noch brauchen, um den Magistrat oder die Regierung zu vermögen, einmal eine Feuer-Ordnung herzustellen, wie sie schon in mancher unbedeutendern Stadt des Aus- und selbst des Inlandes besteht, ich will an die militärisch organisierten und exerzierten Pompiers-Compagnien und Bataillons in Paris nicht einmal erinnern.

So ist Fischer's unsterblichgerühmtes Werk, noch eh es das Titelblatt (die Säulenfassade) erlebt hatte, dahin geschwun-

den. Klenze, wäre er ein schlechter Mensch, könnte sich heimlich darüber freuen. Er ist es, bei dem jetzt beteuert und geschworen wird.

›Klenze N'en répond pas avant deux heures‹ sagte Prinz Carl mit schwerer Zunge zum General Pappenheim zwischen den Wasserkübel-Reihen im Brunnenhof. Mir ist die vergangene Nacht ein neuer Beweis, wie wenig oft in Zuständen des Dranges das unbedingte Vertrauen in die Anordnungen der Höhern begründet ist, da diese selber gewöhnlich auf die Berichte und oberflächlichen Ansichten einzelner, nicht selten ganz unberufener Niederer gebaut sind. Ich ward oben im Dachwerk, wo das Steigen mühsamer wurde, von verschiednen Obern um Auskunft über den Stand der Gefahr angegangen. Ich wies sie zum Selbstsehen weiter hinauf. ›Mei Herr, so sih I do' a amal's Teata‹ sagte diesen Morgen am ausbrennenden Musentempel vorbeigehend eine arme Taglöhnersfrau. Mir scheint in diesen Worten großer Inhalt zu liegen.

Nichts lächerlicher als das Tuten der Feuerwächter auf dem Turme über die vom nächtlichen Brand taghelle Stadt.

Der König soll dem Bürgermeister Utzschneider sein Misfallen über die wenige Teilnahme der Münchner am Einschränken des Brandes bezeugt haben mit der Bemerkung, er würde, wäre die Residenz abgebrannt, sie kaum mehr in München aufgebaut haben.«

Schmeller gibt nach dem Münchner Theaterbrand seine dramatischen Arbeiten auf, bewahrt aber die Manuskripte seiner Dramen doch auf, findet sie zum »Wegwerfen zu schade«. – An manchen verregneten Urlaubsabenden, die er in befreundeter Gesellschaft verbringen darf, liest er aus seinen »Ephesern« vor oder erzählt von den einst so patriotisch-kritisch empfundenen Träumen des alten Markgrafen Luitpold. Die Arbeit wird immer mehr. Zweimal die Woche holt ihn der fürstlich leuchtenbergische Kutscher zur Latein- und Deutschstunde beim sechzehnjährigen Prinzen August nach

Ismaning. Sein Schüler gefällt ihm. Er habe ein gemütliches Wesen und sei ganz das Ebenbild seiner Mutter.

»Das erstemal mit dem jungen Quasinapoleoniden zwo Morgenstunden zu Ismaning zugebracht. Es wurden ein paar Capitel aus des Tacitus Annalen übersetzt. Zur Übung im Deutschen eine Beschreibung von Ismaning aufgegeben.« (So unterm 7. Juli 1826.)

Die Beschreibung des Landsitzes fällt »ziemlich summarisch aus«. Entschuldigend fügt er hinzu: »Es war wahrlich ein undankbarer Stoff.« Das neue Aufsatzthema, das er dem Prinzen stellt, lautet wesentlich gebildeter: »Durch welche Ereignisse, Erfindungen und Entdeckungen ist die neuere gebildete Menschheit auf eine höhere Stufe gelangt als die alte war?«

Graf Mejean, der fürstliche Hofmeister, »ein schon bejahrter französischer Herr aus der alten freundlich-höflischen Schule«, zahlt ihm très generös das monatliche Honorar. Und schon nach der vierten Stunde sagt der Prinz, »daß die Mutter wünsche, meine persönliche Bekanntschaft zu machen ... die auch jetzt noch schöne Frau (einst mein Jugend-Ideal), von der ich in Tarragona mit Stolz gelesen, trat in einfachem Anzuge heraus in den Saal, begrüßte mich freundlich mit dem Beysatze, daß sie viel Vorzügliches von mir gehört ... Dann natürlich ging sie auf ihr Kind über ...«

Um diese Zeit wird er von der eben nach München übersiedelten Universität zum Doktor der Philosophie promoviert »propter in linguam germanicam merita«, wegen seiner Verdienste um die deutsche Sprache. Gleichzeitig wird er vom Senat der Universität eingeladen, über die alten Sprachdenkmäler der Deutschen Vorlesungen zu halten. Ein Jahr später bekommt er den Titel eines außerordentlichen Professors. Auch werden ihm aus der Universitätskasse jährlich 200 Gulden gewährt.

Noch nicht genug der »Ämterhäufung«, das kgl. bay. Kadettenkorps unter dem Kommando des gestrengen greisen

Generals Georg Tausch wünscht den Dr. Schmeller als Latein- und Deutschlehrer, für 700 Gulden jährlich statt der nur 500 als praktizierender Oberleutnant. Insgesamt hat er jetzt ein Jahreseinkommen von über 1200 Gulden!

»Zugunsten meiner Emma auf Raten meines Nachbars Petzl, Beamten der Staatsschuldentilgungskommission, 300 fl. zu vier Prozent aufgelegt. Vor mir legte Mangstl, ein Bauer von Wolfsgrueb, Landgericht Mühldorf, einen Sack mit 2000 Gulden hin und der kgl. Leibmohr Bertrand Roselle eine Rolle mit 1000 fl. – auf Wucher – an.«

Zwischen den Zeilen liest man immer wieder seinen Wunsch, eine junge, hübsche, geldige, herzensgute und aus bestem Hause stammende Frau zu einer baldigen Heirat kennenzulernen: »Schwere Kämpfe mit der Mutter meiner lieben Emma ... Sie wollte anfangs den Gedanken nicht ertragen, von mir getrennt zu leben. Nun ist sie beruhigter ...« – Dann wieder kann man lesen: »Sohn Franz zur Firmung geführt.«

In Rimberg ist seine Mutter gestorben. »Der Pfarrer hat sie se' nachigschaut« mit seinem noch im Tode offenen Auge. So ist sie ihm, nach altem Volksglauben, schon nach wenigen Tagen nachgegangen. Sie hätte noch viel von ihrem Andrel gesprochen und auch noch vom »nach München gehen«. Sanft einschlummernd sei sie nun aber ins »ewige München« hinüber.

Er hat es zwar jetzt ziemlich streng, zumal er sich den Unterricht bei den Kadetten nicht leichtmacht. Er läßt in der Klasse ein lebhaftes Arbeitsgespräch zu, was aber der gestrenge Herr General Georg von Tausch durchaus nicht gestatten will, trotz wiederholten Erklärens dieser neuen pädagogischen Methode auch nicht begreift. So wird ihm der Unterricht bald zur Last. Er sehnt sich immer stärker nach einer ordentlichen Professur an der Universität, die ihm genügend Zeit für seine sprachforscherischen Arbeiten ließe, ja selbst das Metier dieser Arbeit wäre. Als der Bibliotheks-Kustos

Docen stirbt – Schmeller besucht den kranken Junggesellen noch am Tage vor seinem Tod –, gibt er nach einigem Zögern und wiederholter Aufforderung seiner akademischen Freunde um die Position eines Hüters der Schätze der kgl. bay. Hof- und Staatsbibliothek ein. Und er erhält sie auch.

»Wie sich die kleinen und doch oft manche Wahl des Augenblicks entscheidenden Wünsche der Lebensgewohnheit nach und nach erfüllen! Eine Uhr, ein Clavier, ein Glas Wein zu Tische waren mir schon früher geworden, gestern nun auch (durch Hausfrau bei einer Versatzamtsversteigerung für 27 fl. 48 kr.) ein seit zehn Wintern entbehrter Mantel ...« Ein Professorentalar wird für den Extraordinarius auch bald fällig.

Am 9. September anno 1828 nachmittag drei Uhr wird er vor Rektor und Senat, auch die Professoren Döllinger senior und Nepomuk Ringseis stehen dabei, »bey Cuzifix und brennenden Kerzen in akademischen Eid und Pflicht genommen«.

Am 1. Mai des folgenden Jahres muß er schon wieder schwören: Nachdem er von sechs Uhr früh bis acht Uhr im Kadettencorps, »wo mir wirklich die Zeichen von Zuneigung meiner jungen Leute wohltaten«, unterrichtete, eilte er um neun Uhr auf die Bibliothek zu Direktor Lichtenthaler, der zugleich Erzieher des Kronprinzen Max ist und sich seit Jahren des Vertrauens Ludwigs I. rühmen kann. Hier schwur der ernannte Bibliothekar Professor Dr. Johann Andreas Schmeller den »allgemeinen Diensteid, wo auch der Staatsverfassung gedacht ist, und den besonderen«. Dann wurde er sämtlichem Bibliothek-Personal vorgestellt.

Aber Schmeller war an diesem Tage kränkelnd, nervös und wohl auch ziemlich aufgeregt. Das Eideschwören vor brennenden Kerzen hat damals auch einen aufgeklärten Freigeist noch ins Gewissen getroffen. Im Tagebuch heißt es: »Glücklicherweise war der Tag als ein Ferientag bezeichnet. Es war mir seit dem Morgen höchst unwohl gewesen und es kam mir so unheimlich vor in dem neuen großen Wirkungsraum, in dem ich mich noch gar keinem einzelnen Punkt befreundet hatte, bis zwei Uhr auszuhalten. Nachmittags fand ich's geraten statt ins Cadettencorps, zu Bette zu gehen. Den heutigen Morgen habe ich also im alten wie im neuen Amte gefehlt. Ich hoffe, daß ich übermorgen, Montags, beiden werde genügen können.«

Er fängt an, seines verstorbenen Vorgängers, Docens, Nachlaß zu sichten und zu ordnen, ein Chaos von Zetteln und Briefen und Abschriften ... Bibliothekar Schrettinger weist ihn im historischen Saal herum, wo die wertvollen Handschriften aufbewahrt werden. Die Kollegen geben ihm keine Anleitung. Er muß sich alles selber erarbeiten, muß das Bibliothekswesen, »das viel Positives und an sich Unerratbares hat, einstudieren«. Endlich bringt ihm der Hofkistler ein Stehpult, das ihn »von der Qual, sechs Stunden lang gekrümmt an einem Sitzpult zuzubringen, erlöst«.

Gehälter bis zu 1000 Gulden jährlich werden jeden ersten Samstag im Monat ausbezahlt, Gehälter bis 2000 jeden zweiten. Der Kassier zahlt ihm monatlich 91 fl. 45 kr.

Von den 1200 Gulden werden nur 1100 in Geld ausbezahlt, der Rest in Getreide. Weder vom Kadettenkorps noch von der Universität bekommt er mehr ein Gehalt. Und am 15. Mai 1829 wird er auch aus dem kgl. bay. Heer entlassen, dem er 15 volle Jahre lang angehörte. – Abzüge hat er nur die 55 Kreuzer für die Witwenkasse, die auch der Unverheiratete bezahlt. Und immer noch nicht kommt er zu einer Frau. Er seufzt gerade in diesen Tagen wieder in sein Tagebuch, am 31. Mai 1829:

»Der Zufall wollte, daß am 24. Januar 1816 Nanny Weigand im Salzburg-Münchner Postwagen saß, den ich, durch Wispaur von Traunstein im Schlitten hergeführt, in Stein erwartete.

Der Zufall wollte, daß ich, nach Angaben des Wochenblattes in München ein Zimmer suchend, am 31. Januar 1816 zur

Witwe Madame Julie Auer gerieth. Die eine half dem dummen Jungen aus den Schlingen der andern, um ihn in ihren eigenen festzuhalten. (Salzbäder, Einräumung des vorderen Zimmers etc.) Das Verhältnis hatte seine natürlichen Erfolge. Versuche, es zu brechen, wurden durch Ohnmachten und Verzweiflungsactionen auspariert. Am 4. Juni 1818 kam Emma zur Welt. Dadurch war das Band noch fester gezogen. Es war und blieb eher ein Band der Not als der Liebe ...«

Auch die Zeit, da er von ihr teilweise getrennt lebt zahlt er monatlich 15 fl., denn Madame Auer wäscht weiterhin für ihn, pflegt ihn auch, wenn er krank ist, und er besucht sie und sein Töchterchen häufig. Gelegentlich hilft er mit größeren Summen aus.

Er hat kein Glück, eine andere zu freien, obschon zahlreiche Liebesgedichte von seinen Bemühungen Zeugnis ablegen.

»Halt die oan, de i moan.
Was denn sunst für oane?
Für mi gibts sunst koane:
Als die oan, de i moan ...
Und ihr Äugerl leucht an andern
Und ihr Stimmerl nennt net mi!
Halt die oan, de i moan.
Was denn sunst für oane ...?«

Auch in feurigen Jamben beschreibt er seine hoffnungslose Liebe:

»Durch die dämmernde Nacht auf Maximilians Platz,
Trabe die Treppe hinan und poche mit pochendem Herzen
An der Türe, die mir Pforte der Seligen ist.
Denn was Höheres kann der Himmel selber gewähren
Als in Reinheit zu schauen alles was schön ist und gut?
Ha, die Herrliche mein! Ich müßte minder sie lieben,

Könnt' ich nur wünschen, daß sie stiege herab je zu mir.
Und so tret ich denn ein. Mein Auge suchet sein Licht
rings,
Und es suchet umsonst. –
Nur die Tante ist da. Die musikalische Nichte
Hat ein beglückterer Mann heut' ins Theater geführt.«

An dem Tag, da er 100 fl. Taxe zahlen muß für die Ernennungsurkunden und das gesamte Zeremoniell der Ausschriften, Botengänge und Stempelgebühren, dichtet er ein zorniges Distichon auf König Ludwig. Während er Tage vorher die eben in Druck erschienenen Gedichte des Königs mit Lob bedenkt, fließt ihm nun aus der Feder:

»Unsichtbar und bequem vom Cabinet aus regiert er
Nur durch geschriebenes Wort über sein kindisches
Reich.
Denn nicht die Knaben allein auch die Männer macht er zu
Kindern,
Hetzt im beschränkten Kreis Große wie Kleine herum.«

Man bekommt eine Ahnung von der Kompliziertheit der Personalpolitik beim Studium der Schmellerschen Diarien. Die Herren Akademiker, besonders die Professoren Schlichtegroll, Kobell, Thiersch, spielen die einflußreichen Eminenzen, schlagen diese und jene Wege vor, raten ihm, auf die Professur an der Universität zugunsten von Herrn Kollegen Maßmann zu verzichten, dann würde Maßmann, der über den Finanzminister Armannsperg sich um die Kustodenstelle beworben, ihm die Nachfolge Docens gerne überlassen. Es müssen die Ministerialräte, gar die Minister aufgesucht werden. Schmeller trifft in den Vorzimmern die konkurrierenden Herren Kollegen, die auch antichambrieren. Und der König weilt in Rom! Mit dem nächsten Kurier wird das Gesuch abgehen. Der König läßt sich Zeit. »Er will wahrscheinlich zwei Monatgehälter einsparen und die Ernennung noch länger hinauszögern ...« Oder es wird ihm der Bescheid: »Noch sind Sie nicht vom Heeresverbande entlassen ... nein, vom Innenministerium nehmen wir im Kriegsministerium nicht an.« Eine Schlüsselfigur war damals der junge Dichter und Vizeminister Eduard von Schenk. Seinen Belisar wollen sie alle gelesen haben. Dabei ist Schenk ein gutmütiger und liebenswürdiger, empfindsamer Mensch. Und er ist dem Wörterbuchschreiber gewogen. Überhaupt wiegt die aufkommende Wissenschaft über die Sprache der Deutschen, über ihre Mundarten und ihre ältesten Dichtungen im Zeitalter der Romantik und der Einheit ganz Deutschlands immer schwerer. Schmeller liegt günstig im Fahrwind der Zeit.

Seine Dienstzeit an der Staatsbibliothek währt von acht Uhr früh bis zwei Uhr nachmittags. Die vielen tausend Handschriften werden seine Leidenschaft. Über zwanzigtausend lateinische und deutsche Urkunden und Codices ordnet er, registriert sie, beschreibt sie gar. Er sitzt oft schon um sechs Uhr früh in der Bibliothek oder arbeitet in seiner Stube. Nachmittags unterrichtet er Studenten in gotischer oder althochdeutscher Grammatik. Und er macht Entdeckungen, gibt mittlerweile berühmt gewordene Literaturdenkmäler der deutschen Frühzeit heraus. So das Muspilli, das Lied von den letzten Dingen, vom Untergang der Welt. Oder die Carmina burana. Und den ersten deutschen Roman, den aus Tegernsee stammenden Ruodlieb, in dem bereits eine Art Steirertanz beschrieben ist. Die Feder in seiner glücklichen Hand ist unermüdlich. Zahlreiche Aufsätze lassen die Germanisten ganz Deutschlands aufhorchen.

Und unermüdlich überarbeitet er das Wörterbuch. Oft liest man da: »Die Feiertage den Buchstaben S durchgesehen und Korrekturen angebracht.« Diese Arbeiten kommen ihm manchmal vor wie härteste Steinhauerei.

Endlich erscheint der zweite Band, der dritte und vorletzte kommt erst 1833 heraus, der letzte gar erst vier Jahre später. Jetzt atmet er auf. Er spürt es, daß diese herkulische Arbeit ihm keiner nachmacht, daß er etwas Bleibendes geleistet, daß er nicht umsonst gelebt.

Staatsrat Hormayr, Historiker und hoher Beamter im kgl. Ministerium des Äußern und des kgl. Hauses, Lehrer auch des Kronprinzen, wird einer seiner wohlwollenden Freunde. Dieser Hormayr nennt Schmeller bald den »bayerischen Grimm«. Aber der Routn'Rel von Rimberg weißt diese ehrenvolle Titulatur zurück, vergleicht sich mit dem Chiemsee, nicht mit der Nordsee, dem deutschen Meer. Mit den Spitzen der Münchner Gesellschaft trifft er zusammen, macht mit ihnen Ausflüge nach der Menterschwaige, nach Hesselohe und ins Isartal. Als sie einmal dem aus Ischia zurückkehrenden König mit vielen Tausenden bis über Sendling hinaus entgegengehen, hört er aus den »Münchner Mäulern, in denen das Loben der Regierung nie Mode gewesen, Äußerungen, die diesem König denn doch volle Gerechtigkeit widerfahren lassen«.

Fleißig geht er durch die noch nicht vorhandene Ludwigstraße, um zu sehen, wieweit die königliche Idee, »nun einmal eine grandiose Gasse zu haben, über die nützliche Bürgerlichkeit Herr« werde. Und als der Grundstein zur neuen Hof- und Staatsbibliothek gelegt wird, darf auch er einen Hammerschlag tun. Er dichtet dazu:

»Für Geister bauen wir ein Haus
Da sollen mit den längst Entflohnen
Die Kommenden vertraulich wohnen,
In Frieden ziehen ein und aus.«

Er zieht noch mal um, wohnt mit Professor Martius unter einem Dach und drückt sich immer noch um eine Heirat herum. Obwohl er an seiner Emma große Vaterfreuden erlebt, da sie Klavier spielt und schon beinah fließend Französisch spricht. (Die Tochter des großen Germanisten war eine echte »höhere« deutsche Tochter nach dem Geschmack der Zeit.) An Feiertagen weiß er die Natur nicht angenehmer zu genießen als in ihrer Gesellschaft. Und diesem Kinde zulieb, »um es in alle Rechte eines Kindes einzusetzen, wende ich mich immer mehr zu dem Gedanken, die Mutter qualemcumque (wie beschaffen sie auch immer sein mag!) zu heiraten«.

Aber es vergehen noch Jahre, bis es soweit kommt. Zunächst reist er in den Ferien des Jahres 1830 in die Schweiz »zu einer größeren Interpunction im tödtlichen Einerley und um aufzufrischen manches Bild, das, wenn auch verblichen, doch unzerstörbar am Himmel meiner Erinnerungen ...« Und während er den Koffer packt, gelingt ihm gleich ein Gedicht:

»Fünfzehn Jahre kann getreuer Brust Altliebchen nicht entrücken.
Fünfzig Meilen ist nicht weit
Gilt es, einmal noch Altliebchen zu erblicken.«

Über Augsburg–Ulm reist er nach Friedrichshafen und besteigt dort das erste Dampfboot Deutschlands nach Rorschach. Eine neue Epoche in der Geschichte der Menschheit, ruft er aus. Er erfährt, daß dieses Motorschiff 60 000 fl. gekostet hat, und bringt auch heraus, daß der angestellte Maschinenmeister, ein Engländer, jährlich 1500 fl. Besoldung hat. (Mehr als ein Professor!) Über Zürich eilt er ins Berner Land, und immer freudiger klopft sein Herz. Er wandert »durchs schöne Langenthal, wo ich mich des einst mit Maria zugebrachten Abends mit Wehmut erinnerte ... überhaupt war mir von nun an der ganze übrige Weg, auch von Maria durchlaufen, eine via sacra ... so auch die kalte Felsenwand, wo 1814 der Geliebten Bild dem feuchten Blick entschwand«.

Noch abends klopft er ans Haus. Eine Magd öffnet, er wird hinaufgeleitet, betritt die Stube, sieht sie nun »leibend und lebend und vielleicht noch liebend vor mir«. Und weil er diesen Blick hat tun können, will er gerne wieder heimkehren über den Rhein »in das Grab der Münchner Bibliothek, ja des Münchner Kirchhofs«.

Solche und noch innigere Sätze stehen in seinem Tagebuch. Er will den anderen Morgen schon wieder fort, bleibt aber doch vier Tage, »steigt dann in den Eilwagen und fährt mit einer Brust, die zerspringen wollte durch sonnige Thalgründe über Langenthal, Arburg, Olten nach Aarau«, wo er beim Wilden Mann übernachtet. Gefühlvolle Seiten grüßen einen aus dem Berner Oberland, in dem Jeremias Gotthelf gerade zu schreiben beginnt.

Mit geübtem Blick schaut er sich jetzt alle Bibliotheken an, die er auf seinen Reiserouten passiert. Und der immer berühmter werdende Professor Schmeller aus München macht große Reisen, bis Sachsen und Berlin gar, nach Frankfurt auch zum ersten Deutschen Germanistentag, wo es sehr hoch hergeht, große patriotische Reden gehalten werden und beim Abschlußmahl mehrere hundert Champagnerflaschen von den deutschen Gelehrten geleert werden. Und wo Schmellern die Ehre widerfährt, über die philologische Klasse zum Präsidenten gewählt zu werden. (Auf Veranlassung Grimms, der über alle präsidiert, über die deutschen Juristen, Historiker und auch über die Germanisten.) – Diese Frankfurter Reise benützt er zu einer kleinen Europareise, die ihn den Rhein hinunterführt, nach Köln und Amsterdam, nach Ostende gar und zurück über Brüssel wieder nach Köln.

Und dann wieder eilt er nach Rimberg, ans Grab der Mutter, ins alte Bauernhäusl, den geliebten Vater zu sehen. »Johannas Mann hat glücklicher Weise des Nachbar Franzen Haus wieder verkauft, und so sah ich vergnügt den Papa und mich selbst wieder in der väterlichen Strohhütte. Leider ist der Gute fast zum Kind geworden ...« Am 9. Juli 1831, »da ich abends sieben Uhr eben am Wörterbuch-Artikel über ›der Scheuhen‹ sinniere, wird durch Rosine ein Brief hereingebracht, in welchem Schwester Johanna berichtet, daß gestern um zwei Uhr nachmittag der gute alte Vater gestorben ... Ich klage nicht Edler, über dein Ende, ich werde es auch über meines nicht. Wer sollte nicht wünschen aufzuwachen aus diesem angsterfüllten Traum des Seyns!«

Immer häufiger trifft er sich jetzt wieder mit Emma und ihrer Mutter. Er führt die beiden nicht nur zur Auer Dult, gelegentlich auch nach Haching oder Nymphenburg oder »zu den Kunstreitern Liebhard und Golz«. Auch mit dem hochbegabten Franz Auer, seinem Stiefsohn, wird das Verhältnis immer vertrauter. Franz ist der beste unter den Schülern und bringt es bis zum Legationsrat im kgl. bay. Ministerium des Äußeren. Es fehlt ihm leider auf der Lunge, und er stirbt mit kaum 37 Jahren. – Noch aber ist er Student, und der Stiefvater begeistert ihn zu einer rechtsgeschichtlichen Arbeit über das alte Münchner Stadtrecht.

Es ist viel los in dem stillen München. Das zweite Bataillon »König Otto von Griechenland« zieht durch München. Der siebzehnjährige Otto reitet an seiner Spitze. »Rüstige Franken, die, ohne Philologen zu sein, das Urland der europäischen Bildung sehen wollen.« Vom Fenster aus sieht der Professor mit seinem Töchterchen zu. Weil aber Emma den jungen »ins Griechenland« abreisenden König noch mal und näher sehen wollte, eilt er mit ihr nach dem Isarthor, wo sie ihm »ein herzliches Heil, Heil nachrufen«.

Endlich steuert er dem Hafen der unausbleiblichen Ehe zu. Am 1. Mai 1834 »um zehn Uhr Morgens« liest man da plötzlich:

»Entschieden aus freier Wahl hab ich über meine Zukunft. Sicherer geht nimmer der kurzsichtige Mensch, als wenn er folgt dem scharfgezeichneten, wenn auch steilen und engen und aussichtslosen Pfade der Pflicht. Da findet sich am Ende immer das größte der Güter, ein lauteres, ruhiges Bewußtsein.

Bei der Möglichkeit, eine jugendlich-angenehme, gebildete, wohlhabende Gefährtin für den Rest meiner Tage zu erwerben, die wohl auch stark genug, sich von mir aus die Folgen eines frühern ungesetzlichen Verhältnisses mit auflegen zu lassen, habe ich nicht verkannt, daß dadurch zwar ich gewinnen, aber alle andern dabei Beteiligten verlieren, schwere Opfer bringen würden, so bringe man sich selbst. Ich bin diesen Morgen zu Emma's Mutter gegangen. Ich habe ihr gesagt, daß es mit dem bald sechzehnjährigen Mädchen nun nicht länger so fortgehen könne. Ich müsse heiraten, um sie aller Welt als meine Tochter vorführen zu können.

Ich sprach bestimmt aus, daß ich eine wohlhabende Person finden könnte, die in der Folge auch mein Kind mit ins Haus nehmen würde. Was sie rate? Sie anerkannte meine formelle Freiheit, hierin nach Gutdünken zu handeln. Nie aber, meinte sie, würde, solange sie selbst lebe, das Kind sie verlassen, und jedenfalls immer den Flecken der Unehelichkeit zu tragen haben. Sie könne nicht raten, ich müsse mir selber raten. Nach dieser Einleitung, wobei sich die Frau auf eine hingebende, würdige Weise, der sie wohl fähig ist, benommen, reichte ich ihr die Hand und sagte nun, ich werde die Mutter meines Kindes nehmen.

Ich werde meine, sie ihre Wohnung aufkünden, um zu Michaelis eine gemeinsame zu beziehen.«

Aber jetzt pressiert es ihr nicht. Sie hat noch Einkäufe zu erledigen und zur Schneiderin zu gehen. So lautet denn die Eintragung am 27. Mai, an einem Samstag, lapidarisch: »Heute nach Tisch meinte die Braut – einige Monatgelder sollten halt noch abgewartet werden.«

Um die Zeit nimmt er bei Professor Carl Friedrich Neumann, »den man wegen allzugroßer religiöser Offenherzigkeit seiner Professur am Speyrer Gymnasium entsetzte und quieszierte«, Chinesisch-Unterricht. Denn der neue vertraute Freund hatte eine längere Chinareise hinter sich und hatte auch für 1500 Taler, die man ihm in Berlin gegeben, chinesische Bücher gekauft. Freilich war er einmal betroffen, als Direktor Lichtenthaler ihn mit dem Freigeist Neumann zusammensitzend angetroffen.

Schwester Johanna stirbt, und Schmeller läßt dem toten Vater in Rohr einen Grabstein meißeln mit einer Kürbn darauf. Diese Kürbn erkürt er sogar zu einem Familienwappen und läßt sie von einem Goldschmied auch in seinen Siegelring gravieren.

Bis zur Hochzeit soll noch fast ein Jahr vergehen. Zunächst nimmt das Paar wieder eine gemeinsame Wohnung; am 15. Oktober 1834 heißt es im Tagebuch: »Von Martius's Hause (Karlstraße No. 27) ... ausgezogen in das Haus No. 47 (des Schlossers Haller) in der Theresienstraße, wo sich Mutter und Söhne und Tochter bereits eingenistet.«

Vielleicht läßt ihm auch der immer mehr gerühmte und zu rühmende Stiefsohn Franz Auer die Mutter in einem etwas wertvolleren Lichte erscheinen? Stolz berichtet Schmeller am 3. November 1834 über die beruflichen Fortschritte des vielversprechenden jungen Mannes: »Franz, der vorgestern sein Examen bestanden, zur Landgerichtspraxis nach Starnberg.«

Endlich tut er den ersten Schritt zu einem Stuhlfest. Im Heiratartikel des Wörterbuches steht: »Heirat, ahd. hirat, siehe auch raten (consulere, suadere), hinraten, zu einer Heirat.« Rate oder nicht rate ... Jedenfalls, am 20. Februar 1835 ist es dann soweit. »Machte ich deshalb den ersten Gang zum Pfarrer (Metropolitanpfarrer Johann Andreas Baader) meiner, und den 20t. darauf zu dem von der Braut Confession (Dekan Boeckh).«

Denn die Julie Auer ist evangelischen Glaubens. Vielleicht hat er auch deshalb so lange gezögert? Wollte der Freigeist keine Mischehe eingehen? Er zitiert eine Landsberger Urkunde, nach der es im Jahre 1361 verboten wird, eine »heimliche Heirat zu machen«, weil viele »selb heiraten«, ohne Priester und Notar. »So wird heiraten überhaupt für ›coire‹ gebraucht!«

Am 20. Februar fand »in Beisein des Oberberg- und Salin-Rats Bartholomä Stölzl und des Hofballettdirektors Joseph Schneider die Verlobung statt. Die Hochzeit, oder vielmehr die Trauung ohne Sang und Klang, sollte nach 3maliger Verkündigung in beiden Kirchen, den ersten Fastenmontag (9t. März) statt finden. Unpäßlichkeit des Bräutigams und Gebot des Arztes Dr. Rainer machten sie auf acht Tage verschieben.«

Heiretn is net Kappn tauscht. Und no sama mitanand net verheiret! Gar böse Redensarten kennt er: »Magst mi net heiretn, du?« Oder: »Du kannst mi brav heiretn!« (Was beides soviel heißen kann wie: Geh hab mi do gern, du Depp!) Aber am Montag, den 16. März 1935, ist der Bräutigam wieder gesund.

»Endlich ging der feierliche Akt unter Beisein obiger Zeugen zuerst in des Dompfarrers Hauskapelle, (wo auch Emma mit den Töchtern Reutner einen Betschemel gefunden hatte), und unmittelbar darauf, um 5 Uhr Abends unter Schneegestöber, in der protestantischen Kirche vor sich. Dekan Boeckh kam zur Trauung vom Gottesacker her, wo er eben einen jedenfalls Glücklichern (Culmann) ins ewige Brautbett gelegt hatte.

Freund Martius überraschte noch den Abend mit 4 Argentan-Leuchtern und einem Hochzeitsgedicht, Mettingh mit einem sinnigen Brieflein, in welchem ein (später abgeladener, stattlicher) Großvaterstuhl angekündigt wurde. Auch Freund Stölzl und Herr Schneider (Emma's bisheriger Vormund) beschämten uns nach der Hand mit schönen Monumenten auf den 16t. März 1835.«

Im Wörterbuch wird auch die Frage des »Anheiratens« juristisch-philologisch untersucht, ob durch Heiraten bloße Mitnutznießung oder völliges Eigentum erworben. Den Spruch führt er nicht an: »Ist das Bett beritten, ist das Recht erstritten.« Aber wohl diesen schöneren: »Lisl, du brauchst koan Heiretsguet, di' tuat d'Schön' ausheiretn!« In merkwürdiger Weise trifft er auf Schmellers Braut zu:

»Der König schnitt dagegen, von diesem Tag an, die Hälfte der monatlichen 10 fl., welche Juliana Auer seit ihrer ersten

Vermählung aus der Königlichen Privatkasse bezogen (unter Max waren es 12 fl.), ab.

Meine Verehelichung erspart auch dem Staat monatlich 11 fl., der Porzellanmanufaktur-Bruderkasse 3 fl., welche die Witwe bisher bezogen. Was ich also erheiratet, ist ein Minus von monatlichen 19 fl. oder vom fünften Teil meiner bisherigen Rente, eine Frau, die nicht mehr hoffen darf, Mutter zu werden, und zwei erwachsene, auf ihr Wissen und Können angewiesene Söhne. Aber ich habe Recht getan.«

So hängt also Heiraten doch mit Raten zusammen? Guter Rat ist immer teuer, heiraten noch teurer. Doch Schmellers Leben verläuft nun in ruhigeren Bahnen. Er kann nun Hausherr und Untermieter zugleich sein. Die Wohnung ist groß, er hat sein Studierzimmer und seine eigene Schlafkammer. Juliane und Emma schlafen zusammen. Franz und Max haben eigene Zimmer.

Und viel ist er ja ohnehin unterwegs. In den Ferien gleich gar macht er ausgedehnte Studienreisen, so etwa nach Verona und Vicenza, wo er die altdeutschen Dialekte der sieben Gemeinden studiert und abenteuerliche Bergwanderungen erlebt in den Hütten eines urwüchsigen Volkes. Es ist ihm manchmal, als wenn Walther von der Vogelweide neben ihm stünde, so lyrisch herzlich klingt ihm die Sprache dieser abgeschiedenen Gebirgler, die rings von Italienern umgeben.

Aus dieser Forschungsreise entsteht das »Cimbrische Wörterbuch«, das erst nach Schmellers Tod in Wien veröffentlicht wird. Und 1838 erscheint in den Abhandlungen der kgl. bay. Akademie sein Aufsatz »über die sogenannten Cimbern der VII und XIII Communen auf den Venedischen Alpen und ihre Sprache«. Schmeller verneint die Abkunft dieser altdeutsch sprechenden Gemeinden von Cimbern oder Goten und bahnt der auch heute noch gültigen Lehre eine Bahn, daß es sich bei diesen sieben Gemeinden von Folgaria und Lavarone um Nachfahren alter Bayern handle, die ihre Sprache seit dem Mittelalter nicht mehr verändert hätten.

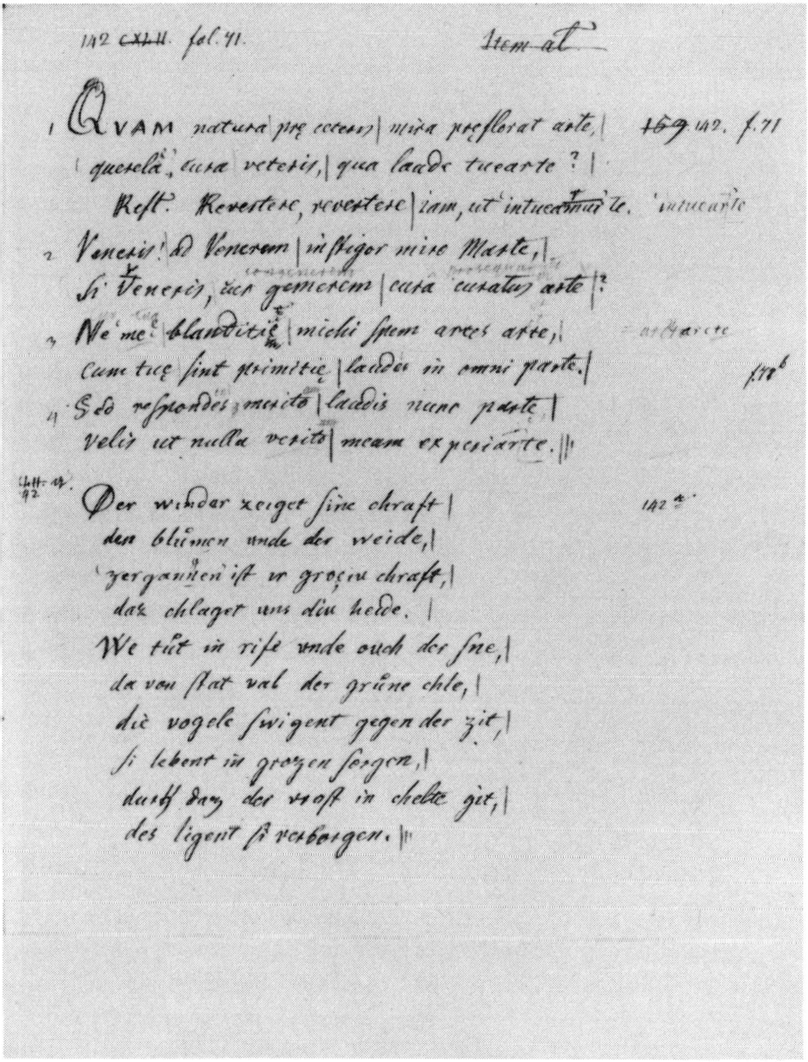
142 ~~CXLII.~~ fol. 71. ~~Item al~~

1 QVAM natura pre ceteris | mira presflorat arte, | ~~169~~ 142. f. 71
querela, cura veteris, | qua laude tueare te? |
Refl. Revertere, revertere | iam, ut intuear te. intueare te
2 Veneris ad Venerem | instigor miro Marte, |
Si Veneris cur gemerem | cura curatus arte |?
3 Ne me blanditie | michi spem artes arte, |
Cum tue sint primitie | laudes in omni parte. | f. 71b
4 Sed respondes merito | laudis nunc parte |
Velis ut nulla verito | meam experiarte. ||

Der winder zeiget sine chraft | 142a
den blůmen unde der weide, |
zerganen ist ir grozen chraft, |
daz chlaget uns diu heide. |
We tůt in rife unde ouch der sne, |
da von stat val der grůne chle, |
die vogele swigent gegen der zit, |
si lebent in grozen sorgen, |
durch daz der vrost in chelte git, |
des ligent si verborgen. ||

Schmellers handschriftliches Satzmanuskript der »Carmina Burana«, die Schmeller entdeckt und herausgegeben hat

Bei seiner zweiten Reise nach Verona und von dort weiter nach Giazza wird er krank und liegt mehrere Tage erschöpft in Padua als Gast im Hause des Apothekers Demenico Ragazzoni di Bassano, dessen Töchter ihn pflegen, da die Frau im Kindbett. Etliche Tage vorher hatte er sich Venedig angeschaut. »Abermal und abermals trat ich in die Marcuskirche, besah auch die verschiedenen Säle des Palazzo ducale, die Kerker, die Kirchen, die Akademie mit ihren verblüffenden Schätzen ... Öfter wurde der Weg durch die Kaufstraßen gemacht nach dem Ponte Rialto ...

Von den verschiedensten Eindrücken der zwei Tage übergesättigt und halb krank begab ich mich abends ins Teatro Gallo, wo Rossinis Barbiere aufgeführt wurde.«

Erschütternd liest sich die Beschreibung einer Beerdigung in Aspach (Albaredo), die Schmeller schon während seiner ersten Zimbernreise erlebt hat. Ein junger Schuhmacher (Domenichetto), die Stütze alter Eltern und zweier Schwestern, ist nach kurzer Krankheit gestorben. Der Brauch der Lamentatio, der Leichenklag', wird von den weinenden Frauen noch lautmächtig geübt. Schmeller schreibt: »Als die Bahre in der Kirche ausgesetzt war, um von der Geistlichkeit besungen zu werden, traten die Klagenden aus ihren Stühlen wieder um die Leiche her und mischten ihr altdeutsches Gejammer in der Pfaffen lateinischen Gesang, bis von einer älteren Frau die eine nach der anderen mit einer Art Gewalt vom Sarg weg und in die Stühle gebracht wurde ... O Muatter, bittan orrender Stund ist diser! ...«

Die Welt, die is a lumpigs Haus und 's Elend, dös geht gar nia aus. Der Custos der kgl. bay. Hof- und Staatsbibliothek, Professor Dr. Johannes Schmeller aus München, gehört zu den berühmtesten Männern Münchens. Er ist ein Gelehrter von europäischem Ruf. Er wird Mitglied von einem guten Dutzend wissenschaftlicher Akademien, auch von jener zu Padua, jener zu Kopenhagen und jener für niederländische Literatur an der Universität Leiden, natürlich auch jener zu

Wien und sogar zu Berlin. Dazu ist er Mitglied zahlreicher historischer Vereine.

Und doch sitzt er täglich in der Bibliothek beim Katalogisieren und Aufarbeiten alter Codices. Er verfaßt über Gebäude, Einrichtung und Bücherbestand der Staatsbibliothek einen Bibliotheksführer, er liefert Übersetzungen, wie jene der Carmina burana, er gibt dem Bibliothekspersonal Unterricht im Bibliothekswesen und im Lesen alter Urkunden und Handschriften. Und seine Zuhörer an der Universität werden langsam mehr. Über alledem wird seine Arbeitsenergie langsam aufgebraucht. Im Tagebuch denkt er bereits öfters an einen Nachfolger an der Universität.

Am Silvestertag des Jahres 1844 wird er durch einen Hoflakai zum König gerufen. Ludwig I. empfing ihn mit dem Ausruf: Ah, der Gelehrte! »... und reichte mir unter einigen Lobsprüchen ein roth Schächtelchen, in welchem, als ich in Legationsrath Webers Wagen heimgekommen war, Emma und Max das Kreuz des St. Michaelsordens entdeckten. Meinetwegen. Ich kann das Ding ansehen als ein Zeichen der Anerkennung, die der König gegenüber den Sprachstudien, namentlich den vaterländisch deutschen und bayerischen, die er in den Jahren 1816/17 selber durch reelle Unterstützung gefördert, dadurch ausgesprochen haben will. Wird mein Sprüchlein von einst: Hütet euch vor den Gezeichneten! von nun an auf mich selbst angewendet werden?« Er bleibt auch als kgl. bay. Sprachforscher immer noch ein wenig der republikanische Schweizer. Und der bescheidene Kürbenzainers sohn aus Rimberg, in Tirschenreuth gebürtig.

Der Lahme

»An altn Mon weigt diam aa no a Schnalzer an«, heißt es im Wörterbuch Schmellers beim Schnalzer. Es gibt im Lebn auf amal an Schnalzer – und den derf man net überhörn. »Schnalzen, wie hochdeutsch knallen. An altn Fuhrmon tuat aa no 's Schnazn woihl!« Das heißt, wer sich die gewissen Genüsse (Schmeller schreibt gar »Geschlechtsgenüsse«) vor Alter versagt sieht, spricht doch noch gerne davon. »Der hat an Schnalzer überhört«, sagt man von einem, der mit vierzig Jahren noch nicht gescheit werden will. »Da kannst nix macha, dös is der Schnalzer, den an iader Mensch muaß hörn, wenn er a rechter Mon sein wuil und wann er gscheiter wuil werdn.«

So könnte man tagelang dahinzitieren, und man weiß nicht, soll man lachen oder weinen. Weinen deswegen, weil unsere freudige bayerische Mundart nur noch im Schmellerschen Wörterbuch so schön klingt, so lebendig fröhlich wie der überschäumende Vokabularismus unseres bayerischen Erzgrammatikers. Es liegt nicht nur an der Sündhaftigkeit, besser an der sündhaften Sinnlichkeit der Volkssprache, die Schmellers Idiotikon so heiter interessant macht, denn man kann in unserer Mundart auch vernünftig reden. »Die hat se sauber vergwandt!« heißt es von einer Person, die sich durch Kleiderluxus arm gemacht hat.

»Wei verkaaf d'Antn,
an Buabn müaß ma gwandn,
süst kriagt unser Hans
koan Dirndl zum Tanz!«

Ein etymologisch noch »gwandteres Beispiel« ist das folgende, denn es enthält Wand und Gewand in einem Satz: »... bist liab und bist schön, hast a Geld und a Gwand und brav Holz bei der Wand!« Auf hochdeutsch: Du bist eine Schönheit und hast eine üppige Brust ...

Bei Erscheinen des letzten Bandes war Schmeller noch kein alter Mann gewesen. 1837, zur Dankaudienz wegen des nun überreichten Gesamtwerkes in rotem Saffianleder an den Monarchen, hat sich der Professor gar noch mal in die Uniform des Oberleutnants geworfen, hat sich für fast 100 Gulden neu montiert. Und der König läßt ihn warten, empfängt seinen Vorgänger, einen Kammerabgeordneten aus Würzburg, über eine halbe Stunde – und weiß zu ihm nach einigen Freundlichkeiten nichts mehr zu sagen, entläßt ihn schon nach kaum fünf Minuten. Dafür die teure Uniform!

Der Empfindsame registriert jede Zurücksetzung. Noch als er von seinem letzten Theaterbesuch in sein Tagebuch schreibt, berichtet er, wie der König mit Staatsrat Maurer eine ganze Minute gesprochen, ihm aber nur freundlich die Hand gedrückt hätte. Mit der Zunahme der Ehrungen in den reifen Jahren der wachsenden Berühmtheit wird sein Tagebuchstil etwas zufrieden glücklicher. Im Kölner Dom trifft er den Fürsten Ludwig Wallerstein, der eben seinen Gesandtschaftsposten in Paris antreten will. »Beim Scheiden drückt er mir zwei fürstliche Küsse auf die Backen, froh, wie er sagte, am letzten Tag in Deutschland noch einen deutschen Mann gesehen zu haben.«

Mit Genuß beschreibt er seitenlang die Einladungen, ja Empfänge, die man ihm zur Ehr' in Brügge und Gent, in Berlin und Dresden gibt. Und er nennt alle gelehrten Kollegen, die ihn begrüßen, alle bedeutenden Herrschaften, denen er begegnet.

Dann geschieht plötzlich ein Unglück. Sein Stiefsohn Franz Auer, der Herr Legationsrat im Ministerium des Äußern und des kgl. Hauses, wird lungenkrank. Die Ärzte schicken ihn nach Wildbad Kreuth und nach Bad Aibling. Sein Zustand bessert sich dadurch kaum. Schmeller bringt ihn nach Meran und fühlt sich selber nicht ganz wohl, gerät bei einem Spaziergang nach dem Schloß Tirol ins Schwitzen. Und weil er Franz ohnehin in guten Händen weiß, will er in Begleitung Kobells und dessen beider Töchter von Meran über den Jauffenpaß nach Sterzing gehen. Er ist begeistert von der geplanten Bergwanderung und glaubt, so schneller nach München zu gelangen.

»Willens zu meinen Studien bald wieder heim zu kommen, dachte ich, da ich meinen Franz bei Frau Weinhard und seinen Trauben wohl besorgt wußte, die Rückreise durch's Vintschgau zu machen. Die Gelegenheit, den Weg in Kobells geistreicher Gesellschaft zurückzulegen, war zu lockend, als daß ich mich nicht hätte entschließen sollen, noch einmal über den mir von 1833 her wohl bekannten Jaufen, der ihn so besonders anzog, zu gehen, obschon ich mich seit jenen Schweißtagen, nach Schloß Tirol und Kainz nicht eben wohlauf fühlte.

Nach Tische bestiegen wir, Kobell und seine Töchterlein und ich, Esel und Pferde und nahmen Abschied vom guten Franz. Heiß, wie alle diese Tage, wars, ehe wir in den Schatten der Berge kamen. Mir war auf meinem ungelehrigen Rocinante so übel zu Mut und Magen, daß ich vom letzten Rastplatz aus wol eine Stunde (ich kam im Dunkel an Hofers jetzt zum stattlichen Landhaus umgewandelten Domicil vorbei) zu Fuße voraus nach St. Leonhard ging. Ich legte mich sogleich zu Bette und brachte die Nacht in einem Fegfeuer von Frieseln zu, zweifelnd, ob ich den nächsten Morgen weiter gehen sollte. Hätt' ichs doch nicht getan.

Ich tat's. Als vom Wirtshaus weg einer der Träger, der Kobells Koffer in einem Korb auf den Rücken gepackt hatte, über die kleine Brücke ging, riß ein Windstoß den aus Venedig mitgebrachten Marinaro (Mantel), der über der Bürde lag, dicht ans Wasser hinab. Übles Vorspiel.

Der Wind war nicht blos heftig, sondern auch eiskalt, und an allen Rieselbächlein, über die der steile, steinichte Weg führt, waren Eisstralen angeschossen. Am Jaufenhaus, das

Franz Auer, Stiefsohn Schmellers, Legationsrat im Ministerium des Äußeren und des Königlichen Hauses

nach Westen oder nach dem Passeirtal sieht, nahm die Carawane, mit den Trägern wohl 8–9 Personen, einige Erfrischung. Dann, es war um die Mittagsstunde, gings weiter, vollends dem Grat des Berges zu. Kobell war weit voraus, hinter mir her zogen nur die beiden vielleicht noch müdern Mädchen.

Als ich den Grat erreicht hatte, wo eine Tafel einerseits hinab nach dem Etschkreise, andrerseits nach dem Eisackkreise weiset, dachte ich, für künftige Erinnerung noch einen nachhaltigen Blick hinab in das verlassene Tal Passeir und seine großartigen, nicht eben freundlichen Umgebungen zu tun. Ich blieb stehen, drehte mich um und während ich mich drehte, riß ein vom Eissack herauf kommender Windstoß mir den Hut vom Kopfe. Dieser und in ihm das Käppchen, an dem meine Augen, die gläsernen, befestigt waren, rollt den Abhang niederwärts. Ich darf nicht säumen, ihn noch zu haschen, laufe und stürze hin. Den Mädchen gelingt es, den Hut zu holen. Ich stehe unter ungewohntem Schmerze des linken Beines wieder auf. Schleppe mich am Stocke bis zum östlichen Jaufenhause, und da Kobell hier nicht gehalten hat, noch bis ich ihn erreicht habe, eine Strecke weiter. Er stützt mich durch seinen Arm bis ich, da jenes Bein nun jeden Dienst versagt, zu Boden sinke.

Einer der Träger bringt mich huckepack nach dem Jaufenhause zurück, dort die steile Treppe hinauf in eine Art Oberstube mit einem Bette, dessen Anblick allein schon trostlos machen konnte.

Es sind drei Stunden hinab nach St. Johann, drei Stunden nach Sterzing, von wo allein ärztliche Hilfe zu erwarten. Am gerathensten, selber hinab nach Sterzing. Es wird eine breitere Leiter herbeigeholt, die Jaufenwirtin legt ein paar Polster darauf und dieselbe mit dem Lahmen wird auf den Schultern von je zwei Trägern (einige 6–8, die sich zusammenfanden, wechselten damit ab) hinab getragen bis Gasteig, wo ein Glas Wein genommen wurde, und von da rückwärts hinein ins

Postgasthaus zu Sterzing, wo der vorausgegangene sorgsame Kobell alles vorbereitet hatte. Bringen sie einen Todten? hieß es oft auf dem Wege, und zu Gasteig kam selbst der Geistliche heraus zu dem auf der Leiter am Boden Liegenden. Ich sah auf der seltsamen Fahrt hinauf zum wieder reinblauen Himmel, und um der Dinge willen, die da kommen konnten, Sein und Nichtsein in erklecklicher Fassung erwägend.

Kobell reiste noch demselben Abend weiter, nachdem der herbeigerufene Gerichtswundarzt Joseph Liebl das Übel für eine bloße Luxation oder Überspannung der Sehne erklärt hatte.«

Der Unfall passierte am 28. September 1847. Der zweiundsechzigjährige Professor hat schmerzvolle Nächte durchzuwachen. Meister Seff, der Bader von Sterzing, reibt ihn mit Salben und Arnika fleißig ein. Aber es wird nicht besser. »Um die Nacht nicht wieder so hilflos zu liegen, hatte ich mir des Gastwirths Bauknecht Jörgel als Lohnkrankenwärter zum Schlafgesellen erbeten. Der schnarchte die lange Nacht so ausgezeichnet, daß ich schon seinetwillen kein Auge zuthun konnte.«

Tagsüber tröstete ihn die Bettmagd Nanne. Auch kamen immer mehr Besucher, da die Zeitungen von seinem Unfall ausführlich berichten. So kommt auch die Reichsrätin von Niethammer, »ohne jedoch ihre Tochter zu mir mit ins Zimmer zu nehmen«. Am Sonntag, den 10. Oktober, nachts zwischen eins und zwei, bringt ihm der Hauswirt die Tochter Emma ans Bett. »Mir willkommen wie ein Engel vom Himmel. Die erste Reise, die sie allein in die weite Welt hinaus gewagt.«

Da Liebls Kur nicht anschlägt, drängt Schmeller, nach München zu kommen. Auf einem Stellwagen in einen alten Lehnstuhl verpackt, wagen sie am 18. Oktober die weite Reise, zunächst wenigstens bis Innsbruck. Pater Gabriel, der Guardian der Sterzinger Kapuziner, der ihn fleißig besucht und ihm auch alte Urkunden ans Bett gebracht hatte, überreicht ihm zum Abschied noch einen »ausgesucht schönen Blumenstrauß aus dem Garten seines Klösterleins«.

Im Stellwagen nimmt der Wehdam zu. Meister Seff, wie Herr Liebl von den Einheimischen genannt wird, läßt es sich nicht nehmen, seinen berühmten Patienten, wenn notwendig, bis nach München zu begleiten. Aber lassen wir Schmeller wieder wortwörtlich erzählen, denn dieser Krankentransport im Jahre 1847 verdient Aufmerksamkeit.

»Wir, Emma, Herr Liebl und ich stiegen in den von Brixen gekommenen, der nichts weniger als neu war, und was schlimmer, bereits mit allerlei Volk besetzt, namentlich einem Halbdutzend Leute, welche allerlei geistlichen Apparat, z. B. massive Krucifixe, am Gürtel hängen hatten, und sich, zu meiner gewaltigen Erbauung, als Patres von der Congregation des Erlösers (Redemptoristen) kundgaben, die eben von einer heilbringenden Mission nach Insbruck zurückkehrten. Sie hatten unter unsers weisen Abels Flügeln vor ein paar Jahren auch im Isar-Athen ein derlei frommes Werk vollbracht. Meine Emma erkannte sehr gut wieder einen Pater Hampel, den sie in der Ludwigskirche einmal hatte predigen hören. Dieser gute Vater, sonst ein noch ziemlich junger, etwas naseweis aussehender Mensch aus dem nordwestlichen Böhmen, schüttelte seinen heiligen Zorn aus über das seit den Märztagen dem Verderben heimgefallene Baiern. Ein bejahrter Mitbruder, der Ceche P. Kral, stimmte kräftig ein in dieses Lob unsers baierischen Volkes. Noch erinnere er sich, wie im Jahr 1805 in Iglau die Baiern an Grausamkeit und Zerstörungswut weit die Franzosen übertroffen hätten. Als ich in meinen Gegenreden warm zu werden anfing, bat meine Emma, in Betracht meines Zustandes das Thema fallen zu lassen. Und wirklich gingen die gottseligen Herren darauf ein, indem sie zum teil ihre Breviere hervorzogen.

In Matrei, wo zu Mittag angehalten wurde, stieg ein Herr

von Froschhauer, Bruder des Pretore zu Borgo di Valsugana, an den mich im Jahr 1844 Dr. Streiter empfohlen hatte, zu mir teilnehmend in den Wagen, die Weile ich was mir Emma zur Erquickung gebracht hatte, zu mir nahm.

In Innsbruck im Stern hatte Jäger auf mein Gesuch ein gewärmtes Zimmer, leider dicht an der Gaststube, deren Türe bis 2 Uhr in der Nacht unaufhörlich auf und zugeschlagen wurde, bereit halten lassen. Der treue Liebl nahm das nebenan.«

Den nächsten Tag mieten Emma und Liebl eine Kutsche nach München. Meister Seff kehrt zurück nach Sterzing.

Über Jenbach, wo er, wieder auf dem Wagen bleibend, sein Mittagsmahl einnahm, kamen sie, »am herrlich besonnten Achensee entlang«, bis Dorf Kreuth. Den nächsten Tag ging's über Tegernsee, wo er die Schwägerin trifft, über Holzkirchen, wo er vor dem Oberbräu wieder sein Mittagessen verzehrt, nach München, wo sie bereits um fünf Uhr ankommen. »Außer der Stadt herumgelenkt« in die Theresienstraße. Der Kutscher und ein Holzhacker tragen ihn im Sterzinger Sessel, »zu schmerzlichem Anblick unserer bekümmerten Mutter«, hinauf in die Stube.

Von jetzt ab nennt er sich im Tagebuch den »Lahmen«. Der gerufene Dr. Schleis stellt einen Schenkelhalsknochenbruch fest. »Es wurde nun, was vor drei Wochen hätte geschehen sollen, unter nicht geringem Schmerze, angezogen, und, so gestreckt, mit Bändern am untern Querbrett der Bettlade mittels eines Nagels festgemacht.« Aber das Krankenlager gibt ihm Zeit zu allerlei Kurzweil. Er spielt mit Freunden und Schülern Karten. Der Erzbischof schickt ihm zur Linderung der Not eine Hundertguldenbanknote, die er aber von der Emma sofort wieder zurückbringen läßt mit einem Brief, in dem er sich dieser edlen Gabe, weil nicht bedürftig, auch nicht würdig erklärt. – Er schreibt ins Tagebuch und dichtet Verse, nicht ohne Selbstironie. Wie z. B. den:

»O Thal Passeier von anno neun
Gar mancher Bayer gedenket dein!
Ist dir bis vierzig sieben
Der alte Groll geblieben?
Mißgönntest von des Jaufens Spitze
Den Blick zurück nach deines Hofers Sitze. –
Brach einst dem kühnen Feind dein sicher Blei die Knochen,
Und nun dem frommen Gast dein Sturmwind sie gebrochen.
(Wiederhall aus dem Thale:)
Wer hieß dich, fremder Gast, besteigen meinen Jaufen?
Wer droben, alter Narr, dem alten Hut nachlaufen?«

Im Zimmer daneben liegt sein Sohn Franz, und dem geht es täglich schlechter. Dazu hört er aus der Stadt die Krawalle und den Straßentumult der Achtundvierziger-Revolutionäre. Und er darf nicht Augenzeuge sein in diesen entscheidenden Stunden! Endlich kann er sich wenigstens ans Fenster schleppen, um die aufgebrachte Menge auf die königliche Mätresse Lola Montez schimpfen zu sehen und nicht bloß zu hören. »Daß ich gerade auch in diesen Tagen noch ein Gefangener seyn muß? Das für München, Bayern Unerhörte, was auf dem Rathaus gesprochen, was am 4. getan worden, weiß ich nur aus Martius', Stölzls, Neumanns, Rockingers, Tutscheks Berichten ...«

Als es heißt, der König habe alles bewilligt, tragen sie alle, auch Neumann, begeistert eine weißblaue Kokarde am Hut. Am 13. März jubeln sie dem durch die Ludwigstraße fahrenden König zu, die Münchner, aber am 16. rumoren sie schon wieder und lassen die Alarmtrommel durch die Gassen klingen, denn die Lola soll, mit Wissen der Polizei, zurückgekehrt sein. Am 20. März tritt König Ludwig I. zurück zugunsten seines Sohnes Maximilian II. Selbst Schmeller ist betroffen.

Endlich darf er das Gehen probieren, humpelnd am Stokke, am Arm seiner Tochter Emma. Langsam lernt er's wieder, freilich bleibt es das Gehen eines Lahmen. Auch in die Staatsbibliothek humpelt er bald, denn er will kein unnützer Brotesser sein. Nicht wenige wollen ihn nach Frankfurt ins erste deutsche Parlament wählen.

Nach Ostern nimmt er sein volles Arbeitspensum wieder auf. Er fährt jetzt viel mit dem Fiaker, und in der Begleitung Emmas wagt er sich gar in den Hörsaal.

Neujahr 49 geben die Ärzte den lungenkranken Franz auf. Schmeller benachrichtigt den Abt von St. Bonifaz, den Professor Haneberg, dem Kranken die Letzte Ölung zu geben. Am 18. Januar stirbt der Erfolgreiche. Der erschütterte Schmeller hält am Grabe dem Stiefsohn, nachdem der Priester gesprochen, eine Trauerrede. »... es möchte dem leiblichen Vater minder geziemend erscheinen, aber dem angenommenen wird es vergönnt sein. Als solcher, als einer der ältesten Freunde des Betrauerten, glaubt er ihm nachrufen zu dürfen: Have anima candida, have!« Dem Tagebuch legt er eine Lithographie Franz Auers bei und schreibt darunter:

»Leben, Licht: sie dauern für und für,
Nur die Lampen sind es, die erlöschen.«

Im September 49 reist er mit Emma nach Bad Gastein. Er ist skeptisch. »Ob der Quell von Gastein die Frist nicht eher verkürzen als verlängern werde?« Das Jahr darauf besucht er das Wildbad im Schwarzwald. Und überall ist er eine erste Zelebrität. Nur der von ihm hochgeschätzte Erzherzog Johann, der in Gastein eben in seinem Jagdhaus weilt, der Verweser der Deutschen Einheit, empfängt den bayerischen Wörterbuchschreiber nicht.

Auf der Heimfahrt, es ist doch etwas besser geworden, macht er mit Emma in Salzburg Station und verbringt dort ein paar herrliche Tage. Im Petersfriedhof macht er die Bekanntschaft eines alten Herrn, der ihm in Gastein schon aufgefallen, des pensionierten Theaterdirektors aus Prag. Der gebürtige Salzburger zeigt ihm die Stätten Mozarts und versichert ihm, er hätte vom alten Vater Leopold noch Geigenunterricht bekommen. Schmeller verzeichnet das Erlebnis ausführlich unterm 27. August 1849.

Mit zunehmendem Alter nimmt sein Interesse an Menschen und Wissenschaft nicht ab. Bei dem Münchner Astronomen Gruithuysen, dem Direktor der Sternwarte, hört er gar noch eine Vorlesung über die Felder auf dem Monde, die, nach des Astronomen Meinung, Früchte tragen und auch abgeerntet würden.

Als Klassensekretär der Akademie wird er noch in eine Intrige verwickelt, die Obermedizinalrat Professor Ringseis angezettelt hat, da die liberalen Akademiker seine allzu fromme und reaktionäre Rede am 27. November bekrittelt und wesentlich zu kürzen geraten haben. Der Streit zieht sich bis in den Sommer 1852 hin.

Die Arbeit der Verzeichnung der über 22 000 Handschriften der Staatsbibliothek bringt er zum Abschluß. Aber seine »Seufzer nach Erlösung vom Dociren scheinen unbeachtet geblieben«. Er fühlt »die ohnehin in Abnahme begriffene Lebenskraft« wie eine »verdoppelte Aufzehrung verschwinden«. – Der Arzt muß ihm ein mit Blut gefülltes Geschwür (an einer unaussprechlichen Stelle) operieren.

Er weiß, daß sich seine geliebte Tochter Emma wahrscheinlich niemals verheiraten wird. Nicht, daß sie wenig hübsch wäre! Sie hat wiederholt verliebte Verehrer, die sie andichten und denen sie dafür ein Lorbeerkränzchen auf die Serviette legt. So revanchiert sie sich z. B. in Bad Gastein bei dem sie stets begleitenden und Verse für sie schmiedenden Dr. med. Wilhelm von Bippen aus Lübeck. Ein junger Münchner Militärarzt verehrt sie jahrelang, aber die Kaution für eine Heirat kann der Professor nicht bezahlen. Sie beliefe sich auf 5000 fl. »Ich werde sie wohl ohne eines Mannes Stütze zurückbleiben sehen müssen«, bemerkt er im Tagebuch an ihrem 30. Geburtstag. Die Gesellschaft, in der er verkehrt, ist zu vornehm, zu adelig, zu berühmt, zu akade-

Das Schmeller-Denkmal in Tirschenreuth

misch für einen der Emma günstigen Bräutigam. 82jährig stirbt in München, bereits im neuen Säkulum, das alte Fräulein Schmeller.

Schmeller organisiert noch ein Preisausschreiben der Akademie für eine Arbeit über landschaftliche Observanzen in den bayerischen Mundarten. Und er steht im Briefwechsel mit einigen gelehrten jüngeren Germanisten, seine Nachfolge an der Universität betreffend. Er nennt die Herren Kollegen Wackernagel, Moritz Haupt, Simmrock u. a. Aber die Fakultät, deren Dekan gerade sein Freund Martius ist, schreibt ihm am 27. Mai 1852, daß sie die Größe seiner Leistungen würdige, daß sie sich aber nicht dazu bekennen könne, durch »irgend eine Berufung eines auf demselben Felde arbeitenden Gelehrten« seine Lehrtätigkeit zu beeinträchtigen. Das Schreiben ist eine einzige Lobeshymne und so geschickt abgefaßt, daß der todkranke Schmeller den letzten huldigenden Gruß seiner akademischen Kollegen und Freunde nicht ohne weiteres aus der übergroßen Freundlichkeit dieses Fakultätsschreibens heraushören kann.

In einem Benefiz-Konzert »zum Besten der hungernden Oberpfälzer und Franken, mit welchem Heriette Sonntag (Gräfin Rossi) ihre Gastdarstellungen schließt« und in dem auch der Kammerherr Graf Pocci mitwirkt, trifft er nochmals den alten König Ludwig und die Königin Marie, aber auch den regierenden König Max, die Prinzen Luitpold und Adalbert. Stolz vermerkt er auch noch: »Uns hatten nummerierte Stühle ganz vorne getroffen.« Wollten die einflußreichen Freunde, wollte gar der Hof ihm noch eine Freude machen?

Am 13. Juli schreibt er zum letzten Mal in sein Tagebuch, Professor Liliencrons Berufung nach München betreffend, der aber einen Ruf nach Jena erhalten habe, »obschon er die größere Stadt mit ihren Schätzen aller Art vorziehen würde«. Er weiß sich mit Liliencrons Schreiben keinen Rat, denn der König sei gerade in Regensburg. Er leitet den Brief ans Ministerium weiter ...

Am 27. Juli 1852 stirbt er, der ohnehin sehr geschwächte; ein Choleraanfall hätte ihn rasch dahingerafft, schreiben die Zeitungen ganz Deutschlands.

Seine Beerdigung wird ein schwarzes Volksfest. Im alten Südlichen Friedhof finden wir sein Grab, ein Ehrengrab des Vaterlandes.

In der bayerischen Ruhmeshalle aber, hinter der Bavaria, wo der Unsterblichen dieses Landes gedacht wird, zwischen dem Maler Karl Rottmann und dem Physiker Georg Ohm, steht die Büste von Johann Andreas Schmeller.

»Die Kuah, die war gmoicha
Mi Milli waar gsing
und da is dös schön Dirndl
Ins Bett eini gsting!«

Die Erde möge ihm leicht sein! Jener Boden, der ihm die Sprache war. »Leicht oder rogel, roglat, nicht ganz kompakt, locker und beweglich.« Und er möge auch an roglatn Schlaf habn, damit sein feins Ohr de Sprach a weng überwacha konn. An roglan Schlaf – oder wie er selber im angeführten Artikelbeispiel sagt:

»Und da Gucku in Wald,
is a schlaucha Vogl
As Deandl paßt aufm Buam,
drum schlafts so rogl!«

»Iatz hat die arm Seel a Ruah«, jetzt ist endlich das sehnliche Verlangen gestillt, heißt es im Seelenartikel. »Se', daß die arm Seel a Ruah hat!« Nimm hin, weil du dich einmal nicht anders zufriedengibst. Und ist jemand dem Tode nahe, sagt man: »Dem nacklt d'Seel schon – hängt d'Seel (Söij) schon ausser.« Und hat einer ein zähes Leben, heißt es: »Der hat d'Seel nach der Zwerch drin.«

»Meiner Seel!« ist eine Beteuerung. Aber auch eine nicht völlig durchgebackene Mehlspeise hat noch eine »toagige Seel«.

In der Küch nannten die Alten ein Eisen oder Hölzchen, das ein Loch hat, den Bratspieß aufzunehmen, auch die »Seel«. Etwas der Art mag die Seel wohl in der alten Münchner Bäckerordnung vorstellen, wo es heißt: »Die Pecken mugen pachn Pretzn von Nachmehl und die sollen ein Seel haben.«

Das Seelbad ist ein Bad, das jemand zum Heil seiner Seele für Arme gestiftet hat, oder eine fortwährende Anstalt (ein ewig' Geld, eine Stiftung aus der Stift eines Ackers etwa). Noch jetzt geben einige Zünfte in München zu Quatember für die Seelen ihrer Abgeschiedenen solche Seelbäder zum Besten. »Morgen läßt das ehrsame Handwerk der bürgerlichen Loderer dahier beim Bader am Radlsteg ein Seelbad halten«, heißt es in einer kirchlichen Ankündigung. Man kennt auch den Seeldienst oder das Seelamt. Es wird dabei, besonders am sogenannten »Dreißigst«, der »Seelnapf«, eine Schüssel mit Mehl und Eiern, nebst einem Brotlaib als Opfer auf die Bahre gelegt, zu Hause dann auch ein Seelmahl gehalten.

»Seelfrumm« heißt soviel wie lammfromm, ja noch braver, etwa »a seelfrumms Roß«, ein lammfrommes Pferd.

Dann gibts noch das Seelhaus, in dem ärmere ledige Personen wohnen, die unter dem Namen Seelnonnen oder Seelschwestern, Seelfrauen, Seelweiber (auch manchenorts die Geschwister des Herrn genannt) für die Abgeschiedenen zu beten haben. »Eine alte Seelnun zu ihm sprach: Getrau nur Gott wohl und schick dich, so fährst in das Himmelreich.«

Heutzutage pflegen die Seelnonnen in München die Toten zu reinigen und anzukleiden, die Leichenbegängnisse und den Seelendienst zu besorgen. Und zwar versorgen sie auch männliche Tote, wogegen sich anno 1737 der Kastrat Filippo Balatri (ein Sopranist) feierlich verwahrt hat. Für das Reinigen und Einsargen der Leiche machten die Seelnonnen früher Anspruch auf das Bettuch, über welchem der Tote verschieden war, sowie auf die Ohr- und Fingerringe, die er anhatte. – So gibt es in Nürnberg ein Ebnerisches und ein Tucherisches Seelhaus, ehemals für andächtige arme Weibspersonen gestiftet, die den Sterbenden vorzubeten und die Seelmessen zu besuchen hatten. Heutzutage nähren sich die Nürnberger Seelnonnen mit weiblichen Arbeiten und Pflege von Kranken und haben in den Seelhäusern freie Wohnung, Holz und Licht. So werden auch im Regensburger Seelhaus alte und unvermögliche weibliche Personen versorgt. Auch die von den Ridlern und Pütrichen in München zu ihrem und aller christgläubigen Seelen Heil gestifteten geistlichen Institute wurden, ehe sie in förmliche Nonnenklöster übergingen, Seelhäuser genannt.

Weiter findet sich das Seelhäuslein oder Seelkerkerlein, ein Vorgebäude an ländlichen Kirchen zur Aufbewahrung von Schädeln und Knochen Verstorbener bestimmt ...

Der Seelertag (mit dem e der älteren Sprache) ist der Allerseelentag. »Die Lampn brinnt bis auf den Seelertag nach der Prozession«, heißt's im Tegernseer Zeremoniar von 1508. Am Seelertag gehen ärmere Leut, besonders Kinder, von Haus zu Haus und betteln den Seelerweckn oder den Seelerzeltn. Besseren Stoffes, schreibt Schmeller, ist der geflochtene Seelerzopf, den Kinder jährlich von ihren Paten empfangen und, sobald sie verheiratet sind, ihrerseits diesen zusenden.

Ein langer, aber auch für die Volkskunde nicht unerheblicher Artikel!

Mit Schmellers Nachlaß sind die Erben weniger andächtig umgegangen, wie es Seelnonnen getan hätten. Unter den Schmelleriana der Staatsbibliothek ist mir ein Bogen in die Hände gefallen, flüchtig nur mit Bleistift beschrieben, der die Ergebnisse der Versteigerung addiert, die die Witwe schon am 14. Mai 1853 – also noch nicht einmal nach einem Jahr – beim Antiquar Clemens Steyrer abhalten läßt. Unter anderem wird die ganze Privatbibliothek Schmellers für 1387 fl. und 55 kr. verkauft. Sie geht überwiegend an die Staatsbibliothek. (Die Tagebücher – 52 Bände – gibt später die Tochter Emma an die ehemalige Wirkungsstätte des Vaters, Cod. germ. 6341/2.)

Julie Schmeller, geb. Auer, läßt auch noch das letzte Hemd ihres verstorbenen Mannes versteigern. Die Filzschuhe für 6 kr., die Hausschuhe für 24 kr., die Kleiderbürste für 20 kr., den Schreibtisch für 12 fl., den Bücherschrank für 12 fl., den Waschtisch für 11 fl., die Kommode für 12 fl., die goldene Uhr, die ihm einst der Hofmeister der Herzogin von Leuchtenberg verehrt, für 55 fl., den Pfeifenkopf für 48 kr., den Meerschweinkopf für 1 fl., den Degen mit Portepee für 25 fl., den Regenschirm für 4 fl., ein Paar Schlittschuhe für 4 fl., die Violine für 15 fl., Musikalien für 2 fl., sieben Hemden für 10 fl. 30 kr., ein paar Hosen aus holländischer Leinwand für 7 fl. 30 kr., sechs Sacktücher für 1 fl. 30 kr., den Paletot für 22 fl., den braunen Rock für 16 fl. usw. Auch mehrere Röcke und Überwürfe, worunter des Professors Talar, etliche Fräkke in Grün, Schwarz und Braun, ein halbes Dutzend feine weiße Piquetwesten usw. Sogar die Bruech, die Unterhosen ...

Er brauchts nimmer, und der wohlversorgten Witwe Julie hat das Geld gutgetan. Werdn ma net woanert. Sic transit gloria mundi. Der Gscheitest kann sein Gscheitheit net mitnehma, so wenig wia der Reich sein Geld. Aa net der Gelehrteste seine Gelehrsamkeit und Wissen.

Geblieben ist das Wörterbuch mit den unerschöpflichen Sprachproben und Idiotismen. Davon noch ein paar Kostproben. »Schneppen (Franken), eine kurze Bewegung machen, ohnegefähr wie schnappen, Vögel mit dem Fallkäfig fangen. Mit dem Bauche schneppen. Ein schnabelförmiges Ding ist die Schnepp, z. B. ein Stirnläppchen an der weiblichen Trauerhaube.« – Wie so oft zitiert Schmeller dazu noch ein passendes Verserl:

»Deandl, was hat dir der Schnepperman ton?
Iatz hat er di' gschneppert, iatz is er davon!«

Eine überaus lange Glosse schreibt er über den Wald. Inner's Walds ist der Bezirk, welcher sich von Holzkirchen und Dietramszell an die Isar hinaufzieht: Die han von Inners-walds ausser, eppa von Sachsnkam. Dann der Böhmerwald. Die Bezeichnung wäre ebenso unrichtig, meint Schmeller, wie Bayerischer Wald. Der wahre Böhmerwald ist der Bayerische Wald. Halt der Wald.

»Ausn Böhmerwald geit der Wind so kalt,
Genga d'Menscher gald, werdn eahn' Duttler kalt.«

Sylva contra Bohemiam, heißt es in einer alten Urkunde, der Wald vor Böhmen, deshalb der Böhmerwald.

»Von Wald bin i ausser, han Erdapfl baut
Is nickse aufganga was 's Erdäpfekraut.«

Der Wäldler selber aber nennt jeden Wald »Berg«, z. B. Birkenlaub-Berg. »An Wald eini« wenn sie sagen, meinen die Leut das Regental von der Lahm bis zur böhmischen Grenz. Nach einem alten Landrecht sind »die vier Wäld« mit Namen Thüringer Wald, Behaimer Wald, Schwarzwald und die Scharnitz. So werden sie auch im Ehhaftbuch der Grafschaft

Werdenfels genannt. Dagegen in der Ehhaft des nachbarlichen Peiting ist »der erste Wald der Switzer, der ander Humelwald, der dritt Schwarzwald, der viert Behamer Wald«.

»Der Wäldler und der Stier sind ein Thier«, hat einmal ein Straubinger gesagt. Schmeller zitiert weiter über den Waldbewohner: Die Waldler (Waitler) zwischen Böhmen und der Donau sind ein aufgeweckter Schlag Menschen, merkwürdig durch Sprache, Sitten und Gebräuche. »Er redt waitlerisch«, »er geht se waitlerisch«, trägt sich nach der Art der Waldbewohner. Man kennt auch das Waldglas, im Gegensatz zum venezianischen. (Nach einer Münchner Malerordnung von 1458 und nach einem Wiener Mauttarif von 1354:) »Glas aus dem Böhmerwalde« oder: »Ein Fensterstöckl mit Waltglas«. Der Waldhansl sammelt Wurzeln und Heilkräuter, ist auch ein Quacksalber. »An Kiritag hat mas Wei' vom Waldhansel an Schwitztrunk gebn und allerloa Wurzl und Säft« ... Ein gewaltig langer Artikel! (Damit Sie sehen, wie ausführlich und gründlich Schmeller die Wortklauberei betrieben hat.)

Aber man derf nix »über Gwalt« toan. »Der Himmi braucht an Gwalt.« Oder: »Wann der Gwalt kimmt, na huilft nix mehr.« Wenn die große Menge kommt, die Übermacht. »Den hat der Gwalt Gottes troffa«, er ist vom Schlag gerührt worden. »So hat mich Gotts Gwalt und Leibsblödigkeit in der Pfinztagnacht begriffen«, schreibt der podagrische Hans Paulstorfer.

Gewaltig, gwaltig kann auch nur groß bedeuten, a gwaltiger Haufen ... Die Bavaria is a gwaltigs Mensch.

Der Bueb, Bua, opf. Bou', die Buabn oder Boubm, das Büawerl oder Buawerl, auch Beiwl, ein Kind männlichen Geschlechts bis ins Jünglingsalter. »Mein Wei' hat mar an Buabm bracht ...« – »Iatz woaß i nimmer, bin i a Weiberl oder a Bua ...« Der jüngste Knecht in der ländlichen Wirtschaft heißt der Hüeterbuab, der Men-Buab (Stallbub), der Lernbueb. »Bua, sags dein Buabn, daß er mein Buabn koan

Buabn nimmer hoaßt, mein Bua is koan Bua, mein Bua is a Gsell!« sagt ein stolzer Vater. Besonders ist den Weibspersonen der unverheiratete Bewerber »ihr Bua«, ihr Geliebter. »Der Gori is der Mial ihr Bua«, der Georg ist der Maria ihr Liebhaber. (Den Goggolori kennt Schmeller nicht, als altbayerisches Wort wohl aber den Joccolari, den Jongleur, und den Gocklmann, den Spaßmacher. Und im Niederbayerischen den Goggeisl, den Ziegelstein ... Der Gickel- oder Gockolori muß nach Schmeller seinen Ursprung im italienischen Spaßmacher haben ... Eine späte Wortmalerei.)

»Lusti' is' Buabma-Lebn,
derf i koan' Stuirer gebn,
bal i mein Deanal zahl,
sagt sie: Bring's ein amal!«

(Sie wünscht von ihm Kredit für die Zeche.) – »Bua, da werst schaugn!« (beteuernder Zwischenruf:) »Ja, Bua, glaubs nur!«

Das schöne, noch weitverbreitete »Foam« ist ein reines Erlebnis bei Schmeller nachzuschlagen! Da foamt net grad 's Bier, aa's Roß kon foama. Und man kann einen auch anfeimen – auf bayerisch: onfoama. »Du foam mi fein net an!« Man kann auch ein Geschäft onfaama und auch onfoama. »Laß heint a bißerl aufgehn fein z'Mittag beim Essn, 's hat an Foam!« Es besteht also eine Hoffnung. – Aber der Abgefeimte ist ein Spitzbube. »Du bist a ganz an o'gfoamta Spitzhengst, du! Verdruck di!«

Einen wahren Respekt vor der Feinheit und Lieblichkeit der bayerischen Grammatik bekommt man beim Studium des Adverbs »fein« (nasal fei'n). »Tua fein aufpassn, Bua!« Oder: »Kimm fein net z'früah!« hört man auch heute noch. Demnach – so lehrt Schmeller – hat »fein« zweierlei Bedeutung. Einmal: Es dient in Verbindung mit einem ausdrücklich gesetzten oder stillschweigend verstandenen Verbum, welches im ersten Fall allemal die schärfere Betonung erhält, eine Art von Wunsch auszudrücken. »Daß d' es fein net verlierst.«

– »Gib ma fein a schöns Stück!« In der zweiten Bedeutung steht dann fein mit dem Hauptton vor Adjektiven und Adverbien und bedeutet ziemlich. »Heint is fein kalt!« – »Die Buam kinnan fein mentisch zuaschlagn!«

Und feinli' oder feindli oder feinlin (stets nasal!), auch feinlan bedeutet sehr, angestrengt, vehementer. »Dös tuat man recht feinla weh« oder »dös gfallt ma fein net gar feinlin« – schwierig zu übersetzen ist das, wörtlich: Das gefällt mir doch nicht sehr.

Ein Mädchen, das, ohne Beruf, auf alle Reden anderer aufmerksam ist und sie sich merkt, ist eine Fang! – »Dös is a rechte Fang, vour dera derf ma se in Acht nehma!«

Damit hängt weitschichtig auch das »derfangen« zusammen, heute noch in der Redewendung »jatz derfang di no wieder« lebendig. Zu Schmellers Zeit war diese noch nicht in Umlauf. Damals hatte das »derfangen« noch einen positiveren Charakter, es bedeutete soviel wie erhaschen, ergreifen. »Da han i mi grad no derfangt.« Übertragen steht es auch für »in die Höhe kommen, es geschafft haben«.

»In da Höh wollt i sein (san),
hat mi allweil drum blangt,
und iatz bin i halt obm
und da han i's derfangt.«

»Was man herghoaßt, dös muaß man haltn.« Denn geheißen heißt einem etwas zusagen, versprechen – gotisch gehaitan, althochdeutsch giheizan. Das geheißene Land, heut das gelobte Land. Der Ghoaß, das Versprechen, die Zusage. Wie es in dem Schnaderhüpfel heißt:

»Gestern bin i Gasserl ganga –
zu mein Dirndl auf an Gspoaß
Sie wart auf mi mit vuil Verlanga –
hat von mir schon lang a Ghoaß.«

Es is grad glei, was man für an Artikel liest, überall lacht oan dös zünftige, menschliche, harte und do wieder gsunde-oanfache Lebn von die Ur-Urgroßvatern an: »Hoseln«? Ja was bedeut iatz nachand dös? »Er hoselt daher wia der Teidi ...« Hoseln bedeutet mit eilfertigem Schritt gehen. »Der derf 's Hoseln onfanga, daß er no recht kimmt!« Oder wias in einem alten Tanzliede heißt:

»Wann sie beim Fenster mein Schnackler hört –
hoselts im Hemmat daher!«

Der Boden, Bodn, Bom, ahd. podum, bedeutet erst einmal Landboden. Dann die waagrechte Scheidewand eines Hauses, der Raum über ihr, der Boden, Raum unter dem Hausdach. Der Troadbodn, der Getreideboden, der Malzboden und der Tanzboden. Boden wird verwendet auch für Stockwerk: Er hat an oagna Bodn, hat eine Eigentumswohnung.

Die Bodenbirnen, d'Bodabira (Lindau), der Bodenkarpfen, ein besonders großer Fisch, der sich meist am Grund des Wassers aufhält.

Aber der Bodensack. Das ist der Blinddarm. Mit diesen Redensarten: »Er frißt, daß eahm der Bodnsack aufspringa möcht.« – »Geh oder i steß dir an Bodnsack ein!« – »Wann er nur sein Bomsack voll hat!« (Wenn einer allerdings zuviel trinkt, sagt man zu ihm: »Hast dein Söchter wieder voll heut?« Ein Söchter, das ist ein größeres Holzschaff, ein Bottich.) – »I kann nimmer, der Bonsack is z'eng.«

»D'Feirta'-Gurgl aufreißen« heißt mit einem kräftigeren Zuge trinken als an Werktagen, eben am Feiertag. »An Feirta' Rausch habn«. Feiern heißt auch »nicht arbeiten können«, z. B. wenn die Schiffleut wegen des zu starken Windes nicht ausfahren. Wegen zu kalten Wetters müssen auch die Maurer feiern ... Von einem Müßiggänger sagt man: »Der hat a Gsicht wiar a Feirta'.« Oder: »Der hat a Nasn wiar a Feirta im Bauernkalender« (wegen der unter Papst Urban VIII. abgeschafften Feiertage, die von den Bauern noch längere Zeit weitergefeiert worden sind).

Zu einem unruhigen Menschen sagt man: »A geheter Schuaster.« Überhaupt der Schuster kennt viele Redensarten: »Den Schuester auf der Stöhr habn«, die Menstruation haben. Oder bei einem jungen Mädchen »in d'Schueh kemma«. (Auch: »Bei der Lisl, moan i, werds bald Kirta.«) Bei älteren Weibspersonen, schreibt Schmeller, »macht der Schuaster an Ladn zua«. Den »Schuesterstui« gibt es beim Kegelspiel: Steht der vorderste mit den beiden hintersten ... Die »Schuasterweil« ist ein Viertelstündchen, welches der Schuster, da er auf der Stöhr arbeitet, zum Ausruhen braucht. Auch andere Handwerker halten die Schuasterweil. Sie ist die Zeit zwischen der Dämmerung und dem Lichtbringen, wo sie nicht mehr sehen können und die Arbeit ruhen lassen müssen. »Unter der Schuasterweil« soll auch »beschlafen« heißen. »Verschuastern« wieder heißt etwas schlecht machen. Und »zuaschuastern« zubüßen, zuwenden. »Bei dera derf der Vater no lang zuaschuastern!«

»Die Schön«, d'Schön ist kurz, die Schönheit einer Jungfrau. Hans Sachs kennt 18 natürliche Schön (3 kurz, 3 lang, 3 lind, 3 weiß, 3 rot, 3 schwarz). Und am Weißen Sonntag pflegen die Burschen ihre Mädchen zum Meth zu führen, damit sie das Jahr über schön und stark bleiben. Sie nennen diese Galanterie: »D'Schön und d'Stirk zahln.«

Der Fotz, die Fotzn, das Maul. Davon auch fotzdudeln und die väterliche Zurechtweisung: »Du Schliffe, derfst du a dein Vodan sein Fotz an Rüassl hoaßn?« Denn der Fotz heißt das Maul bei Tieren und beim gemeinen Volk nicht immer verächtlich auch der Mund beim Menschen. »Geh, laß dein Fotz net hänga!« Der Fotzbeisser ist ein saures, herbes Getränk. Und fotzdudeln sagt man scherzhaft für küssen. Schmeller will von einem Beamten, der lang in der Oberpfalz gewesen, gehört haben, daß auf Tanzplätzen daselbst in der Pause zwischen einem Tanz und dem anderen das Licht gelöscht werde. Die Pärchen gaben sich dann gegenseitig die Zungen und berührten sich die geheimen Teile. Das heiße man fotzdudeln. Keine Schlüpfrigkeit, sondern Relikt einer altbayerischen Tanzordnung!

Die Fotzn kann auch ein Schlag auf den Mund heißen. »Halts Mäui oder i gib dir a Fotzn, daß dir's Mäui hänga bleibt«, gibt hier Schmeller eine böse Redensart wieder. Aber ein »liebes Fetzl« ist eine jüngere Weibsperson. »Iatz schau ma dös Fetzerl net an, wia's die schon treibt!« – Und dann führt er einen Pfänderspielvers an:

»›Geh, leih mir a Busserl, du Fötzerl, du süaß'!‹ –
›Heut is ma net gustali, moring, Mathias.‹«

Weist sie ab, tut er den Seufzer:

»Allmal is' ebbas, is' dös net is' das
Und es macht mir dös Fötzerl
mein Fotz halt so naß.«

Der Fotzenhut oder der Fotzenhüter ist ein Schimpfname für einen Betrüger, einen Lumpen. Aber die Injurie ist so üblich, daß er sie in einem Hausspruch über der Türe eines Hauses in Wildenroth liest:

»Was baust du denn, du Fotzenhuet,
wennst nit waist, was' kosten tut.«

Der Fotzring ist ein Schlagring. Er spielt, schreibt Schmeller, bei den Kraftäußerungen der bayerischen Bravos eine Rolle.

»A Büchserl zum Schiaßn,
an Fotzring zum Schlagn
und a Deandl zum Liabn
muaß a frischer Bua habn.«

Und dann wird es noch etymologisch lebendig, denn fotzeln heißt auch foppen, durch beißende, ironische Reden jemand zum Besten haben. »Du kannst nix wia d'Leut fotzeln!« Oder: »Er kanns Fotzeln net' gratn, bis ma eahm d'Fotzn brav derdrischt.« Dasselbe bedeutet fenzeln und frozeln und fatzen. Nur in Nürnberg, sagt Schmeller, bedeute fotzeln langsam sein, schläfrig arbeiten, besonders beim Billardspiel verzagt abstoßen. Usw. ein andermal ...

Bayerische Philologie ist das und kein Sauglockenläuten!

Personenregister

Wortschatzregister aus dem bayerischen Wörterbuch